BUG-JARGAL

VICTOR HUGO

BUG-JARGAL

SUIVI DE LA PREMIÈRE VERSION DU ROMAN

Introduction, notes et commentaires
par Claude LÉMIE *et Robert* SCTRICK

Le loi du 11 mars 1957 n'autorisant, aux termes des alinéas 2 et 3 de
l'article 41, d'une part, que les «copies ou reproductions strictement réservées
à l'usage privé du copiste et non destinées à une utilisation collective» et,
d'autre part, que les analyses et les courtes citations dans un but
d'exemple et d'illustration, «toute représentation ou reproduction intégrale,
ou partielle, faite sans le consentement de l'auteur ou de ses ayants droit ou
ayants cause, est illicite» (alinéa 1er de l'article 40).

Cette représentation ou reproduction, par quelque procédé que ce soit,
constituerait donc une contrefaçon sanctionnée par les articles 425 et
suivants du Code pénal.

© Presses Pocket, 1985 pour l'introduction, les notes et les commentaires.

PRESSES POCKET

© *Presses Pocket 1985 pour l'introduction, les notes et les commentaires.*
ISBN 2-266-01524-9

INTRODUCTION

Un jeune homme de seize ans, grand lecteur, bon discoureur, rompu à l'éloquence et qui, déjà, a traduit pour son plaisir des milliers de vers latins, auteur d'une tragédie, de comédies plus ou moins achevées, d'odes et de poèmes de circonstances, ce jeune homme devient, dans un mouvement naturel, romancier par défi. Nouvelliste serait plus juste. Peu importe : il projette, avec quelques camarades, d'écrire une œuvre collective. On ne sait pas si chacun aura la charge d'un chapitre, et si le thème sera imposé. Seule la contribution de Victor, qui signera M., verra le jour.

A quoi songe un pensionnaire sous la Restauration, royaliste et épris d'honneur ? A des nouvelles militaires, genre fréquent à l'époque. Dérivatif de collégien ? Écoutons le Hugo de 1846 :

Grand diable de seize ans, j'étais en rhétorique.
Que d'ennuis ! de fureurs ! de bêtises !

Il n'y avait que l'auteur des *Contemplations* (I, 13) qui pût ouvrir sa palette de versificateur à la dimension inattendue d'un rimbaldisme avant la lettre : comment peut-on en si peu de mots, si percutants dans leur simplicité, mais combien touchants une fois que les affres du souvenir, même déformant, en font de vrais cris, évoquer avec autant de pertinence l'impertinence du rêveur subissant les attaques ordinaires d'un destin qui deviendra poétique ? Bref, le pari est gagné. L'adolescent n'a pas eu de mal sans doute. Les autres ont dû vite se lasser d'un tel projet, et de la concurrence ou de la collaboration avec un condisciple trop brillant pour eux. Il a rempli mieux et plus vite son contrat. Comment demander à qui a toujours rendu quatre pages de version latine quand le devoir était de deux, et que son frère en remettait trois, c'était de famille, de s'en tenir à une contribution dans une équipe ? Bientôt viendra le temps des revues littéraires et politiques : le rédacteur en chef perce sous le pigiste. Les *Contes sous la tente* s'arrêteront là, du moins au lycée.

Peut-être l'œuvre de jeunesse eût-elle souffert d'être noyée sous un fatras de lieux communs et de hauts faits en tout genre. Formée au lycée napoléonien, issue des combattants d'Empire qui ont porté hors des frontières, par une épée plus sentie comme persuasive que brutale, les bienfaits de la Révolution, qui ont dans leurs permissions ou dans leurs garnisons été plus ou moins attendris aux délicatesses d'un Rousseau, d'un Chateaubriand qui nourrissaient les imaginations de leurs épouses, cette génération, on peut la croire avide de vouloir toujours psalmodier dans un même mouvement, et peut-être un même vers « mon père, ce héros au sourire si doux » ! Dualité d'un état d'esprit qui rêve de s'émouvoir sur les vertus récompensées dès ici-bas, dès lors qu'on est homme, pleinement respectueux de valeurs universelles, loué soit Voltaire de l'avoir redit, et œuvrant pour l'avènement de la dignité partout compromise par les fers. Cela, c'est plutôt la faute à Rousseau.

On ne s'étonnera pas de voir *Bug-Jargal* rouvrir ce dossier, qu'on croyait périmé. Loin du compte : le XIXe siècle ne cessera pas d'y revenir, modulant en termes plus graves la leçon déjà ancienne, puisqu'on peut la dater de la Renaissance, de l'éminente dignité du sauvage dans l'Homme. On sait que le

10

siècle des Lumières a brodé sur le thème. C'est alors que le sauvage est devenu bon. Et puis, l'Histoire est là, prétexte inépuisable à parler sur le mal, qu'il faut extirper. Savoir si c'est au nom des Droits de l'homme est une autre affaire, infiniment plus compliquée. Le romantisme commence sur la droite, on le sait ; beaucoup aussi condamnent les révoltes d'esclaves, et singulièrement celle qui fit flamber la campagne et les villes de la « partie française de Saint-Domingue », la future Haïti, une certaine nuit d'août 1791, celle-là même qui devait, sans cette déflagration, voir se célébrer les noces de D'Auverney et de Marie, personnages centraux de notre roman historique, deuxième version.

Surtout, toute l'enfance de la littérature est dans l'épopée ; l'enfance tout court, peut-être. *Bug-Jargal* illustre cette loi bien singulière qu'il ne faut plus trouver de charme à la chanson de geste pour convoquer les troubadours : l'homme qui mûrit, comme une société décadente, déplace le projecteur. Hélène, pour qui tant de preux se battirent, pour qui tombèrent de si hautes murailles, un jour sort de la coulisse et devient le ressort du récit. Elle était belle et désirable comme le sont les biens inaccessibles ; mettez-la en scène, vous en ferez une femme à histoires, ses yeux, sa bouche, la finesse de sa taille seront ordinaires comme le réel, ou comme les attributs de cette inconsistante poupée de saloon, que se disputent les braves à trois poils d'un western convenu. *Bug-Jargal* ne met pas en défaut cette règle. Le premier jet, un récit entre hommes, deviendra, remanié, un roman, pis, une romance à certains moments. Le motif de l'amour a fait une entrée remarquée.

Ce n'est pas la seule trace de dualité de *Bug-Jargal* que d'avoir été écrit deux fois. L'insistance d'un thème dans l'imaginaire est moins aisée à expliquer que la persistance des formes. Autant les raisons alléguées pour le remaniement dans la Préface de 1826 passent d'emblée pour de mauvaises raisons, autant un simple lecteur, fût-il le plus attentif des préfaciers, se gardera d'en avancer de décisives. C'est un exemple rare chez Hugo prosateur, comme si l'adulte avait voulu en finir avec une inspiration qu'il jugeait courte chez l'adolescent. Quoi qu'il en soit, il introduit le personnage de Marie, celui d'Habibrah, et Delmar devient d'Auverney, Léopold d'Auverney. Il introduit de la métaphysique, celle à laquelle il tiendra tout au long de son œuvre, il dédouble, et, dans le dédoublement, divise. Il invente le contraste ; là où un talent naissant formait un rayon droit et confiant, une pensée dramatique (*dialectique* serait encore impropre, mais qui sait ?) vient apporter la dimension réflexive, au sens où la prendrait l'optique : celle d'une lumière incidente qui rebondit à l'inverse, ménageant dans ses angles des zones d'ombre laissées incertaines et dans son parcours en zigzag toute une action faite d'antithèses. Hugo ne s'écartera guère de cette ligne brisée où l'unité somme toute est celle du faisceau d'éclairage, non pas cette lumière du XVIIIᵉ siècle, estompée dans ses nuances policées, mais une plume à l'encre de Chine qui ne connaît que les valeurs contrastées.

Cette dualité, elle est donc dans le fameux combat du jour et de la nuit, qui ne cessera de hanter le poète que sur son lit de mort. C'est en jugeant un Hugo accompli que nous en déplorons parfois les limites ou en admirons les magnificences ; avec *Bug-Jargal*, nous tenons le moment, à double détente à vrai dire, où cette naïveté qui sera sublime commence à se constituer en système. A qui juge ce témoignage d'un itinéraire, il peut venir pourtant un scrupule : et si tout (si quelqu'un s'est jamais fait la représentation d'une totalité d'Hugo), si tout Hugo était dans cette promesse ? Un détail, car il sortirait de ce cadre de dire de façon exhaustive tout ce qui, dans l'œuvre future, fournira des échos aux intuitions premières : l'opprimé connaît déjà son double animal, le chien Rask, de la même manière qu'Esmeralda, autre paria, aura sa chèvre, plus humaine à beaucoup d'égards que ses persécuteurs.

Bug-Jargal : à côté des personnages historiques que sont Biassou, Jean-François, Boukman, Hugo a ainsi dénommé son héros, autrefois Pierrot (remarquons la dualité du nom, qu'il est certes aisé d'imputer aux circonstances). En tout cas, comme dans ces romans policiers où le nom du protagoniste est livré d'emblée, aucun artifice littéraire ne vient à ce moment au secours d'un quelconque effet : le récit militaire de D'Auverney portera sur un personnage au nom connu également dè ses compagnons d'armes. Mais par un art consommé, la surprise est en quelque sorte intériorisée : si d'Auverney-narrateur opte pour cette manière de transparence, il n'en va pas de même de D'Auverney-personnage de son propre récit, qui, lui, découvre tardivement l'identité du nègre de la plantation amoureux de Marie, en voyant le chef de guerre qu'il a devant lui.

La scène a lieu lors du fameux incendie de la nuit historique de ce mois d'août 1791 et, dans la confusion générale, des sons indistincts frappent l'oreille du capitaine ; cependant, dans ce bruit et cette fureur, il reconnaît « un nom bizarre, Bug-Jargal, prononcé avec respect ». Si le procédé dilatoire est un pur effet de l'art du romancier, qui érige en règle l'enchâssement, et si le bénéfice en est indéniable à plus d'un titre, notamment en ce qu'il présente d'un même mouvement le héros et le prestige dont il jouit, si tout cela est mis au compte d'un monde objectif où le moi est spectateur plus que partie prenante, ce n'est pourtant pas pour toutes ces raisons réunies que le passage est intéressant : nous le retiendrons pour autre chose, mais qui demande quelque bienveillance au lecteur de cette introduction, et quelques mots de plaidoyer. Quitte à retarder son plaisir de se reporter au texte, il nous faut quémander son bon vouloir, au moment de nous accompagner dans ce dé-lire, précisément, cet acte si bien nommé où l'on peut à loisir désarticuler l'ordre linéaire de la lecture pour la mettre à mal et lui faire délivrer une sorte de message chiffré. On sait qu'il arrive à des écrivains à gages, dont le nom n'est jamais sur les couvertures, de réutiliser le vieux truc médiéval en parsemant d'un acronyme qui les désigne tel ou tel paragraphe : « C'est Untel qui a écrit ce livre », peut-on alors lire si l'on s'en tient aux premières lettres de la séquence des phrases. La différence avec le vrai romancier est grande et pourtant insignifiante : ce qu'elle se donne à avouer, c'est certes une paternité, mais en même temps qu'elle est déniée. Il faut que je sois père de mon œuvre, mais nul n'en doute, sinon le plus impitoyable des censeurs, moi. Mon nom est celui de mon père, or, je veux être fils de mes œuvres : pour l'écrivain, c'est la seule filiation recevable. Comment sortir de cette impasse, sinon par le conte de fées : il était une fois un roi, et il avait un fils obscur. Entendez : mon père était fort, mais ce n'est pas de lui que je tenais la force, il me fallut la prouver. On tient la genèse de la projection du « héros » dans le Bâtard.

Nous l'apprendrons au dénouement, Bug-Jargal est fils de roi. Si son destin avait été de grandir tranquille en sa cour africaine, il aurait porté un numéro d'ordre dans la dynastie. Où a-t-on vu un adjectif ordinal tenir lieu de nom propre ? Les hauts faits ne s'accommodent que de Premier. Napoléon III sera le Petit.

Revenons à la dénomination de Bug-Jargal, pour en finir avec la citation mentionnée : « Un nom bizarre, Bug-Jargal (...) revenait souvent au milieu de leur jargon inintelligible. » Les deux derniers mots ont leur intérêt pour l'idée : le nègre relève d'une autre culture, l'avant-dernier nous met sur la voie de l'invention. On ne peut nier la parenté entre *Jargal* et *jargon*. Le héros a été nommé par proximité avec d'autres « signifiants », c'est-à-dire des pures formes de la langue, qui ne sont pas nécessairement liées à un contenu autre que celui que transportent leur sonorité ou leur graphisme, déclencheurs pour l'imagination plus que limites de la signification. Est-ce étonnant pour un poète ? Mais jusqu'ici, c'est peu, et cela ne fait que nous engager à poursuivre l'enquête.

Le héros, dès le début de la narration, est mentionné à l'aide d'une métaphore, tout à fait sérieusement par Thadée, d'abord, puis, *cum grano salis,* par les officiers de la tente : Gibraltar. Superposons les deux noms, ils ont la même structure :

GIBRALTAR
BUG-JARGAL

Les voyelles se répondent ; laissons le lecteur amusé établir toutes les correspondances croisées qu'il apercevra entre ces deux noms ; ajoutons, si cela peut l'aider, que J peut être la graphie de I, et que les embrassements de voyelles par les consonnes obéissent à de curieuses inversions d'un nom à l'autre ; bref, il vérifiera l'isomorphisme, pour ainsi dire, des deux dénominations ; pour qu'elles soient tout à fait les mêmes, il aurait fallu que la syllabe initiale fût constituée par Big et non Bug. On peut imaginer que la persistance du mot qui signifie « fort » en anglais reste une connotation admissible ; mais on nous permettra de livrer une autre hypothèse qui complète la précédente, loin de l'annuler. En effet, U-G est le noyau du nom de l'auteur, ce nom qui se dissémine, nous allons le voir, dans d'autres manifestations encore.

Mais Bug-Jargal ne nous a pas encore livré tous ses secrets, qu'il convient d'explorer avant de l'insérer dans le réseau des autres patronymes du roman. Si le parallèle a du sens, c'est par la résonance culturelle d'un mot comme Gibraltar. On sait que le Djebel-al Tareq des Maures fut reçu par les Anciens sous le nom de « colonnes d'Hercule », les limites du monde pour eux, où le héros alla cueillir les pommes d'or du jardin des Hespérides. Le grandissement de Bug-Jargal multiplie les traits herculéens de Bug-Jargal : il ne pouvait pas être autre que « fort », mais le mythe persiste sur d'autres caractéristiques. Bug-Jargal a accompli le voyage solaire qui l'a mené de son berceau africain au Nouveau-Monde, en déporté, certes, mais Hercule n'a pas accompli non plus ses travaux par volonté délibérée. C'est aussi aux pieds d'Omphale (« le nombril » en grec !) qu'il chante ses poèmes d'amour, et la dimension amoureuse de Bug-Jargal répercute ce trait : ne voit-on pas Pierrot pousser son air espagnol sous le perron de Marie — cet autre ventre symbolique ? Enfin, les dédicaces latines au demi-dieu l'appellent *Hercules Victor ;* comme notre auteur. Et comme Bug-Jargal, Hercule, c'est l'un des mythes les plus célèbres de l'Antiquité concernant le bâtard de Jupiter, se trouve à la croisée des chemins. C'est l'être double par excellence. Un apologue ancien nous le montre méditant au carrefour de la vie, et subissant les deux plaidoyers alternés de Vertu et de Méchanceté, l'une vantant l'effort et l'autre la mollesse. On sait quelle voie choisit Hercule ; l'apologue édifiant montrait que les héros les plus accomplis ne sont pas tout d'une pièce, mais sensibles aux assauts du doute.

C'est peut-être assez sur les rapports (bien entendu, « littéraires ») entre Bug-Jargal et Hercule. Mais, pour renforcer l'idée avancée ici, le propos avait été annoncé, il convient encore d'explorer le réseau « signifiant » où Hugo ne cesse de glisser, sans doute confusément mais c'est une autre question, sa fantasmatique du nom. Le point qui nous retiendra, on le comprendra aisément, c'est le *double* contrasté de Bug-Jargal, Habibrah. Sur la psychologie de ce gnome, l'ancêtre dans une certaine mesure de Quasimodo, de Gwynplaine, « l'homme qui rit », sur cette figure du gouffre et de la nuit, beaucoup de choses ont été dites. Peu sur son nom : observons-le. Il comporte une sorte de miroir imparfait ; commençant par H et A, il se termine par les mêmes lettres, mais inversées ; sa syllabe centrale, c'est un double B se mirant de part et d'autre d'un I. Imparfait, ce miroir, oui et non : le R est de trop pour que les symétries soient absolues ; mais entendons les officiers travestir le nom du nain, ils s'en moquent en feignant d'avoir enregistré « habit bas ». De notre point de vue, il est clair que cet élément parasite a un statut, celui du supplément, le même peut-être que celui qui séparait GIBRALTAR de BUG-JARGAL, ce tiret en faux axe de symétrie. Mais de plus, c'est la consonne la plus attendue dans le contexte du B, la seule qui soit en mesure de faire écho à la deuxième syllabe de GIBRALTAR, qui répète à sa façon grotesque que la force de Bug-Jargal est dégénérée ici dans le corps d'une br-ute, que le destin br-oie.

Au passage, notons que pour nous, la dissémination du patronyme HUGO se trouve confirmée ; nous avions repéré le rôle de la chaîne U-G dans le nom du protagoniste et, à la recherche d'un H qui l'introduise, nous en trouvons dans HABIBRAH un qui en vaut deux ; serait-ce lasser la patience du lecteur que de lui indiquer alors que la dernière lettre, le O, est répertoriée dans la fonction même du nain, d'être O-BI, ce mot que le romancier ne prend pas dans le contexte du vaudou haïtien, mais dans les racines de la société caraïbe, en Afrique, comme pour nous installer dans les origines ? Cet o-bi a quelque chose de la double appartenance, dans la forme et dans le fond, de même que Quasimodo cache dans un corps difforme une âme exquise ou Frollo sous les dehors de la religion une perversion redoutable (*Notre-Dame de Paris*). Si Hercule à la croisée des chemins avait opté pour le mal, il eût donné la mythologie d'Habibrah, homme araignée (p. 39) : *Ce nain hideux était gros, court, ventru, et se mouvait avec une rapidité singulière sur ses deux jambes grêles et fluettes, qui, lorsqu'il s'asseyait, se repliaient sous lui comme les bras d'une araignée,* où l'on aura noté au passage cette pseudo-

17

impropriété, « bras », mot choisi à n'en pas douter par une volontaire méprise qui fournit une rime toute trouvée au nom du nain).

Sur les noms, il faut encore souligner deux ou trois points qui ont à voir à la fois avec la duplication et la bâtardise, deux thèmes mêlés en profondeur, comme le réel et l'imaginaire, comme ce que l'on dénie alors que les faits sont là, comme les deux figures du père, qu'une dialectique du héros souriant contient à grand-peine, attelage impatient que le moi-cocher réunifie en la sublimant dans l'écriture. Ou bien encore, dans la mythologie des deux civilisations qui s'affrontent, mais que la référence à une raison toute-puissante accorde au-delà du bien et du mal : de Corneille à Malraux, ce n'est pas d'appartenir à tel ou tel camp qui fait haïr l'ennemi, on ne le hait que dès lors qu'il ne mérite plus le respect dû à un combattant loyal. La lutte des classes, des races, des nations se dissout dans une autre fraternité d'un rang supérieur, qui rassemble des hommes d'exception. Telle est la guerre vue par la générosité épique, irrémédiablement naïve pour tous ceux qui ignorent la grandeur.

Sans l'ambiguïté de la figure du père, comment expliquer d'une version à l'autre que le jeu se précise : le DELMAR de la première rédaction devient D'AUVERNEY dans la seconde. Dans le nom du premier narrateur, tout proche encore du fracas des armes, et qui procure une rime à Gibraltar, on entend le bruit de la mer, il n'y a qu'à traduire, mais on lit aussi, il n'y a qu'à mêler les lettres : MADRE, naturellement au L près, qu'on peut toujours entendre « elle ». Mais, ce L est l'initiale de Léopold, infiltré dans le nom de la mère : faut-il rappeler que c'était le prénom du général Hugo ? Léopold deviendra celui du nouveau Delmar, d'Auverney. Quant au nom même de D'Auverney, il provient de la souche de la famille maternelle : Sophie Hugo était née Trébuchet, et le berceau des Trébuchet était à Auverney...

Certes, pour ce dernier trait, il était certainement délibéré chez Hugo. Le premier, moins sans doute. Mais passons, ces façons ne doivent rien au hasard, et l'on serait mal venu de les mettre sur le compte des profondeurs inaccessibles de l'âme. C'est la constante d'une version à l'autre qui retient plutôt notre intérêt, et l'insistance, en jouant avec deux procédés, à dire la même chose : le déni du nom du père ne peut être total. Disons qu'à seize ans, cette ambivalence est moins bien assumée, et se masque davantage dans les ressources de l'écriture.

C'est que la symbolique liée au livre est fondamentale à plus d'un titre, peut-être en général pour qui écrit, mais à coup sûr pour Hugo, qui ne manque pas une occasion d'exploiter le récit selon une métaphore essentielle : raconter un drame, c'est se livrer pieds et poings liés à cet envahissement par l'écriture qui féconde. L'un des thèmes romanesques par essence est aussi le plus réflexif, et porte sur la mission de l'écrivain devant la langue. Lorsque la cathédrale sera le « personnage » qu'on dit si essentiel dans *Notre-Dame de Paris*, c'est dans la mesure où elle reproduira, comme le document qu'elle est, les « pages » de l'histoire qui s'anime autour d'elle depuis ses origines. Lorsque, dans *Hernani*, le proscrit est guidé devant une galerie de portraits, ce sont autant de symboles écrits qui lui sont déroulés, articles de morale, guides et maximes de l'action. Hugo est un répertoire, un dictionnaire du monde, de ce monde que la mission du poète est d'écrire. La rencontre avec un ouvrage ethnographique, salué comme exact en grande partie par les experts actuels, *Description de la partie française de l'île de Saint-Domingue*, où Hugo a puisé l'essentiel de son information, est plus intéressante peut-être, pour nous modernes, qu'il n'y paraît : la civilisation et les croyances vaudou sont une vaste méditation sur l'écriture ; on sait par exemple le rôle que jouent les « vévé », ces sortes de graphiques hautement allégoriques, dans la captation des esprits.

Mais ceci n'était qu'une rencontre : le romancier était plus sûrement nourri de la mythologie occidentale, dont Hercule nous a déjà fourni l'exemple, et de la chrétienne, qui n'est assurément pas absente de l'œuvre. Sans insister davantage sur le choix de Marie comme prénom pour son héroïne (nous avons vu que dans une certaine mesure, c'était un écho amorti de la thématique du Bâtard), voyons un autre indice dans la motivation du nom *Thadée* : c'est un apôtre, autrement appelé Jude dans le canon de l'Église. Son œuvre est courte, elle consiste en une épître de quelques versets, où, parmi les thèmes retenus pour convertir, les deux principaux méritent d'être notés, celui de l'esclavage, par le biais des plaies d'Égypte, et celui de Caïn. Il n'est pas bien nécessaire de montrer que, en filigrane, dès 1818, le caïnisme ne cessera de hanter la philosophie religieuse de V. Hugo : se rebeller contre le Père trouve dans le meurtre du frère son accomplissement le plus concret, même si par instants la révolte semble la plus juste des quêtes. L'ambiguïté de *Bug-Jargal* est que le caïnisme y est en quelque sorte investi sur plusieurs figures, alors même que l'esclavage, à lui seul, aurait justifié la grandeur de la violence. Mais par une inhibition bien légitime, l'œuvre décentre le meurtre et ses causes : c'est Habibrah, indigne servant d'un faux dieu, qui mourra, et c'est aussi Bug-Jargal, non pas dans la logique de sa révolte, mais dans celle de son amour pour le « frère », comme il appelle très tôt le capitaine blanc. Le rêve nous a habitués depuis longtemps à ces travestissements : un désir insupportable se transforme volontiers en son contraire. Ce qu'on appelle les dénouements heureux vient souvent de ce soulagement. Il y aurait, malgré la vraie douleur de D'Auverney, quelque chose à creuser là d'une relation difficile au frère. Abel, précisément... Mais Victor en était-il le gardien ?

Il ne faut pas perdre de vue la seule chose que ces lignes visaient à rappeler, l'impossibilité pour un texte, quel qu'il soit, de se présenter seul devant le jugement. Tout récit est au confluent d'une culture et d'une riche fantasmagorie personnelle. Plus un écrivain est grand, plus ces échos sont nombreux, et peut-être aussi nombreuses ses tentatives pour les mettre au jour. Pour le plaisir du lecteur, il n'est pas même besoin de souhaiter que les zones d'ombre persistent, denses et fécondes en pentes pour la rêverie : avec Hugo, l'exégèse est d'avance déjouée.

PRÉFACE

L'épisode qu'on va lire, et dont le fond est emprunté à la révolte des esclaves de Saint-Domingue en 1791, a un air de circonstance qui eût suffi pour empêcher l'auteur de le publier. Cependant une ébauche de cet opuscule ayant été déjà imprimée et distribuée à un nombre restreint d'exemplaires, en 1820, à une époque où la politique du jour s'occupait fort peu d'Haïti, il est évident que si le sujet qu'il traite a pris depuis un nouveau degré d'intérêt, ce n'est pas la faute de l'auteur. Ce sont les événements qui se sont arrangés pour le livre, et non le livre pour les événements.

Quoi qu'il en soit, l'auteur ne songeait pas à tirer cet ouvrage de l'espèce de demi-jour où il était comme enseveli; mais, averti qu'un libraire de la capitale se proposait de réimprimer son esquisse anonyme, il a cru devoir prévenir cette réimpression en mettant lui-même au jour son travail revu et en quelque sorte refait, précaution qui épargne un ennui à son amour-propre d'auteur, et au libraire susdit une mauvaise spéculation.

Plusieurs personnes distinguées qui, soit comme colons, soit comme fonctionnaires, ont été mêlées aux troubles de Saint-Domingue, ayant appris la prochaine publication de cet épisode, ont bien voulu communiquer spontanément à l'auteur des matériaux d'autant plus précieux qu'ils sont presque tous inédits. L'auteur leur en témoigne ici sa vive reconnaissance. Ces documents lui ont été singulièrement utiles pour rectifier ce que le récit du capitaine d'Auverney présentait d'incomplet sous le rapport de la couleur locale, et d'incertain relativement à la vérité historique.

Enfin, il doit encore prévenir les lecteurs que l'histoire de *Bug-Jargal* n'est qu'un fragment d'un ouvrage plus étendu, qui devait être composé avec le titre de *Contes sous la tente*. L'auteur suppose que, pendant les guerres de la révolution, plusieurs officiers français conviennent entre eux d'occuper chacun à leur tour la longueur des nuits du bivouac par le récit de quelqu'une de leurs aventures. L'épisode que l'on publie ici faisait partie de cette série de narrations ; il peut en être détaché sans inconvénient ; et d'ailleurs l'ouvrage dont il devait faire partie n'est point fini, ne le sera jamais, et ne vaut pas la peine de l'être.

[Janvier 1826.]

PRÉFACE DE 1832

En 1818, l'auteur de ce livre avait seize ans ; il paria qu'il écrirait un volume en quinze jours. Il fit *Bur-Jargal*. Seize ans, c'est l'âge où l'on parie pour tout et où l'on improvise sur tout.

Ce livre a donc été écrit deux ans avant *Han d'Islande*. Et quoique, sept ans plus tard, en 1825, l'auteur l'ait remanié et récrit en grande partie, il n'en est pas moins, et par le fond et par beaucoup de détails, le premier ouvrage de l'auteur.

Il demande pardon à ses lecteurs de les entretenir de détails si peu importants ; mais il a cru que le petit nombre de personnes qui aiment à classer par rang de taille et par ordre de naissance les œuvres d'un poëte, si obscur qu'il soit, ne lui sauraient pas mauvais gré de leur donner l'âge de *Bur-Jargal* ; et, quant à lui, comme ces voyageurs qui se retournent au milieu de leur chemin et cherchent à découvrir encore dans les plis brumeux de l'horizon le lieu d'où ils sont partis, il a voulu donner ici un souvenir à cette époque de sérénité, d'audace et de confiance, où il abordait de front un si immense sujet, la révolte des noirs de Saint-Domingue en 1791, lutte de géants, trois mondes intéressés dans la question, l'Europe et l'Afrique pour combattants, l'Amérique pour champ de bataille.

24 mars 1832.

1

QUAND vint le tour du capitaine Léopold d'Auverney, il ouvrit de grands yeux et avoua à ces messieurs qu'il ne connaissait réellement aucun événement de sa vie qui méritât de fixer leur attention.

— Mais, capitaine, lui dit le lieutenant Henri, vous avez pourtant, dit-on, voyagé et vu le monde. N'avez-vous pas visité les Antilles, l'Afrique et l'Italie, l'Espagne ?... Ah ! capitaine, votre chien boiteux !

D'Auverney tressaillit, laissa tomber son cigare, et se retourna brusquement vers l'entrée de la tente, au moment où un chien énorme accourait en boitant vers lui.

Le chien écrasa en passant le cigare du capitaine ; le capitaine n'y fit nulle attention.

Le chien lui lécha les pieds, le flatta avec sa queue, jappa, gambada de son mieux, puis vint se coucher devant lui. Le capitaine, ému, oppressé, le caressait machinalement de la main gauche, en détachant de l'autre la mentonnière de son casque, et répétait de temps en temps : — Te voilà, Rask ! te voilà ! — Enfin il s'écria : — Mais qui donc t'a ramené ?

— Avec votre permission, mon capitaine...

Depuis quelques minutes, le sergent Thadée avait soulevé le rideau de la tente, et se tenait debout, le bras droit enveloppé dans sa redingote, les larmes aux yeux, et contemplant en silence le dénoûment de l'odyssée. Il hasarda à la fin ces paroles : *Avec votre permission, mon capitaine...* D'Auverney leva les yeux.

— C'est toi, Thad ; et comment diable as-tu pu ?... Pauvre chien ! je le croyais dans le camp anglais. Où donc l'as-tu trouvé ?

— Dieu merci ! vous m'en voyez, mon capitaine, aussi joyeux que monsieur votre neveu, quand vous lui faisiez décliner *cornu*, la corne ; *cornu*, de la corne...

— Mais dis-moi donc où tu l'as trouvé ?

— Je ne l'ai pas trouvé, mon capitaine, j'ai bien été le chercher.

Le capitaine se leva, et tendit la main au sergent ; mais la main du sergent resta enveloppée dans sa redingote. Le capitaine n'y prit point garde.

— C'est que, voyez-vous, mon capitaine, depuis que ce pauvre Rask s'est perdu, je me suis bien aperçu, avec votre permission, s'il vous plaît, qu'il vous manquait quelque chose. Pour tout vous dire, je crois que le soir où il ne vint pas, comme à l'ordinaire, partager mon pain de munition, peu s'en fallut que le vieux Thad ne se prît à pleurer comme un enfant. Mais non, Dieu merci, je n'ai pleuré que deux fois dans ma vie : la première, quand... le jour où... — Et le sergent regardait son maître avec inquiétude. — La seconde, lorsqu'il prit l'idée à ce drôle de Balthazar, caporal dans la septième demi-brigade, de me faire éplucher une botte d'oignons.

— Il me semble, Thadée, s'écria en riant Henri, que vous ne dites pas à quelle occasion vous pleurâtes pour la première fois.

— C'est sans doute, mon vieux, quand tu reçus l'accolade de La Tour d'Auvergne, premier grenadier de France ? demanda avec affection le capitaine, continuant à caresser le chien.

— Non, mon capitaine ; si le sergent Thadée a pu pleurer, ce n'a pu être, et vous en conviendrez, que

28

le jour où il a crié *feu* sur Bug-Jargal, autrement dit Pierrot.

Un nuage se répandit sur tous les traits de d'Auverney. Il s'approcha vivement du sergent, et voulut lui serrer la main ; mais, malgré un tel excès d'honneur, le vieux Thadée la retint cachée sous sa capote.

— Oui, mon capitaine, continua Thadée en reculant de quelques pas, tandis que d'Auverney fixait sur lui des regards pleins d'une expression pénible ; oui, j'ai pleuré cette fois-là ; aussi, vraiment, il le méritait bien ! Il était noir, cela est vrai, mais la poudre à canon est noire aussi, et... et...

Le bon sergent aurait bien voulu achever honorablement sa bizarre comparaison. Il y avait peut-être quelque chose dans ce rapprochement qui plaisait à sa pensée ; mais il essaya inutilement de l'exprimer ; et après avoir plusieurs fois attaqué, pour ainsi dire, son idée dans tous les sens, comme un général d'armée qui échoue contre une place forte, il en leva brusquement le siège, et poursuivit sans prendre garde au sourire des jeunes officiers qui l'écoutaient :

— Dites, mon capitaine, vous souvient-il de ce pauvre nègre ; quand il arriva tout essoufflé, à l'instant même où ses dix camarades étaient là ? Vraiment, il avait bien fallu les lier. — C'était moi qui commandais. Et quand il les détacha lui-même pour reprendre leur place, quoiqu'ils ne le voulussent pas. Mais il fut inflexible. Oh ! quel homme ! c'était un vrai Gibraltar. Et puis, dites, mon capitaine ? quand il se tenait là, droit comme s'il allait entrer en danse, et son chien, le même Rask qui est ici, qui comprit ce qu'on allait lui faire, et qui me sauta à la gorge...

— Ordinairement, Thad, interrompit le capitaine, tu ne laissais point passer cet endroit de ton récit sans faire quelques caresses à Rask ; vois comme il te regarde.

— Vous avez raison, dit Thadée avec embarras ; il

me regarde, ce pauvre Rask ; mais... la vieille Malagrida m'a dit que caresser de la main gauche porte malheur.

— Et pourquoi pas la main droite ? demanda d'Auverney avec surprise, et remarquant pour la première fois la main enveloppée dans la redingote, et la pâleur répandue sur le visage de Thad.

Le trouble du sergent parut redoubler.

— Avec votre permission, mon capitaine, c'est que... Vous avez déjà un chien boiteux, je crains que vous ne finissiez par avoir aussi un sergent manchot.

Le capitaine s'élança de son siège.

— Comment ? quoi ? que dis-tu, mon vieux Thadée ? manchot ! — Voyons ton bras. Manchot, grand Dieu !

D'Auverney tremblait ; le sergent déroula lentement son manteau, et offrit aux yeux de son chef son bras enveloppé d'un mouchoir ensanglanté.

— Hé ! mon Dieu ! murmura le capitaine en soulevant le linge avec précaution. Mais dis-moi donc, mon ancien ?...

— Oh ! la chose est toute simple. Je vous ai dit que j'avais remarqué votre chagrin depuis que ces maudits Anglais nous avaient enlevé votre beau chien, ce pauvre Rask, le dogue de Bug... Il suffit. Je résolus aujourd'hui de le ramener, dût-il m'en coûter la vie, afin de souper ce soir de bon appétit. C'est pourquoi, après avoir recommandé à Mathelet, votre soldat, de bien brosser votre grand uniforme, parce que c'est demain jour de bataille, je me suis esquivé tout doucement du camp, armé seulement de mon sabre ; et j'ai pris à travers les haies pour être plus tôt au camp des Anglais. Je n'étais pas encore aux premiers retranchements, quand, avec votre permission, mon capitaine, dans un petit bois sur la gauche, j'ai vu un grand attroupement de soldats rouges. Je me suis avancé pour flairer ce que c'était, et, comme ils ne prenaient pas garde à moi, j'ai aperçu au milieu d'eux Rask attaché à un arbre,

30

tandis que deux milords, nus jusqu'ici comme des payens, se donnaient sur les os de grands coups de poing qui faisaient autant de bruit que la grosse caisse d'une demi-brigade. C'étaient deux particuliers anglais, s'il vous plaît, qui se battaient en duel pour votre chien. Mais voilà Rask qui me voit, et qui donne un tel coup de collier que la corde casse, et que le drôle est en un clin d'œil sur mes trousses. Vous pensez bien que toute l'autre bande ne reste pas en arrière. Je m'enfonce dans le bois. Rask me suit. Plusieurs balles sifflent à mes oreilles. Rask aboyait : mais heureusement ils ne pouvaient l'entendre à cause de leurs cris de *French dog ! French dog !** comme si votre chien n'était pas un beau et bon chien de Saint-Domingue. N'importe, je traverse le hallier, et j'étais près d'en sortir quand deux rouges se présentent devant moi. Mon sabre me débarrasse de l'un, et m'aurait sans doute délivré de l'autre, si son pistolet n'eût été chargé à balle. Vous voyez mon bras droit. — N'importe ! *french dog* lui a sauté au cou, comme une ancienne connaissance, et je vous réponds que l'embrassement a été rude... l'Anglais est tombé étranglé. — Aussi pourquoi ce diable d'homme s'acharnait-il après moi, comme un pauvre après un séminariste ! Enfin, Thad est de retour au camp, et Rask aussi. Mon seul regret, c'est que le bon Dieu n'ait pas voulu m'envoyer plutôt cela à la bataille de demain. — Voilà !

Les traits du vieux sergent s'étaient rembrunis à l'idée de n'avoir point eu sa blessure dans une bataille.

— Thadée !... cria le capitaine d'un ton irrité. Puis il ajouta plus doucement : — Comment es-tu fou à ce point de t'exposer ainsi, — pour un chien ?

— Ce n'était pas pour un chien, mon capitaine, c'était pour Rask.

---

* *Chien français ! chien français !*

N.B. : les notes en caractères italiques, appelées par un astérisque, sont de l'Editeur. Les autres sont de V. Hugo.

Le visage de d'Auverney se radoucit tout à fait. Le sergent continua :

— Pour Rask, le dogue de Bug...

— Assez ! assez ! mon vieux Thad, cria le capitaine en mettant la main sur ses yeux. — Allons, ajouta-t-il après un court silence, appuie-toi sur moi, et viens à l'ambulance.

Thadée obéit après une résistance respectueuse. Le chien, qui, pendant cette scène, avait à moité rongé de joie la belle peau d'ours de son maître, se leva et les suivit tous deux.

2

CET épisode avait vivement excité l'attention et la curiosité des joyeux conteurs.

Le capitaine Léopold d'Auverney était un de ces hommes qui, sur quelque échelon que le hasard de la nature et le mouvement de la société les aient placés, inspirent toujours un certain respect mêlé d'intérêt. Il n'avait cependant peut-être rien de frappant au premier abord ; ses manières étaient froides, son regard indifférent. Le soleil des tropiques, en brunissant son visage, ne lui avait point donné cette vivacité de geste et de parole qui s'unit chez les créoles à une nonchalance souvent pleine de grâce. D'Auverney parlait peu, écoutait rarement, et se montrait sans cesse prêt à agir. Toujours le premier à cheval et le dernier sous la tente, il semblait chercher dans les fatigues corporelles une distraction à ses pensées. Ces pensées, qui avaient gravé leur triste sévérité dans les rides précoces de son front, n'étaient pas de celles dont on se débarrasse en les communiquant, ni de celles qui, dans une conversation frivole, se mêlent volontiers aux idées d'autrui. Léopold d'Auverney, dont les travaux de la guerre ne pouvaient rompre le corps, paraissait éprouver une fatigue insupportable dans ce que nous appelons les luttes d'esprit. Il fuyait les discussions comme il cherchait les batailles. Si quelquefois il se laissait entraîner à un débat de paroles, il prononçait trois ou quatre mots pleins de sens et de haute raison, puis, au moment de convaincre son adversaire, il s'arrêtait tout court, en disant : *A quoi bon ?* et sortait pour demander au commandant ce qu'on pourrait faire en attendant l'heure de la charge ou de l'assaut.

Ses camarades excusaient ses habitudes froides, réservées et taciturnes, parce qu'en toute occasion ils le trouvaient brave, bon et bienveillant. Il avait sauvé la vie de plusieurs d'entre eux au risque de la sienne, et l'on savait que s'il ouvrait rarement la bouche, sa bourse du moins n'était jamais fermée. On l'aimait dans l'armée, et on lui pardonnait même de se faire en quelque sorte vénérer.

Cependant il était jeune. On lui eût donné trente ans, et il était loin encore de les avoir. Quoiqu'il combattît déjà depuis un certain temps dans les rangs républicains, on ignorait ses aventures. Le seul être qui, avec Rask, pût lui arracher quelque vive démonstration d'attachement, le bon vieux sergent Thadée, qui était entré avec lui au corps, et ne le quittait pas, contait parfois vaguement quelques circonstances de sa vie. On savait que d'Auverney avait éprouvé de grands malheurs en Amérique ; que, s'étant marié à Saint-Domingue, il avait perdu sa femme et toute sa famille au milieu des massacres qui avaient marqué l'invasion de la révolution dans cette magnifique colonie. A cette époque de notre histoire, les infortunes de ce genre étaient si communes, qu'il s'était formé pour elles une espèce de pitié générale dans laquelle chacun prenait et apportait sa part. On plaignait donc le capitaine d'Auverney, moins pour les pertes qu'il avait souffertes que pour sa manière de les souffrir.

C'est qu'en effet, à travers son indifférence glaciale, on voyait quelquefois les tressaillements d'une plaie incurable et intérieure.

Dès qu'une bataille commençait, son front redevenait serein. Il se montrait intrépide dans l'action comme s'il eût cherché à devenir général, et modeste après la victoire comme s'il n'eût voulu être que simple soldat. Ses camarades, en lui voyant ce dédain des honneurs et des grades, ne comprenaient pas pourquoi, avant le combat, il paraissait espérer quelque chose, et ne devinaient point que d'Auverney, de toutes les chances de la guerre, ne désirait que la mort.

Les représentants du peuple en mission à l'armée le nommèrent un jour chef de brigade sur le champ de bataille ; il refusa, parce qu'en se séparant de la compagnie il aurait fallu quitter le sergent Thadée. Quelques jours après, il s'offrit pour conduire une expédition hasardeuse, et en revint, contre l'attente générale et contre son espérance. On l'entendit alors regretter le grade qu'il avait refusé : — Car, disait-il, puisque le canon ennemi m'épargne toujours, la guillotine, qui frappe tous ceux qui s'élèvent, aurait peut-être voulu de moi.

3

TEL était l'homme sur le compte duquel s'engagea la conversation suivante quand il fut sorti de la tente.

— Je parierais, s'écria le lieutenant Henri en essuyant sa botte rouge, sur laquelle le chien avait laissé en passant une large tache de boue, je parierais que le capitaine ne donnerait pas la patte cassée de son chien pour ces dix paniers de madère que nous entrevîmes l'autre jour dans le grand fourgon du général.

— Chut ! chut ! dit gaiement l'aide de camp Paschal, ce serait un mauvais marché. Les paniers sont à présent vides, j'en sais quelque chose ; et, ajouta-t-il d'un air sérieux, trente bouteilles décachetées ne valent certainement pas, vous en conviendrez, lieutenant, la patte de ce pauvre chien, patte dont on pourrait, après tout, faire une poignée de sonnette.

L'assemblée se mit à rire du ton grave dont l'aide de camp prononçait ces dernières paroles. Le jeune officier des hussards basques, Alfred, qui seul n'avait pas ri, prit un air mécontent.

— Je ne vois pas, messieurs, ce qui peut prêter à la raillerie dans ce qui vient de se passer. Ce chien et ce sergent, que j'ai toujours vus auprès de d'Auverney depuis que je le connais, me semblent plutôt susceptibles de faire naître quelque intérêt. Enfin, cette scène...

Paschal, piqué et du mécontentement d'Alfred et de la bonne humeur des autres, l'interrompit.

— Cette scène est très sentimentale. Comment donc ! un chien retrouvé et un bras cassé !

— Capitaine Paschal, vous avez tort, dit Henri en jetant hors de la tente la bouteille qu'il venait de vider, ce Bug, autrement dit Pierrot, pique singulièrement ma curiosité.

Paschal, prêt à se fâcher, s'apaisa en remarquant que son verre, qu'il croyait vide, était plein. D'Auverney rentra ; il alla se rasseoir à sa place sans prononcer une parole. Son air était pensif, mais son visage était plus calme. Il paraissait si préoccupé, qu'il n'entendait rien de ce qui se disait autour de lui. Rask, qui l'avait suivi, se coucha à ses pieds en le regardant d'un air inquiet.

— Votre verre, capitaine d'Auverney. Goûtez de celui-ci.

— Oh ! grâce à Dieu, dit le capitaine, croyant répondre à la question de Paschal, la blessure n'est pas dangereuse, le bras n'est pas cassé.

Le respect involontaire que le capitaine inspirait à tous ses compagnons d'armes contint seul l'éclat de rire prêt à éclore sur les lèvres de Henri.

— Puisque vous n'êtes plus aussi inquiet de Thadée, dit-il, et que nous sommes convenus de raconter chacun une de nos aventures pour abréger cette nuit de bivouac, j'espère, mon cher ami, que vous voudrez bien remplir votre engagement, en nous disant l'histoire de votre chien boiteux et de Bug... je ne sais comment, autrement dit Pierrot, ce vrai Gibraltar !

A cette question, faite d'un ton moitié sérieux, moitié plaisant, d'Auverney n'aurait rien répondu, si tous n'eussent joint leurs instances à celles du lieutenant.

Il céda enfin à leurs prières.

— Je vais vous satisfaire, messieurs ; mais n'attendez que le récit d'une anecdote toute simple, dans laquelle je ne joue qu'un rôle très secondaire. Si l'attachement qui existe entre Thadée, Rask et moi vous a fait espérer quelque chose d'extraordinaire, je vous préviens que vous vous trompez. Je commence.

Alors il se fit un grand silence. Paschal vida d'un trait sa gourde d'eau-de-vie, et Henri s'enveloppa de la peau d'ours à demi rongée, pour se garantir du frais de la nuit, tandis qu'Alfred achevait de fredonner l'air galicien de *mata-perros*.

D'Auverney resta un moment rêveur, comme pour rappeler à son souvenir des événements depuis longtemps remplacés par d'autres ; enfin il prit la parole, lentement, presque à voix basse et avec des pauses fréquentes.

QUOIQUE né en France, j'ai été envoyé de bonne heure à Saint-Domingue, chez un de mes oncles, colon très riche, dont je devais épouser la fille.

Les habitations de mon oncle étaient voisines du fort Galifet, et ses plantations occupaient la majeure partie des plaines de l'Acul.

Cette malheureuse position, dont le détail vous semble sans doute offrir peu d'intérêt, a été l'une des premières causes des désastres et de la ruine totale de ma famille.

Huit cents nègres cultivaient les immenses domaines de mon oncle. Je vous avouerai que la triste condition de ces esclaves était encore aggravée par l'insensibilité de leur maître. Mon oncle était du nombre, heureusement assez restreint, de ces planteurs dont une longue habitude de despotisme absolu avait endurci le cœur. Accoutumé à se voir obéi au premier coup d'œil, la moindre hésitation de la part d'un esclave était punie des plus mauvais traitements, et souvent l'intercession de ses enfants ne servait qu'à accroître sa colère. Nous étions donc le plus souvent obligés de nous borner à soulager en secret des maux que nous ne pouvions prévenir.

— Comment ! mais voilà des phrases ! dit Henri à demi-voix, en se penchant vers son voisin. Allons, j'espère que le capitaine ne laissera point passer les malheurs des *ci-devant noirs* sans quelque petite dissertation sur les devoirs qu'impose l'humanité, *et cætera*. On n'en eût pas été quitte à moins au club Massiac (1).

(1) Nos lecteurs ont sans doute oublié que le club *Massiac*, dont parle le lieutenant Henri, était une association de *négrophiles*. Ce club, formé à Paris au commencement de la révolution,

— Je vous remercie, Henri, de m'épargner un ridicule, dit froidement d'Auverney, qui l'avait entendu.

Il poursuivit.

— Entre tous ces esclaves, un seul avait trouvé grâce devant mon oncle. C'était un nain espagnol, griffe (1) de couleur, qui lui avait été donné comme

---

avait provoqué la plupart des insurrections qui éclatèrent alors dans les colonies.

On pourra s'étonner aussi de la légèreté un peu hardie avec laquelle le jeune lieutenant raille des *philanthropes* qui régnaient encore à cette époque par la grâce du bourreau. Mais il faut se rappeler qu'avant, pendant et après la Terreur, la liberté de penser et de parler s'était réfugiée dans les camps. Ce noble privilège coûtait de temps en temps la tête à un général ; mais il absout de tout reproche la gloire si éclatante de ces soldats que les dénonciateurs de la Convention appelaient « les *messieurs* de l'armée du Rhin ».

Le club Massiac était en réalité un syndicat de planteurs défendant les intérêts des colons (N.d.E.).

(1) Une explication précise sera peut-être nécessaire à l'intelligence de ce mot.

M. Moreau de Saint-Méry, en développant le système de Franklin, a classé dans des espèces génériques les différentes teintes que présentent les mélanges de la population de couleur.

Il suppose que l'homme forme un tout de cent vingt-huit parties, blanches chez les blancs, et noires chez les noirs.

Partant de ce principe, il établit que l'on est d'autant plus près ou plus loin de l'une ou de l'autre couleur, qu'on se rapproche ou qu'on s'éloigne davantage du terme soixante-quatre, qui leur sert de moyenne proportionnelle.

D'après ce système, tout homme qui n'a point huit parties de blanc est réputé noir.

Marchant de cette couleur vers le blanc, on distingue neuf souches principales, qui ont encore entre elles des variétés d'après le plus ou le moins de parties qu'elles retiennent de l'une ou de l'autre couleur. Ces neuf espèces sont le *sacatra*, le *griffe*, le *marabout*, le *mulâtre*, le *quarteron*, le *métis*, le *mameluco*, le *quarteronné*, le *sang-mêlé*.

Le *sang-mêlé*, en continuant son union avec le blanc, finit en quelque sorte par se confondre avec cette couleur. On assure pourtant qu'il conserve toujours sur une certaine partie du corps la trace ineffaçable de son origine.

Le *griffe* est le résultat de cinq combinaisons, et peut avoir depuis vingt-quatre jusqu'à trente-deux parties blanches et quatre-vingt-seize ou cent quatre noires.

un sapajou par lord Effingham, gouverneur de la Jamaïque. Mon oncle, qui, ayant longtemps résidé au Brésil, y avait contracté les habitudes du faste portugais, aimait à s'environner chez lui d'un appareil qui répondît à sa richesse. De nombreux esclaves, dressés au service comme des domestiques européens, donnaient à sa maison un éclat en quelque sorte seigneurial. Pour que rien n'y manquât, il avait fait de l'esclave de lord Effingham son *fou*, à l'imitation de ces anciens princes féodaux qui avaient des bouffons dans leurs cours. Il faut dire que le choix était singulièrement heureux. Le griffe Habibrah (c'était son nom) était un de ces êtres dont la conformation physique est si étrange qu'ils paraîtraient des monstres, s'ils ne faisaient rire. Ce nain hideux était gros, court, ventru, et se mouvait avec une rapidité singulière sur deux jambes grêles et fluettes, qui, lorsqu'il s'asseyait, se repliaient sous lui comme les bras d'une araignée. Sa tête énorme, lourdement enfoncée entre ses épaules, hérissée d'une laine rousse et crépue, était accompagnée de deux oreilles si larges, que ses camarades avaient coutume de dire qu'Habibrah s'en servait pour essuyer ses yeux quand il pleurait. Son visage était toujours une grimace, et n'était jamais la même ; bizarre mobilité des traits, qui du moins donnait à sa laideur l'avantage de la variété. Mon oncle l'aimait à cause de sa difformité rare et de sa gaieté inaltérable. Habibrah était son favori. Tandis que les autres esclaves étaient rudement accablés de travail, Habibrah n'avait d'autre soin que de porter derrière le maître un large éventail de plumes d'oiseaux de paradis, pour chasser les moustiques et les bigailles. Mon oncle le faisait manger à ses pieds sur une natte de jonc, et lui donnait toujours sur sa propre assiette quelque reste de son mets de prédilection. Aussi Habibrah se montrait-il reconnaissant de tant de bontés ; il n'usait de ses privilèges de bouffon, de son droit de tout faire et de tout dire, que pour divertir son maître par mille folles paroles entremêlées de contorsions, et au moindre signe de mon oncle il accourait avec l'agilité d'un singe et la soumission d'un chien.

Je n'aimais pas cet esclave. Il y avait quelque chose de trop rampant dans sa servilité ; et si l'esclavage ne déshonore pas, la domesticité avilit. J'éprouvais un sentiment de pitié bienveillante pour ces malheureux nègres que je voyais travailler tout le jour sans que presque aucun vêtement cachât leur chaîne ; mais ce baladin difforme, cet esclave fainéant, avec ses ridicules habits bariolés de galons et semés de grelots, ne m'inspirait que du mépris. D'ailleurs le nain n'usait pas en bon frère du crédit que ses bassesses lui avaient donné sur le patron commun. Jamais il n'avait demandé une grâce à un maître qui infligeait si souvent des châtiments ; et on l'entendit même un jour, se croyant seul avec mon oncle, l'exhorter à redoubler de sévérité envers ses infortunés camarades. Les autres esclaves cependant, qui auraient dû le voir avec défiance et jalousie, ne paraissaient pas le haïr. Il leur inspirait une sorte de crainte respectueuse qui ne ressemblait point à de l'amitié ; et quand ils le voyaient passer au milieu de leurs cases avec son grand bonnet pointu orné de sonnettes, sur lequel il avait tracé des figures bizarres en encre rouge, ils se disaient entre eux à voix basse : *C'est un obi* (1) !

Ces détails, sur lesquels j'arrête en ce moment votre attention, messieurs, m'occupaient fort peu alors. Tout entier aux pures émotions d'un amour que rien ne semblait devoir traverser, d'un amour éprouvé et partagé depuis l'enfance par la femme qui m'était destinée, je n'accordais que des regards fort distraits à tout ce qui n'était pas Marie. Accoutumé dès l'âge le plus tendre à considérer comme ma future épouse celle qui était déjà en quelque sorte ma sœur, il s'était formé entre nous une

(1) Un sorcier.

tendresse dont on ne comprendrait pas encore la nature, si je disais que notre amour était un mélange de dévouement fraternel, d'exaltation passionnée et de confiance conjugale. Peu d'hommes ont coulé plus heureusement que moi leurs premières années ; peu d'hommes ont senti leur âme s'épanouir à la vie sous un plus beau ciel, dans un accord plus délicieux de bonheur pour le présent et d'espérance pour l'avenir. Entouré presque en naissant de tous les contentements de la richesse, de tous les privilèges du rang dans un pays où la couleur suffisait pour le donner, passant mes journées près de l'être qui avait tout mon amour, voyant cet amour favorisé de nos parents, qui seuls auraient pu l'entraver, et tout cela dans l'âge où le sang bouillonne, dans une contrée où l'été est éternel, où la nature est admirable ; en fallait-il plus pour me donner une foi aveugle dans mon heureuse étoile ? en faut-il plus pour me donner le droit de dire que peu d'hommes ont coulé plus heureusement que moi leurs premières années ?

Le capitaine s'arrêta un moment, comme si la voix lui eût manqué pour ces souvenirs de bonheur. Puis il poursuivit avec un accent profondément triste :

— Il est vrai que j'ai maintenant de plus le droit d'ajouter que nul ne coulera plus déplorablement ses derniers jours.

Et comme s'il eût repris de la force dans le sentiment de son malheur, il continua d'une voix assurée.

peu vive à un débat sur les affaires du jour. C'était à

5

— C'EST au milieu de ces illusions et de ces espérances aveugles que j'atteignais ma vingtième année. Elle devait être accomplie au mois d'août 1791, et mon oncle avait fixé cette époque pour mon union avec Marie. Vous comprenez aisément que la pensée d'un bonheur si prochain absorbait toutes mes facultés, et combien doit être vague le souvenir qui me reste des débats politiques dont à cette époque la colonie était déjà agitée depuis deux ans. Je ne vous entretiendrai donc ni du comte de Peinier, ni de M. de Blanchelande, ni de ce malheureux colonel de Mauduit * dont la fin fut si tragique. Je ne vous peindrai point les rivalités de l'assemblée *provinciale* du nord, et de cette assemblée *coloniale* qui prit le titre d'assemblée *générale,* trouvant que le mot *coloniale* sentait l'esclavage. Ces misères, qui ont bouleversé alors tous les esprits, n'offrent plus maintenant d'intérêt que par les désastres qu'elles ont produits Pour moi, dans cette jalousie mutuelle qui divisait le Cap et le Port-au-Prince, si j'avais une opinion, ce devait être nécessairement en faveur du Cap, dont nous habitions le territoire, et de l'assemblée provinciale, dont mon oncle était membre.

Il m'arriva une seule fois de prendre une part un peu vive à un débat sur les affaires du jour. C'était à l'occasion de ce désastreux décret du 15 mai 1791, par lequel l'Assemblée nationale de France admettait les hommes de couleur libres à l'égal partage des droits politiques avec les blancs. Dans un bal

---

* *Peinier et Blanchelande ont été successivement gouverneurs de Saint-Domingue. Mauduit fut un chef militaire répressif et hostile à la libération des Noirs.*

donné à la ville du Cap par le gouverneur, plusieurs jeunes colons parlaient avec véhémence sur cette loi, qui blessait si cruellement l'amour-propre, peut-être fondé, des blancs. Je ne m'étais point encore mêlé à la conversation, lorsque je vis s'approcher du groupe un riche planteur que les blancs admettaient difficilement parmi eux, et dont la couleur équivoque faisait suspecter l'origine. Je m'avançai brusquement vers cet homme en lui disant à voix haute : — Passez outre, monsieur ; il se dit ici des choses désagréables pour vous, qui avez du *sang mêlé* dans les veines. — Cette imputation l'irrita au point qu'il m'appela en duel. Nous fûmes tous deux blessés. J'avais eu tort, je l'avoue, de le provoquer ; mais il est probable que ce qu'on appelle *le préjugé de la couleur* n'eût pas suffi seul pour m'y pousser ; cet homme avait depuis quelque temps l'audace de lever les yeux jusqu'à ma cousine, et au moment où je l'humiliai d'une manière si inattendue, il venait de danser avec elle.

Quoi qu'il en fût, je voyais s'avancer avec ivresse le moment où je posséderais Marie, et je demeurais étranger à l'effervescence toujours croissante qui faisait bouillonner toutes les têtes autour de moi. Les yeux fixés sur mon bonheur qui s'approchait, je n'apercevais pas le nuage effrayant qui déjà couvrait presque tous les points de notre horizon politique, et qui devait, en éclatant, déraciner toutes les existences. Ce n'est pas que les esprits, même les plus prompts à s'alarmer, s'attendissent sérieusement dès lors à la révolte des esclaves, on méprisait trop cette classe pour la craindre ; mais il existait seulement entre les blancs et les mulâtres libres assez de haine pour que ce volcan si longtemps comprimé bouleversât toute la colonie au moment redouté où il se déchirerait.

Dans les premiers jours de ce mois d'août, si ardemment appelé de tous mes vœux, un incident étrange vint mêler une inquiétude imprévue à mes tranquilles espérances.

6

MON oncle avait fait construire, sur les bords d'une jolie rivière qui baignait ses plantations, un petit pavillon de branchages, entouré d'un massif d'arbres épais, où Marie venait tous les jours respirer la douceur de ces brises de mer qui, pendant les mois les plus brûlants de l'année, soufflent régulièrement à Saint-Domingue, depuis le matin jusqu'au soir, et dont la fraîcheur augmente ou diminue avec la chaleur même du jour.

J'avais soin d'orner moi-même tous les matins cette retraite des plus belles fleurs que je pouvais cueillir.

Un jour Marie accourt à moi tout effrayée. Elle était entrée comme de coutume dans son cabinet de verdure, et là elle avait vu, avec une surprise mêlée de terreur, toutes les fleurs dont je l'avais tapissé le matin arrachées et foulées aux pieds ; un bouquet de soucis sauvages fraîchement cueillis était déposé à la place où elle avait coutume de s'asseoir. Elle n'était pas encore revenue de sa stupeur, qu'elle avait entendu les sons d'une guitare sortir du milieu du taillis même qui environnait le pavillon ; puis une voix, qui n'était pas la mienne, avait commencé à chanter doucement une chanson qui lui avait paru espagnole, et dans laquelle son trouble, et sans doute aussi quelque pudeur de vierge, l'avaient empêchée de comprendre autre chose que son nom, fréquemment répété. Alors elle avait eu recours à une fuite précipitée, à laquelle heureusement il n'avait point été mis d'obstacle.

Ce récit me transporta d'indignation et de jalousie. Mes premières conjectures s'arrêtèrent sur le *sang-mêlé* libre avec qui j'avais eu récemment une altercation ; mais, dans la perplexité où j'étais jeté, je résolus de ne rien faire légèrement. Je rassurai la pauvre Marie, et je me promis de veiller sans relâche sur elle, jusqu'au moment prochain où il me serait permis de la protéger encore de plus près.

Présumant bien que l'audacieux dont l'insolence avait si fort épouvanté Marie ne se bornerait pas à cette première tentative pour lui faire connaître ce que je devinais être son amour, je me mis dès le même soir en embuscade autour du corps de bâtiment où reposait ma fiancée, après que tout le monde fut endormi dans la plantation. Caché dans l'épaisseur des hautes cannes à sucre, armé de mon poignard, j'attendais. Je n'attendis pas en vain. Vers le milieu de la nuit, un prélude mélancolique et grave, s'élevant dans le silence à quelques pas de moi, éveilla brusquement mon attention. Ce bruit fut pour moi comme une secousse ; c'était une guitare ; c'était sous la fenêtre même de Marie ! Furieux, brandissant mon poignard, je m'élançai vers le point d'où ces sons partaient, brisant sous mes pas les tiges cassantes des cannes à sucre. Tout à coup je me sentis saisir et renverser avec une force qui me parut prodigieuse ; mon poignard me fut violemment arraché, et je le vis briller au-dessus de ma tête. En même temps deux yeux ardents étincelaient dans l'ombre tout près des miens, et une double rangée de dents blanches, que j'entrevoyais dans les ténèbres, s'ouvrait pour laisser passer ces mots, prononcés avec l'accent de la rage : *Te tengo ! te tengo* (1) !

Plus étonné encore qu'effrayé, je me débattais vainement contre mon formidable adversaire, et déjà la pointe de l'acier se faisait jour à travers mes vêtements, lorsque Marie, que la guitare et ce

(1) Je te tiens ! je te tiens !

tumulte de pas et de paroles avaient réveillée, parut subitement à sa fenêtre. Elle reconnut ma voix, vit briller un poignard, et poussa un cri d'angoisse et de terreur. Ce cri déchirant paralysa en quelque sorte la main de mon antagoniste victorieux ; il s'arrêta, comme pétrifié par un enchantement ; promena encore quelques instants avec indécision le poignard sur ma poitrine, puis le jetant tout à coup : — Non ! dit-il, cette fois en français, non ! elle pleurerait trop ! — En achevant ces paroles bizarres, il disparut dans les touffes de roseaux ; et avant que je me fusse relevé, meurtri par cette lutte inégale et singulière, nul bruit, nul vestige ne restait de sa présence et de son passage.

Il me serait fort difficile de dire ce qui se passa en moi au moment où je revins de ma première stupeur entre les bras de ma douce Marie, à laquelle j'étais si étrangement conservé par celui-là même qui paraissait prétendre à me la disputer. J'étais plus que jamais indigné contre ce rival inattendu, et honteux de lui devoir la vie. — Au fond, me disait mon amour-propre, c'est à Marie que je la dois, puisque c'est le son de sa voix qui a fait seul tomber le poignard. — Cependant je ne pouvais me dissimuler qu'il y avait bien quelque générosité dans le sentiment qui avait décidé mon rival inconnu à m'épargner. Mais ce rival, quel était-il donc ? Je me confondais en soupçons, qui tous se détruisaient les uns les autres. Ce ne pouvait être le planteur *sangmêlé*, que ma jalousie s'était d'abord désigné. Il était loin d'avoir cette force extraordinaire, et d'ailleurs ce n'était point sa voix. L'individu avec qui j'avais lutté m'avait paru nu jusqu'à la ceinture. Les esclaves seuls dans la colonie étaient ainsi à demi vêtus. Mais ce ne pouvait être un esclave ; des sentiments comme celui qui lui avait fait jeter le poignard ne me semblaient pas pouvoir appartenir à un esclave ; et d'ailleurs tout en moi se refusait à la révoltante supposition d'avoir un esclave pour rival. Quel était-il donc ? Je résolus d'attendre et d'épier.

7

MARIE avait éveillé la vieille nourrice qui lui tenait lieu de la mère qu'elle avait perdue au berceau. Je passai le reste de la nuit auprès d'elle, et, dès que le jour fut venu, nous informâmes mon oncle de ces inexplicables événements. Sa surprise en fut extrême ; mais son orgueil, comme le mien, ne s'arrêta pas à l'idée que l'amoureux inconnu de sa fille pourrait être un esclave. La nourrice reçut ordre de ne plus quitter Marie ; et comme les séances de l'assemblée provinciale, les soins que donnait aux principaux colons l'attitude de plus en plus menaçante des affaires coloniales, et les travaux des plantations, ne laissaient à mon oncle aucun loisir, il m'autorisa à accompagner sa fille dans toutes ses promenades jusqu'au jour de mon mariage, qui était fixé au 22 août. En même temps, présumant que le nouveau soupirant n'avait pu venir que du dehors, il ordonna que l'enceinte de ses domaines fût désormais gardée nuit et jour plus sévèrement que jamais.

Ces précautions prises, de concert avec mon oncle, je voulus tenter une épreuve. J'allai au pavillon de la rivière, et, réparant le désordre de la veille, je lui rendis la parure de fleurs dont j'avais coutume de l'embellir pour Marie.

Quand l'heure où elle s'y retirait habituellement fut venue, je m'armai de ma carabine, chargée à balle, et je proposai à ma cousine de l'accompagner à son pavillon. La vieille nourrice nous suivit.

Marie, à qui je n'avais point dit que j'avais fait

disparaître les traces qui l'avaient effrayée la veille, entra la première dans le cabinet de feuillage.

— Vois, Léopold, me dit-elle, mon berceau est bien dans le même état de désordre où je l'ai laissé hier ; voilà bien ton ouvrage gâté, tes fleurs arrachées, flétries ; ce qui m'étonne, ajouta-t-elle en prenant un bouquet de soucis sauvages, déposé sur le banc de gazon, ce qui m'étonne, c'est que ce vilain bouquet ne se soit pas fané depuis hier. Vois, cher ami, il a l'air d'être tout fraîchement cueilli.

J'étais immobile d'étonnement et de colère. En effet, mon ouvrage du matin même était déjà detruit ; et ces tristes fleurs, dont la fraîcheur étonnait ma pauvre Marie, avaient repris insolemment la place des roses que j'avais semées.

— Calme-toi, me dit Marie, qui vit mon agitation, calme-toi ; c'est une chose passée, cet insolent n'y reviendra sans doute plus ; mettons tout cela sous nos pieds, comme cet odieux bouquet.

Je me gardai bien de la détromper, de peur de l'alarmer ; et sans lui dire que celui qui devait, selon elle, *n'y plus revenir,* était déjà revenu, je la laissai fouler les soucis aux pieds, pleine d'une innocente indignation. Puis, espérant que l'heure était venue de connaître mon mystérieux rival, je la fis asseoir en silence entre sa nourrice et moi.

A peine avions-nous pris place, que Marie mit son doigt sur ma bouche ; quelques sons, affaiblis par le vent et par le bruissement de l'eau, venaient de frapper son oreille. J'écoutai ; c'était le même prélude triste et lent qui la nuit précédente avait éveillé ma fureur. Je voulus m'élancer de mon siège, un geste de Marie me retint.

— Léopold, me dit-elle à voix basse, contiens-toi, il va peut-être chanter, et sans doute ce qu'il dira nous apprendra qui il est.

En effet, une voix dont l'harmonie avait quelque chose de mâle et de plaintif à la fois sortit un moment après du fond du bois, et mêla aux notes graves de la guitare une romance espagnole, dont chaque parole retentit assez profondément dans mon oreille pour que ma mémoire puisse encore aujourd'hui en retrouver presque toutes les expressions.

« Pourquoi me fuis-tu, Maria (1) ? Pourquoi me fuis-tu, jeune fille ? Pourquoi cette terreur qui glace ton âme quand tu m'entends ? Je suis en effet bien formidable ! je ne sais qu'aimer, souffrir et chanter !

« Lorsque, à travers les tiges élancées des cocotiers de la rivière, je vois glisser ta forme légère et pure, un éblouissement trouble ma vue, ô Maria ! et je crois avoir passer un esprit !

« Et si j'entends, ô Maria ! les accents enchantés qui s'échappent de ta bouche comme une mélodie, il me semble que mon cœur vient palpiter dans mon oreille et mêle un bourdonnement plaintif à ta voix harmonieuse.

« Hélas ! ta voix est plus douce pour moi que le chant même des jeunes oiseaux qui battent de l'aile dans le ciel, et qui viennent du côté de ma patrie ;

« De ma patrie où j'étais roi, de ma patrie où j'étais libre !

« Libre et roi, jeune fille ! j'oublierais tout cela pour toi ; j'oublierais tout, royaume, famille, devoirs, vengeance, oui, jusqu'à la vengeance ! quoique le moment soit bientôt venu de cueillir ce fruit amer et délicieux, qui mûrit si tard ! »

La voix avait chanté les stances précédentes avec des pauses fréquentes et douloureuses ; mais en achevant ces derniers mots, elle avait pris un accent terrible.

« O Maria ! tu ressembles au beau palmier, svelte et doucement balancé sur sa tige, et tu te mires dans l'œil de ton jeune amant, comme le palmier dans l'eau transparente de la fontaine.

« Mais, ne le sais-tu pas ? il y a quelquefois au fond du désert un ouragan jaloux du bonheur de la

(1) On a jugé inutile de reproduire ici en entier les paroles du chant espagnol : *Porque me huyes, Maria ?* etc.

fontaine aimée ; il accourt, et l'air et le sable se mêlent sous le vol de ses lourdes ailes ; il enveloppe l'arbre et la source d'un tourbillon de feu ; et la fontaine se dessèche, et le palmier sent se crisper sous l'haleine de mort le cercle vert de ses feuilles, qui avait la majesté d'une couronne et la grâce d'une chevelure.

« Tremble, ô blanche fille d'Hispañiola (1) ! tremble que tout ne soit bientôt plus autour de toi qu'un ouragan et qu'un désert ! Alors tu regretteras l'amour qui eût pu te conduire vers moi, comme le joyeux katha, l'oiseau de salut, guide à travers les sables d'Afrique le voyageur à la citerne.

« Et pourquoi repousserais-tu mon amour, Maria ? Je suis roi, et mon front s'élève au-dessus de tous les fronts humains. Tu es blanche, et je suis noir ; mais le jour a besoin de s'unir à la nuit pour enfanter l'aurore et le couchant, qui sont plus beaux que lui ! »

8

UN long soupir, prolongé sur les cordes frémissantes de la guitare, accompagna ces dernières paroles. J'étais hors de moi. « Roi ! — noir ! — esclave ! » Mille idées incohérentes, éveillées par l'inexplicable chant que je venais d'entendre, tourbillonnaient dans mon cerveau. Un violent besoin d'en finir avec l'être inconnu qui osait ainsi associer le nom de Marie à des chants d'amour et de menace s'empara de moi. Je saisis convulsivement ma

(1) Nos lecteurs n'ignorent pas sans doute que c'est le premier nom donné à Saint-Domingue, par Christophe Colomb, à l'époque de la découverte, en décembre 1492.

carabine, et me précipitai hors du pavillon. Marie, effrayée, tendait encore les bras pour me retenir, que déjà je m'étais enfoncé dans le taillis du côté d'où la voix était venue. Je fouillai le bois dans tous les sens, je plongeai le canon de mon mousqueton dans l'épaisseur de toutes les broussailles, je fis le tour de tous les gros arbres, je remuai toutes les hautes herbes. Rien ! rien, et toujours rien ! Cette recherche inutile, jointe à d'inutiles réflexions sur la romance que je venais d'entendre, mêla de la confusion à ma colère. Cet insolent rival échapperait donc toujours à mon bras comme à mon esprit ! Je ne pourrais donc ni le deviner, ni le rencontrer !
— En ce moment, un bruit de sonnettes vint me distraire de ma rêverie. Je me retournai. Le nain Habibrah était à côté de moi.

— Bonjour, maître, me dit-il, et il s'inclina avec respect ; mais son louche regard, obliquement relevé vers moi, paraissait remarquer avec une expression indéfinissable de malice et de triomphe l'anxiété peinte sur mon front.

— Parle ! lui criai-je brusquement ; as-tu vu quelqu'un dans ce bois ?

— Nul autre que vous, *señor mio*, me répondit-il avec tranquillité.

— Est-ce que tu n'as pas entendu une voix ? repris-je.

L'esclave resta un moment comme cherchant ce qu'il pouvait me répondre. Je bouillais.

— Vite, lui dis-je, réponds vite, malheureux ! as-tu entendu ici une voix ?

Il fixa hardiment sur mes yeux ses deux yeux ronds comme ceux d'un chat-tigre.

— *Que quiere decir usted* (1) par une voix, maître ? Il y a des voix partout et pour tout ; il y a la voix des oiseaux, il y a la voix de l'eau, il y a la voix du vent dans les feuilles.

Je l'interrompis en le secouant rudement.

(1) Que voulez-vous dire ?

— Misérable bouffon ! cesse de me prendre pour ton jouet, ou je te fais écouter de près la voix qui sort d'un canon de carabine. Réponds en quatre mots. As-tu entendu dans ce bois un homme qui chantait un air espagnol ?

— Oui, *señor*, me répliqua-t-il sans paraître ému, et des paroles sur l'air... Tenez, maître, je vais vous conter la chose. Je me promenais sur la lisière de ce bosquet, en écoutant ce que les grelots d'argent de ma *gorra* (1) me disaient à l'oreille. Tout à coup le vent est venu joindre à ce concert quelques mots d'une langue que vous appelez l'espagnol, la première que j'aie bégayée, lorsque mon âge se comptait par mois et non par années, et que ma mère me suspendait sur son dos à des bandelettes de laine rouge et jaune. J'aime cette langue ; elle me rappelle le temps où je n'étais que petit et pas encore nain, qu'un enfant et pas encore un fou ; je me suis rapproché de la voix, et j'ai entendu la fin de la chanson.

— Eh bien, est-ce là tout ? repris-je impatienté.

— Oui, maître *hermoso**, mais, si vous voulez, je vous dirai ce que c'est que l'homme qui chantait.

Je crus que j'allais embrasser le pauvre bouffon.

— Oh ! parle, m'écriai-je, parle, voici ma bourse, Habibrah ! et dix bourses meilleures sont à toi si tu me dis quel est cet homme.

Il prit la bourse, l'ouvrit et sourit.

— *Diez bolsas* meilleures que celle-ci ! mais, *demonio !* cela ferait une pleine *fanega*** de bons écus à l'image *del rey Luis quince,* autant qu'il en aurait fallu pour ensemencer le champ du magicien grenadin Altornino, lequel savait l'art d'y faire pousser de *buenos doblones :* mais, ne vous fâchez pas, jeune maître, je viens au fait. Rappelez-vous, *señor,* les derniers mots de la chanson : « Tu es blanche, et je suis noir, mais le jour a besoin de

(1) Le petit griffe espagnol désigne par ce nom son *bonnet*.
* *Très beau.*
** *Fanègue, mesure de capacité (55 litres 1/2).*

52

s'unir à la nuit pour enfanter l'aurore et le couchant, qui sont plus beaux que lui. » Or, si cette chanson dit vrai, le griffe Habibrah, votre humble esclave, né d'une négresse et d'un blanc, est plus beau que vous, *señorito de amor*. Je suis le produit de l'union du jour et de la nuit, je suis l'aurore ou le couchant dont parle la chanson espagnole, et vous n'êtes que le jour. Donc je suis plus beau que vous, *si usted quiere* (1), plus beau qu'un blanc.

Le nain entremêlait cette divagation bizarre de longs éclats de rire. Je l'interrompis encore.

— Où donc en veux-tu venir avec tes extravagances ? Tout cela me dira-t-il ce que c'est que l'homme qui chantait dans ce bois ?

— Précisément, maître, repartit le bouffon avec un regard malicieux. Il est évident que *el hombre* qui a pu chanter de telles *extravagances*, comme vous les appelez, ne peut être et n'est qu'un fou pareil à moi ! J'ai gagné *las diez bolsas* !

Ma main se levait pour châtier l'insolente plaisanterie de l'esclave émancipé, lorsqu'un cri affreux retentit tout à coup dans le bosquet, du côté du pavillon de la rivière. C'était la voix de Marie. — Je m'élance, je cours, je vole, m'interrogeant d'avance avec terreur sur le nouveau malheur que je pouvais avoir à redouter. J'arrive haletant au cabinet de verdure. Un spectacle effrayant m'y attendait. Un crocodile monstrueux, dont le corps était à demi caché sous les roseaux et les mangles de la rivière, avait passé sa tête énorme à travers l'une des arcades de verdure qui soutenaient le toit du pavillon. Sa gueule entr'ouverte et hideuse menaçait un jeune noir, d'une stature colossale, qui d'un bras soutenait la jeune fille épouvantée, de l'autre plongeait hardiment le fer d'une bisaiguë entre les mâchoires acérées du monstre. Le crocodile luttait furieusement contre cette main audacieuse et puissante qui le tenait en respect. Au moment où je me

(1) S'il vous plaît.

présentai devant le seuil du cabinet, Marie poussa un cri de joie, s'arracha des bras du nègre, et vint tomber dans les miens en s'écriant :

— Je suis sauvée !

A ce mouvement, à cette parole de Marie, le nègre se retourne brusquement, croise ses bras sur sa poitrine gonflée, et, attachant sur ma fiancée un regard douloureux, demeure immobile, sans paraître s'apercevoir que le crocodile est là, près de lui, qu'il s'est débarrassé de la bisaiguë, et qu'il va le dévorer. C'en était fait du courageux noir, si, déposant rapidement Marie sur les genoux de sa nourrice, toujours assise sur un banc et plus morte que vive, je ne me fusse approché du monstre, et je n'eusse déchargé à bout portant dans sa gueule la charge de ma carabine. L'animal, foudroyé, ouvrit et ferma encore deux ou trois fois sa gueule sanglante et ses yeux éteints, mais ce n'était plus qu'un mouvement convulsif, et tout à coup il se renversa à grand bruit sur le dos en roidissant ses deux pattes larges et écaillées. Il était mort.

Le nègre que je venais de sauver si heureusement détourna la tête, et vit les derniers tressaillements du monstre ; alors il fixa ses yeux sur la terre, et les relevant lentement vers Marie, qui était revenue achever de se rassurer sur mon cœur, il me dit, et l'accent de sa voix exprimait plus que le désespoir, il me dit :

— *Porque le has matado* (1) ?

Puis il s'éloigna à grands pas sans attendre ma réponse, et rentra dans le bosquet, où il disparut.

(1) Pourquoi l'as-tu tué ?

9

CETTE scène terrible, ce dénoûment singulier, les émotions de tout genre qui avaient précédé, accompagné et suivi mes vaines recherches dans le bois, jetèrent un chaos dans ma tête. Marie était encore toute pensive de sa terreur, et il s'écoula un temps assez long avant que nous puissions nous communiquer nos pensées incohérentes autrement que par des regards et des serrements de main. Enfin je rompis le silence.

— Viens, dis-je à Marie, sortons d'ici ! ce lieu a quelque chose de funeste !

Elle se leva avec empressement, comme si elle n'eût attendu que ma permission, appuya son bras sur le mien, et nous sortîmes.

Je lui demandai alors comment lui était advenu le secours miraculeux de ce noir au moment du danger horrible qu'elle venait de courir, et si elle savait qui était cet esclave, car le grossier caleçon qui voilait à peine sa nudité montrait assez qu'il appartenait à la dernière classe des habitants de l'île.

— Cet homme, me dit Marie, est sans doute un des nègres de mon père, qui était à travailler aux environs de la rivière à l'instant où l'apparition du crocodile m'a fait pousser le cri qui t'a averti de mon péril. Tout ce que je puis te dire, c'est qu'au moment même il s'est élancé hors du bois pour voler à mon secours.

— De quel côté est-il venu ? lui demandai-je.

— Du côté opposé à celui d'où partait la voix l'instant d'auparavant, et par lequel tu venais de pénétrer dans le bosquet.

Cet incident dérangea le rapprochement que mon esprit n'avait pu s'empêcher de faire entre les mots espagnols que m'avait adressés le nègre en se retirant, et la romance qu'avait chantée dans la même langue mon rival inconnu. D'autres rapports d'ailleurs s'étaient déjà présentés à moi. Ce nègre, d'une taille presque gigantesque, d'une force prodigieuse, pouvait bien être le rude adversaire contre lequel j'avais lutté la nuit précédente. La circonstance de la nudité devenait d'ailleurs un indice frappant. Le chanteur du bosquet avait dit : — Je suis noir. — Similitude de plus. Il s'était déclaré roi, et celui-ci n'était qu'un esclave, mais je me rappelais, non sans étonnement, l'air de rudesse et de majesté empreint sur son visage au milieu des signes caractéristiques de la race africaine, l'éclat de ses yeux, la blancheur de ses dents sur le noir éclatant de sa peau, la largeur de son front, surprenante surtout chez un nègre, le gonflement dédaigneux qui donnait à l'épaisseur de ses lèvres et de ses narines quelque chose de si fier et de si puissant, la noblesse de son port, la beauté de ses formes, qui, quoique maigries et dégradées par la fatigue d'un travail journalier, avaient encore un développement pour ainsi dire herculéen ; je me représentais dans son ensemble l'aspect imposant de cet esclave, et je me disais qu'il aurait bien pu convenir à un roi. Alors, calculant une foule d'autres incidents, mes conjectures s'arrêtaient avec un frémissement de colère sur ce nègre insolent ; je voulais le faire rechercher et châtier... Et puis toutes mes indécisions me revenaient. En réalité, où était le fondement de tant de soupçons ? L'île de Saint-Domingue étant en grande partie possédée par l'Espagne, il résultait de là que beaucoup de nègres, soit qu'ils eussent primitivement appartenu à des colons de Santo-Domingo, soit qu'ils y fussent nés, mêlaient la langue espagnole à leur jargon. Et parce que cet esclave m'avait adressé quelques mots en espagnol, était-ce une raison pour le supposer auteur d'une romance en cette langue, qui annonçait nécessairement un degré de culture d'esprit selon mes idées tout à fait inconnu aux nègres ? Quant à ce reproche singulier qu'il m'avait adressé d'avoir tué le crocodile, il annonçait chez l'esclave un dégoût de la vie que sa position expliquait d'elle-même, sans qu'il fût besoin, certes, d'avoir recours à l'hypothèse d'un amour impossible pour la fille de son maître. Sa présence dans le bosquet du pavillon pouvait bien n'être que fortuite ; sa force et sa taille étaient loin de suffire pour constater son identité avec mon antagoniste nocturne. Était-ce sur d'aussi frêles indices que je pouvais charger d'une accusation terrible devant mon oncle et livrer à la vengeance implacable de son orgueil un pauvre esclave qui avait montré tant de courage pour secourir Marie ?

Au moment où ces idées se soulevaient contre ma colère, Marie la dissipa entièrement en me disant avec sa douce voix :

— Mon Léopold, nous devons de la reconnaissance à ce brave nègre ; sans lui, j'étais perdue ! Tu serais arrivé trop tard.

Ce peu de mots eut un effet décisif. Il ne changea pas mon intention de faire rechercher l'esclave qui avait sauvé Marie, mais il changea le but de cette recherche. C'était pour une punition ; ce fut pour une récompense.

Mon oncle apprit de moi qu'il devait la vie de sa fille à l'un de ses esclaves, et me promit sa liberté, si je pouvais le retrouver dans la foule de ces infortunés.

10

JUSQU'À ce jour, la disposition naturelle de mon esprit m'avait tenu éloigné des plantations où les noirs travaillaient. Il m'était trop pénible de voir souffrir des êtres que je ne pouvais soulager. Mais, dès le lendemain, mon oncle m'ayant proposé de l'accompagner dans sa ronde de surveillance, j'acceptai avec empressement, espérant rencontrer parmi les travailleurs le sauveur de ma bien-aimée Marie.

J'eus lieu de voir dans cette promenade combien le regard d'un maître est puissant sur des esclaves, mais en même temps combien cette puissance s'achète cher. Les nègres, tremblants en présence de mon oncle, redoublaient, sur son passage, d'efforts et d'activité ; mais qu'il y avait de haine dans cette terreur !

Irascible par habitude, mon oncle était prêt à se fâcher de n'en avoir pas sujet, quand son bouffon Habibrah, qui le suivait toujours, lui fit remarquer tout à coup un noir, qui, accablé de lassitude, s'était endormi sous un bosquet de dattiers. Mon oncle court à ce malheureux, le réveille rudement, et lui ordonne de se remettre à l'ouvrage. Le nègre, effrayé, se lève, et découvre en se levant un jeune rosier du Bengale sur lequel il s'était couché par mégarde, et que mon oncle se plaisait à élever. L'arbuste était perdu. Le maître, déjà irrité de ce qu'il appelait la paresse de l'esclave, devient furieux à cette vue. Hors de lui, il détache de sa ceinture le fouet armé de lanières ferrées qu'il portait dans ses promenades, et lève le bras pour en frapper le nègre tombé à genoux. Le fouet ne retomba pas. Je n'oublierai jamais ce moment. Une main puissante arrêta subitement la main du colon. Un noir (c'était celui-là même que je cherchais !) lui cria en français :

— Punis-moi, car je viens de t'offenser ; mais ne fais rien à mon frère, qui n'a touché qu'à ton rosier !

Cette intervention inattendue de l'homme à qui je devais le salut de Marie, son geste, son regard, l'accent impérieux de sa voix, me frappèrent de stupeur. Mais sa généreuse imprudence, loin de faire rougir mon oncle, n'avait fait que redoubler la rage du maître et la détourner du patient à son défenseur. Mon oncle, exaspéré, se dégagea des bras du grand nègre, en l'accablant de menaces, et leva de nouveau son fouet pour l'en frapper à son tour. Cette fois le fouet lui fut arraché de la main. Le noir en brisa le manche garni de clous comme on brise une paille, et foula sous ses pieds ce honteux instrument de vengeance. J'étais immobile de surprise, mon oncle de fureur ; c'était une chose inouïe pour lui que de voir son autorité ainsi outragée. Ses yeux s'agitaient comme prêts à sortir de leur orbite ; ses lèvres bleues tremblaient. L'esclave le considéra un instant d'un air calme ; puis tout à coup, lui présentant avec dignité une cognée qu'il tenait à la main :

— Blanc, dit-il, si tu veux me frapper, prends au moins cette hache.

Mon oncle, qui ne se connaissait plus, aurait certainement exaucé son vœu, et se précipitait sur la hache, quand j'intervins à mon tour. Je m'emparai lestement de la cognée, et je la jetai dans le puits d'une *noria** , qui était voisine.

— Que fais-tu ? me dit mon oncle avec emportement.

— Je vous sauve, lui répondis-je, du malheur de frapper le défenseur de votre fille. C'est à cet esclave que vous devez Marie ; c'est le nègre dont vous m'avez promis la liberté.

Le moment était mal choisi pour invoquer cette promesse. Mes paroles effleurèrent à peine l'esprit ulcéré du colon.

— Sa liberté ! me répliqua-t-il d'un air sombre. Oui, il a mérité la fin de son esclavage. Sa liberté ! nous verrons de quelle nature sera celle que lui donneront les juges de la cour martiale.

Ces paroles sinistres me glacèrent. Marie et moi le suppliâmes inutilement. Le nègre dont la négligence avait causé cette scène fut puni de la baston-

* *Machine hydraulique à godets qui sert à élever l'eau.*

59

nade, et l'on plongea son défenseur dans les cachots du fort Galifet, comme coupable d'avoir porté la main sur un blanc. De l'esclave au maître, c'était un crime capital.

11

Vous jugez, messieurs, à quel point toutes ces circonstances avaient dû éveiller mon intérêt et ma curiosité. Je pris des renseignements sur le compte du prisonnier. On me révéla des particularités singulières. On m'apprit que ses compagnons semblaient avoir le plus profond respect pour ce jeune nègre. Esclave comme eux, il lui suffisait d'un signe pour s'en faire obéir. Il n'était point né dans les cases ; on ne lui connaissait ni père ni mère ; il y avait même peu d'années, disait-on, qu'un vaisseau négrier l'avait jeté à Saint-Domingue. Cette circonstance rendait plus remarquable encore l'empire qu'il exerçait sur tous ses compagnons, sans même en excepter les noirs *créoles*, qui, vous ne l'ignorez sans doute pas, messieurs, professaient ordinairement le plus profond mépris pour les nègres *congos* ; expression impropre, et trop générale, par laquelle on désignait dans la colonie tous les esclaves amenés d'Afrique.

Quoiqu'il parût absorbé dans une noire mélancolie, sa force extraordinaire, jointe à une adresse merveilleuse, en faisait un sujet du plus grand prix pour la culture des plantations. Il tournait plus vite et plus longtemps que ne l'aurait fait le meilleur cheval les roues des *norias.* Il lui arrivait souvent de faire en un jour l'ouvrage de dix de ses camarades, pour les soustraire aux châtiments réservés à la négligence ou à la fatigue. Aussi était-il adoré des esclaves ; mais la vénération qu'ils lui portaient, toute différente de la terreur superstitieuse dont ils environnaient le fou Habibrah, semblait avoir aussi quelque cause cachée : c'était une espèce de culte.

Ce qu'il y avait d'étrange, reprenait-on, c'était de le voir aussi doux, aussi simple avec ses égaux, qui se faisaient gloire de lui obéir, que fier et hautain vis-à-vis de nos commandeurs. Il est juste de dire que ces esclaves privilégiés, anneaux intermédiaires qui liaient en quelque sorte la chaîne de la servitude à celle du despotisme, joignant à la bassesse de leur condition l'insolence de leur autorité, trouvaient un malin plaisir à l'accabler de travail et de vexations. Il paraît néanmoins qu'ils ne pouvaient s'empêcher de respecter le sentiment de fierté qui l'avait porté à outrager mon oncle. Aucun d'eux n'avait jamais osé lui infliger de punitions humiliantes. S'il leur arrivait de l'y condamner, vingt nègres se levaient pour les subir à sa place ; et lui, immobile, assistait gravement à leur exécution, comme s'ils n'eussent fait que remplir un devoir. Cet homme bizarre était connu dans les cases sous le nom de *Pierrot*.

12

TOUS ces détails exaltèrent ma jeune imagination. Marie, pleine de reconnaissance et de compassion, applaudit à mon enthousiasme, et Pierrot s'empara si vivement de notre intérêt, que je résolus de le voir et de le servir. Je rêvai aux moyens de lui parler.

Quoique fort jeune, comme neveu de l'un des plus riches colons du Cap, j'étais capitaine des milices de la paroisse de l'Acul. Le fort Galifet était confié à leur garde, et à un détachement des dragons jaunes, dont le chef, qui était pour l'ordinaire un sous-officier de cette compagnie, avait le commandement du fort. Il se trouvait justement à cette époque que ce commandant était le frère d'un pauvre colon auquel j'avais eu le bonheur de rendre de très grands services, et qui m'était entièrement dévoué...

Ici tout l'auditoire interrompit d'Auverney en nommant Thadée.

— Vous l'avez deviné, messieurs, reprit le capitaine. Vous comprenez sans peine qu'il ne me fut pas difficile d'obtenir de lui l'entrée du cachot du nègre. J'avais le droit de visiter le fort, comme capitaine des milices. Cependant, pour ne pas inspirer de soupçons à mon oncle, dont la colère était encore toute flagrante, j'eus soin de ne m'y rendre qu'à l'heure où il faisait sa méridienne. Tous les soldats, excepté ceux de garde, étaient endormis. Guidé par Thadée, j'arrivai à la porte du cachot ; Thadée l'ouvrit et se retira. J'entrai.

Le noir était assis, car il ne pouvait se tenir debout à cause de sa haute taille. Il n'était pas seul ; un dogue énorme se leva en grondant et s'avança vers moi. — Rask ! cria le noir. Le jeune dogue se tut, et revint se coucher aux pieds de son maître, où il acheva de dévorer quelques misérables aliments.

J'étais en uniforme ; la lumière que répandait le soupirail dans cet étroit cachot était si faible que Pierrot ne pouvait distinguer qui j'étais.

— Je suis prêt, me dit-il d'un ton calme.

En achevant ces paroles, il se leva à demi.

— Je suis prêt, répéta-t-il encore.

— Je croyais, lui dis-je, surpris de la liberté de ses mouvements, je croyais que vous aviez des fers.

L'émotion faisait trembler ma voix. Le prisonnier ne parut pas la reconnaître.

Il poussa du pied quelques débris qui retentirent.

— Des fers ! je les ai brisés.

Il y avait dans l'accent dont il prononça ces dernières paroles quelque chose qui semblait dire : *Je ne suis pas fait pour porter des fers.* Je repris :

62

— L'on ne m'avait pas dit qu'on vous eut laissé un chien.

— C'est moi qui l'ai fait entrer.

J'étais de plus en plus étonné. La porte du cachot était fermée en dehors d'un triple verrou. Le soupirail avait à peine six pouces de largeur, et était garni de deux barreaux de fer. Il paraît qu'il comprit le sens de mes réflexions ; il se leva autant que la voûte trop basse le lui permettait, détacha sans effort une pierre énorme placée au-dessous du soupirail, enleva les deux barreaux scellés en dehors de cette pierre, et pratiqua ainsi une ouverture où deux hommes auraient pu facilement passer. Cette ouverture donnait de plain-pied sur le bois de bananiers et de cocotiers qui couvre le morne auquel le fort était adossé.

Le chien, voyant l'issue ouverte, crut que son maître voulait qu'il sortît. Il se dressa prêt à partir ; un geste du noir le renvoya à sa place.

La surprise me rendait muet ; tout à coup un rayon du jour éclaira vivement mon visage. Le prisonnier se redressa comme s'il eût mis par mégarde le pied sur un serpent, et son front heurta les pierres de la voûte. Un mélange indéfinissable de mille sentiments opposés, une étrange expression de haine, de bienveillance et d'étonnement douloureux, passa rapidement dans ses yeux. Mais, reprenant un subit empire sur ses pensées, sa physionomie en moins d'un instant redevint calme et froide, et il fixa avec indifférence son regard sur le mien. Il me regardait en face comme un inconnu.

— Je puis encore vivre deux jours sans manger, dit-il.

Je fis un geste d'horreur ; je remarquai alors la maigreur de l'infortuné. Il ajouta :

— Mon chien ne peut manger que de ma main ; si je n'avais pu élargir le soupirail, le pauvre Rask serait mort de faim. Il vaut mieux que ce soit moi que lui, puisqu'il faut toujours que je meure.

— Non, m'écriai-je, non, vous ne mourrez pas de faim !

Il ne me comprit pas.

— Sans doute, reprit-il en souriant amèrement, j'aurais pu vivre encore deux jours sans manger ; mais je suis prêt, monsieur l'officier ; aujourd'hui vaut encore mieux que demain ; ne faites pas de mal à Rask.

Je sentis alors ce que voulait dire son *je suis prêt.* Accusé d'un crime qui était puni de mort, il croyait que je venais pour le mener au supplice : et cet homme doué de forces colossales, quand tous les moyens de fuir lui étaient ouverts, doux et tranquille, répétait à un enfant : *Je suis prêt !*

— Ne faites pas de mal à Rask, répéta-t-il encore.

Je ne pus me contenir.

— Quoi ! lui dis-je, non seulement vous me prenez pour votre bourreau, mais encore vous doutez de mon humanité envers ce pauvre chien qui ne m'a rien fait !

Il s'attendrit, sa voix s'altéra.

— Blanc, dit-il en me tendant la main, blanc, pardonne, j'aime mon chien ; et, ajouta-t-il après un court silence, les tiens m'ont fait bien du mal.

Je l'embrassai, je lui serrai la main, je le détrompai.

— Ne me connaissiez-vous pas ? lui dis-je.

— Je savais que tu étais un blanc, et pour les blancs, quelque bons qu'ils soient, un noir est si peu de chose ! D'ailleurs, j'ai aussi à me plaindre de toi.

— Et de quoi ? repris-je étonné.

— Ne m'as-tu pas conservé deux fois la vie ?

Cette inculpation étrange me fit sourire. Il s'en aperçut, et poursuivit avec amertume :

— Oui, je devrais t'en vouloir. Tu m'as sauvé d'un crocodile et d'un colon ; et, ce qui est pis encore, tu m'as enlevé le droit de te haïr. Je suis bien malheureux !

La singularité de son langage et de ses idées ne me

surprenait presque plus. Elle était en harmonie avec lui-même.

— Je vous dois bien plus que vous ne me devez, lui dis-je. Je vous dois la vie de ma fiancée, de Marie.

Il éprouva comme une commotion électrique.

— *Maria!* dit-il d'une voix étouffée; et sa tête tomba sur ses mains, qui se crispaient violemment, tandis que de pénibles soupirs soulevaient les larges parois de sa poitrine.

J'avoue que mes soupçons assoupis se réveillèrent, mais sans colère et sans jalousie. J'étais trop près du bonheur, et lui trop près de la mort, pour qu'un pareil rival, s'il l'était en effet, pût exciter en moi d'autres sentiments que la bienveillance et la pitié.

Il releva enfin sa tête.

— Va! me dit-il, ne me remercie pas!

Il ajouta, après une pause:

— Je ne suis pourtant pas d'un rang inférieur au tien!

Cette parole paraissait révéler un ordre d'idées qui piquait vivement ma curiosité; je le pressai de me dire qui il était et ce qu'il avait souffert. Il garda un sombre silence.

Ma démarche l'avait touché; mes offres de service, mes prières parurent vaincre son dégoût de la vie. Il sortit, et rapporta quelques bananes et une énorme noix de coco. Puis il referma l'ouverture et se mit à manger. En causant avec lui, je remarquai qu'il parlait avec facilité le français et l'espagnol, et que son esprit ne paraissait pas dénué de culture; il savait des romances espagnoles qu'il chantait avec expression. Cet homme était si inexplicable, sous tant d'autres rapports, que jusqu'alors la pureté de son langage ne m'avait pas frappé. J'essayai de nouveau d'en savoir la cause; il se tut. Enfin je le quittai, ordonnant à mon fidèle Thadée d'avoir pour lui tous les égards et tous les soins possibles.

13

JE le voyais tous les jours à la même heure. Son affaire m'inquiétait ; malgré mes prières, mon oncle s'obstinait à le poursuivre. Je ne cachais pas mes craintes à Pierrot ; il m'écoutait avec indifférence.

Souvent Rask arrivait tandis que nous étions ensemble, portant une large feuille de palmier autour de son cou. Le noir la détachait, lisait des caractères inconnus qui y étaient tracés, puis la déchirait*. J'étais habitué à ne pas lui faire de questions.

Un jour j'entrai sans qu'il parût prendre garde à moi. Il tournait le dos à la porte de son cachot, et chantait d'un ton mélancolique l'air espagnol : *Yo que soy contrabandista* (1). Quand il eut fini, il se tourna brusquement vers moi, et me cria :

— Frère, promets, si jamais tu doutes de moi, d'écarter tous tes soupçons quand tu m'entendras chanter cet air.

Son regard était imposant ; je lui promis ce qu'il désirait, sans trop savoir ce qu'il entendait par ces mots : *Si jamais tu doutes de moi...* Il prit l'écorce profonde de la noix qu'il avait cueillie le jour de ma première visite, et conservée depuis, la remplit de vin de palmier, m'engagea à y porter les lèvres, et la vida d'un trait. A compter de ce jour, il ne m'appela plus que son *frère*.

Cependant je commençais à concevoir quelque espérance. Mon oncle n'était plus aussi irrité. Les réjouissances de mon prochain mariage avec sa fille

(1) Moi qui suis contrebandier.
  * Peut-être est-ce de l'arabe si l'on songe que beaucoup d'esclaves étaient islamisés.

avaient tourné son esprit vers de plus douces idées. Marie suppliait avec moi. Je lui représentais chaque jour que Pierrot n'avait point voulu l'offenser, mais seulement l'empêcher de commettre un acte de sévérité peut-être excessive ; que ce noir avait, par son audacieuse lutte avec le crocodile, préservé Marie d'une mort certaine ; que nous lui devions, lui sa fille, moi ma fiancée ; que, d'ailleurs, Pierrot était le plus vigoureux de ses esclaves (car je ne songeais plus à obtenir sa liberté, il ne s'agissait que de sa vie) ; qu'il faisait à lui seul l'ouvrage de dix autres ; et qu'il suffisait de son bras pour mettre en mouvement les cylindres d'un moulin à sucre. Il m'écoutait, et me faisait entendre qu'il ne donnerait peut-être pas suite à l'accusation. Je ne disais rien au noir du changement de mon oncle, voulant jouir du plaisir de lui annoncer sa liberté tout entière, si je l'obtenais. Ce qui m'étonnait, c'était de voir que, se croyant voué à la mort, il ne profitait d'aucun des moyens de fuir qui étaient en son pouvoir. Je lui en parlai.

— Je dois rester, me répondit-il froidement ; on penserait que j'ai eu peur.

14

UN matin, Marie vint à moi. Elle était rayonnante, et il y avait sur sa douce figure quelque chose de plus angélique encore que la joie d'un pur amour. C'était la pensée d'une bonne action.

— Écoute, me dit-elle, c'est dans trois jours le 22 août, et notre noce. Nous allons bientôt...

Je l'interrompis.

— Marie, ne dis pas bientôt, puisqu'il y a encore trois jours !

Elle sourit et rougit.

— Ne me trouble pas, Léopold, reprit-elle ; il m'est venu une idée qui te rendra content. Tu sais que je suis allée hier à la ville avec mon père pour acheter les parures de notre mariage. Ce n'est pas que je tienne à ces bijoux, à ces diamants, qui ne me rendront pas plus belle à tes yeux. Je donnerais toutes les perles du monde pour l'une de ces fleurs que m'a fanées le vilain homme au bouquet de soucis ; mais n'importe. Mon père veut me combler de toutes ces choses-là, et j'ai l'air d'en avoir envie pour lui faire plaisir. Il y avait hier une *basquina** de satin chinois à grandes fleurs, qui était enfermée dans un coffre de bois de senteur, et que j'ai beaucoup regardée. Cela est bien cher, mais cela est bien singulier. Mon père a remarqué que cette robe frappait mon attention. En rentrant, je l'ai prié de me promettre l'octroi d'un don à la manière des anciens chevaliers ; tu sais qu'il aime qu'on le compare aux anciens chevaliers. Il m'a juré sur son honneur qu'il m'accorderait la chose que je lui demanderais, quelle qu'elle fût. Il croit que c'est la basquina de satin chinois ; point du tout, c'est la vie de Pierrot. Ce sera mon cadeau de noces.

Je ne pus m'empêcher de serrer cet ange dans mes bras. La parole de mon oncle était sacrée ; et tandis que Marie allait près de lui en réclamer l'exécution, je courus au fort Galifet annoncer à Pierrot son salut, désormais certain.

— Frère ! lui criai-je en entrant, frère ! réjouis-toi ! ta vie est sauvée. Marie l'a demandée à son père pour son présent de noces !

L'esclave tressaillit.

— Marie ! noces ! ma vie ! Comment tout cela peut-il aller ensemble ?

— Cela est tout simple, repris-je. Marie, à qui tu as sauvé la vie, se marie.

* *Basquine, jupe ornée, le plus souvent de couleur noire.*

— Avec qui ? s'écria l'esclave ; et son regard était égaré et terrible.

— Ne le sais-tu pas ? répondis-je doucement ; avec moi.

Son visage formidable redevint bienveillant et résigné.

— Ah ! c'est vrai, me dit-il, c'est avec toi ! Et quel est le jour ?

— C'est le 22 août.

— Le 22 août ! es-tu fou ? reprit-il avec une expression d'angoisse et d'effroi.

Il s'arrêta. Je le regardais, étonné. Après un silence, il me serra vivement la main.

— Frère, je te dois tant qu'il faut que ma bouche te donne un avis. Crois-moi, va au Cap, et marie-toi avant le 22 août.

Je voulus en vain connaître le sens de ces paroles énigmatiques.

— Adieu, me dit-il avec solennité. J'en ai peut-être déjà trop dit ; mais je hais encore plus l'ingratitude que le parjure.

Je le quittai, plein d'indécisions et d'inquiétudes qui s'effacèrent cependant bientôt dans mes pensées de bonheur.

Mon oncle retira sa plainte le jour même. Je retournai au fort pour en faire sortir Pierrot. Thadée, le sachant libre, entra avec moi dans la prison. Il n'y était plus. Rask, qui s'y trouvait seul, vint à moi d'un air caressant ; à son cou était attachée une feuille de palmier, je la pris et j'y lus ces mots : *Merci, tu m'as sauvé la vie une troisième fois. Frère, n'oublie pas ta promesse.* Au-dessous étaient écrits, comme signature, les mots : *Yo que soy contrabandista.*

Thadée était encore plus étonné que moi ; il ignorait le secret du soupirail, et s'imaginait que le nègre s'était changé en chien. Je lui laissai croire ce qu'il voulut, me contentant d'exiger de lui le silence sur ce qu'il avait vu.

Je voulus emmener Rask. En sortant du fort, il s'enfonça dans les haies voisines et disparut.

15

Mon oncle fut outré de l'évasion de l'esclave. Il ordonna des recherches, et écrivit au gouverneur pour mettre Pierrot à son entière disposition si on le retrouvait.

Le 22 août arriva. Mon union avec Marie fut célébrée avec pompe à la paroisse de l'Acul. Qu'elle fut heureuse cette journée de laquelle allaient dater tous mes malheurs ! J'étais enivré d'une joie qu'on ne saurait faire comprendre à qui ne l'a point éprouvée. J'avais complètement oublié Pierrot et ses sinistres avis. Le soir, bien impatiemment attendu, vint enfin. Ma jeune épouse se retira dans la chambre nuptiale, où je ne pus la suivre aussi vite que je l'aurais voulu. Un devoir fastidieux, mais indispensable, me réclamait auparavant. Mon office de capitaine des milices exigeait de moi ce soir-là une ronde aux postes de l'Acul ; cette précaution était alors impérieusement commandée par les troubles de la colonie, par les révoltes partielles de noirs, qui, bien que promptement étouffées, avaient eu lieu aux mois précédents de juin et de juillet, même aux premiers jours d'août, dans les habitations Thibaud et Lagoscette, et surtout par les mauvaises dispositions des mulâtres libres, que le supplice récent du rebelle Ogé * n'avait fait qu'ai-

---

* *Révolutionnaire mis à mort le 25 février 1791. Appartenant au mouvement des mulâtres qui, nés libres, réclamaient les mêmes droits civiques politiques que les citoyens français, Ogé est un des chefs du premier mouvement révolutionnaire de Saint-Domingue.*

grir. Mon oncle fut le premier à me rappeler mon devoir ; il fallut me résigner. J'endossai mon uniforme, et je partis. Je visitai les premières stations sans rencontrer de sujet d'inquiétude ; mais, vers minuit, je me promenais en rêvant près des batteries de la baie, quand j'aperçus à l'horizon une lueur rougeâtre s'élever et s'étendre du côté de Limonade et de Saint-Louis du Morin. Les soldats et moi l'attribuâmes d'abord à quelque incendie accidentel ; mais, un moment après, les flammes devinrent si apparentes, la fumée, poussée par le vent, grossit et s'épaissit à un tel point, que je repris promptement le chemin du fort pour donner l'alarme et envoyer des secours. En passant près des cases de nos noirs, je fus surpris de l'agitation extraordinaire qui y régnait. La plupart étaient encore éveillés et parlaient avec la plus grande vivacité. Un nom bizarre, *Bug-Jargal,* prononcé avec respect, revenait souvent au milieu de leur jargon inintelligible. Je saisis pourtant quelques paroles, dont le sens me parut être que les noirs de la plaine du nord étaient en pleine révolte, et livraient aux flammes les habitations et les plantations situées de l'autre côté du Cap. En traversant un fond marécageux, je heurtai du pied un amas de haches et de pioches cachées dans les joncs et les mangliers. Justement inquiet, je fis sur-le-champ mettre sous les armes les milices de l'Acul, et j'ordonnai de surveiller les esclaves ; tout rentra dans le calme.

Cependant les ravages semblaient croître à chaque instant et s'approcher du Limbé. On croyait même distinguer le bruit lointain de l'artillerie et des fusillades. Vers les deux heures du matin, mon oncle, que j'avais éveillé, ne pouvant contenir son inquiétude, m'ordonna de laisser dans l'Acul une partie des milices sous les ordres du lieutenant ; et, pendant que ma pauvre Marie dormait ou m'attendait, obéissant à mon oncle, qui était, comme je l'ai déjà dit, membre de l'assemblée provinciale, je pris avec le reste des soldats le chemin du Cap.

Je n'oublierai jamais l'aspect de cette ville, quand j'en approchai. Les flammes, qui dévoraient les plantations autour d'elle, y répandaient une sombre lumière, obscurcie par les torrents de fumée que le vent chassait dans les rues. Des tourbillons d'étincelles, formés par les menus débris embrasés des cannes à sucre, et emportés avec violence comme une neige abondante sur les toits des maisons et sur les agrès des vaisseaux mouillés dans la rade, menaçaient à chaque instant la ville du Cap d'un incendie non moins déplorable que celui dont ses environs étaient la proie. C'était un spectacle affreux et imposant que de voir d'un côté les pâles habitants exposant encore leur vie pour disputer au fléau terrible l'unique toit qui allait leur rester de tant de richesses ; tandis que, de l'autre, les navires, redoutant le même sort, et favorisés du moins par ce vent si funeste aux malheureux colons, s'éloignaient à pleines voiles sur une mer teinte des feux sanglants de l'incendie.

16

ÉTOURDI par le canon des forts, les clameurs des fuyards et le fracas lointain des écroulements, je ne savais de quel côté diriger mes soldats, quand je rencontrai sur la place d'armes le capitaine des dragons jaunes, qui nous servit de guide. Je ne m'arrêterai pas, messieurs, à vous décrire le tableau que nous offrit la plaine incendiée. Assez d'autres ont dépeint ces premiers désastres du Cap, et j'ai besoin de passer vite sur ces souvenirs où il y a du sang et du feu. Je me bornerai à vous dire que les esclaves rebelles étaient, disait-on, déjà maîtres du Dondon, du Terrier-Rouge, du bourg d'Ouanaminte, et même des malheureuses plantations du Limbé, ce qui me remplissait d'inquiétudes à cause du voisinage de l'Acul.

Je me rendis en hâte à l'hôtel du gouverneur, M. de Blanchelande. Tout y était dans la confusion, jusqu'à la tête du maître. Je lui demandai des ordres, en le priant de songer le plus vite possible à la sûreté de l'Acul, que l'on croyait déjà menacée. Il avait auprès de lui M. de Rouvray, maréchal de camp et l'un des principaux propriétaires de l'île, M. de Touzard, lieutenant-colonel du régiment du Cap, quelques membres des assemblées coloniale et provinciale, et plusieurs des colons les plus notables. Au moment où je me présentai, cette espèce de conseil délibérait tumultueusement.

— Monsieur le gouverneur, disait un membre de l'assemblée provinciale, cela n'est que trop vrai ; ce sont les esclaves, et non les sang-mêlés libres ; il y a longtemps que nous l'avions annoncé et prédit.

— Vous le disiez sans y croire, repartit aigrement un membre de l'assemblée coloniale appelée *générale*. Vous le disiez pour vous donner crédit à nos dépens ; et vous étiez si loin de vous attendre à une rébellion réelle des esclaves, que ce sont les intrigues de votre assemblée qui ont simulé, dès 1789, cette fameuse et ridicule révolte des trois mille noirs sur le morne du Cap ; révolte où il n'y a eu qu'un volontaire national de tué, encore l'a-t-il été par ses propres camarades !

— Je vous répète, reprit le *provincial*, que nous voyons plus clair que vous. Cela est simple. Nous restions ici pour observer les affaires de la colonie, tandis que votre assemblée en masse allait en France se faire décerner cette ovation risible, qui s'est terminée par les réprimandes de la représentation nationale : *ridiculus mus !**

Le membre de l'assemblée coloniale répondit avec un dédain amer :

* *Souris ridicule !*

73

— Nos concitoyens nous ont réélus à l'unanimité !

— C'est vous, répliqua l'autre, ce sont vos exagérations qui ont fait promener la tête de ce malheureux qui s'était montré sans cocarde tricolore dans un café, et qui ont fait pendre le mulâtre Lacombe pour une pétition qui commençait par ces mots *inusités :* — Au nom du Père, du Fils et du Saint-Esprit !

— Cela est faux, s'écria le membre de l'assemblée générale. C'est la lutte des principes et celle des privilèges, des *bossus* et des *crochus* !

— Je l'ai toujours pensé, monsieur, vous êtes un *indépendant* !

A ce reproche du membre de l'assemblée provinciale, son adversaire répondit d'un air de triomphe :

— C'est confesser que vous êtes un *pompon blanc**. Je vous laisse sous le poids d'un pareil aveu !

La querelle eût peut-être été poussée plus loin, si le gouverneur ne fût intervenu.

— Eh, messieurs ! en quoi cela a-t-il trait au danger imminent qui nous menace ? Conseillez-moi, et ne vous injuriez pas. Voici les rapports qui me sont parvenus. La révolte a commencé cette nuit à dix heures du soir parmi les nègres de l'habitation Turpin. Les esclaves, commandés par un nègre anglais nommé Boukmann**, ont entraîné les ateliers des habitations Clément, Trémès, Flaville et Noé. Ils ont incendié toutes les plantations et massacré les colons avec des cruautés inouïes. Je vous en ferai comprendre toute l'horreur par un seul détail. Leur étendard est le corps d'un enfant porté au bout d'une pique.

Un frémissement interrompit M. de Blanchelande.

— Voilà ce qui se passe au-dehors, poursuivit-il.

---

* *Nom donné au régiment fondé par Mauduit (cf. note p. 42).*
** *Boukmann mourut en donnant l'assaut au Cap. Sa tête fut exposée sur la place d'armes de cette ville.*

74

Au-dedans, tout est bouleversé. Plusieurs habitants du Cap ont tué leurs esclaves ; la peur les a rendus cruels. Les plus doux ou les plus braves se sont bornés à les enfermer sous bonne clef. Les *petits blancs* (1) accusent de ces désastres les sang-mêlés libres. Plusieurs mulâtres ont failli être victimes de la fureur populaire. Je leur ai fait donner pour asile une église gardée par un bataillon. Maintenant, pour prouver qu'ils ne sont point d'intelligence avec les noirs révoltés, les sang-mêlés me font demander un poste à défendre et des armes.

— N'en faites rien ! cria une voix que je reconnus ; c'était celle du planteur soupçonné d'être sang-mêlé, avec qui j'avais eu un duel. N'en faites rien, monsieur le gouverneur, ne donnez point d'armes aux mulâtres.

— Vous ne voulez donc point vous battre ? dit brusquement un colon.

L'autre ne parut point entendre, et continua :

— Les sang-mêlés sont nos pires ennemis. Eux seuls sont à craindre pour nous. Je conviens qu'on ne pouvait s'attendre qu'à une révolte de leur part et non de celle des esclaves. Est-ce que les esclaves sont quelque chose ?

Le pauvre homme espérait par ces invectives contre les mulâtres s'en séparer tout à fait, et détruire dans l'esprit des blancs qui l'écoutaient l'opinion qui le rejetait dans cette caste méprisée. Il y avait trop de lâcheté dans cette combinaison pour qu'elle réussît. Un murmure de désapprobation le lui fit sentir.

— Oui, monsieur, dit le vieux maréchal de camp de Rouvray, oui, les esclaves sont quelque chose : ils sont quarante contre trois ; et nous serions à plaindre si nous n'avions à opposer aux nègres et aux mulâtres que des blancs comme vous.

Le colon se mordit les lèvres.

(1) Blancs non propriétaires exerçant dans la colonie une industrie quelconque.

— Monsieur le général, reprit le gouverneur, que pensez-vous donc de la pétition des mulât...s ?

— Donnez-leur des armes, monsieur le gouverneur ! répondit M. de Rouvray ; faisons voile de toute étoffe ! Et, se tournant vers le colon suspect : — Entendez-vous, monsieur ? allez vous armer.

Le colon humilié sortit avec tous les signes d'une rage concentrée.

Cependant la clameur d'angoisse qui éclatait dans toute la ville se faisait entendre de moments en moments jusque chez le gouverneur, et rappelait aux membres de cette conférence le sujet qui les rassemblait. M. de Blanchelande remit à un aide de camp un ordre au crayon écrit à la hâte, et rompit le silence sombre avec lequel l'assemblée écoutait cette effrayante rumeur.

— Les sangs-mêlés vont être armés, messieurs ; mais il reste bien d'autres mesures à prendre.

— Il faut convoquer l'assemblée provinciale, dit le membre de cette assemblée qui avait parlé au moment où j'étais entré.

— L'assemblée provinciale ! reprit son antagoniste de l'assemblée coloniale. Qu'est-ce que c'est que l'assemblée provinciale ?

— Parce que vous êtes membre de l'assemblée coloniale ! répliqua le *pompon blanc*.

L'*indépendant* l'interrompit.

— Je ne connais pas plus la *coloniale* que la *provinciale*. Il n'y a que l'assemblée générale, entendez-vous, monsieur ?

— Eh bien, repartit le pompon blanc, je vous dirai, moi, qu'il n'y a que l'assemblée nationale de Paris.

— Convoquer l'assemblée provinciale ! répétait l'indépendant en riant ; comme si elle n'était pas dissoute du moment où la générale a décidé qu'elle tiendrait ses séances ici.

Une réclamation universelle éclatait dans l'auditoire, ennuyé de cette discussion oiseuse.

— Messieurs nos députés, criait un entrepreneur

de cultures, pendant que vous vous occupez de ces balivernes, que deviennent mes cotonniers et ma cochenille ?

— Et mes quatre cent mille plants d'indigo au Limbé ! ajoutait un planteur.

— Et mes nègres, payés trente dollars par tête l'un dans l'autre ! disait un capitaine de négriers.

— Chaque minute que vous perdez, poursuivait un autre colon, me coûte, montre et tarif en main, dix quintaux de sucre, ce qui, à dix-sept piastres fortes le quintal, fait cent soixante-dix piastres, ou neuf cent trente livres dix sous, monnaie de France !

— La coloniale, que vous appelez générale, usurpe ! reprenait l'autre disputeur, dominant le tumulte à force de voix ; qu'elle reste au Port-au-Prince à fabriquer des décrets pour deux lieues de terrain et deux jours de durée, mais qu'elle nous laisse tranquilles ici. Le Cap appartient au congrès provincial du nord, à lui seul !

— Je prétends, reprenait l'indépendant, que son excellence monsieur le gouverneur n'a pas droit de convoquer une autre assemblée que l'assemblée générale des représentants de la colonie, présidée par M. de Cadusch !

— Mais où est-il, votre président M. de Cadusch ? demanda le pompon blanc ; où est votre assemblée ? il n'y en a pas encore quatre membres d'arrivés, tandis que la provinciale est toute ici. Est-ce que vous voudriez par hasard représenter à vous seul toute une assemblée, toute une colonie ?

Cette rivalité des deux députés, fidèles échos de leurs assemblées respectives, exigea encore une fois l'intervention du gouverneur.

— Messieurs, où voulez-vous donc enfin en venir avec vos éternelles assemblées *provinciale, générale, coloniale, nationale ?* Aiderez-vous aux décisions de cette assemblée en lui en faisant invoquer trois ou quatre autres ?

— Morbleu ! criait d'une voix de tonnerre le général de Rouvray en frappant violemment sur la table du conseil, quels maudits bavards ! j'aimerais mieux lutter de poumons avec une pièce de vingt-quatre. Que nous font ces deux assemblées, qui se disputent le pas comme deux compagnies de grenadiers qui vont monter à l'assaut ! Eh bien ! convoquez-les toutes deux, monsieur le gouverneur, j'en ferai deux régiments pour marcher contre les noirs ; et nous verrons si leurs fusils feront autant de bruit que leurs langues.

Après cette vigoureuse sortie, il se pencha vers son voisin (c'était moi), et dit à demi-voix : — Que voulez-vous que fasse entre les deux assemblées de Saint-Domingue, qui se prétendent souveraines, un gouverneur de par le roi de France ? Ce sont les beaux parleurs et les avocats qui gâtent tout, ici comme dans la métropole. Si j'avais l'honneur d'être monsieur le lieutenant-général pour le roi, je jetterais toute cette canaille à la porte. Je dirais : Le roi règne, et moi je gouverne. J'enverrais la responsabilité par-devant les soi-disant représentants à tous les diables ; et avec douze croix de Saint-Louis, promises au nom de sa majesté, je balaierais tous les rebelles dans l'île de la Tortue, qui a été habitée autrefois par des brigands comme eux, les boucaniers. Souvenez-vous de ce que je vous dis, jeune homme. Les *philosophes* ont enfanté les *philanthropes*, qui ont procréé les *négrophiles*, qui produisent les mangeurs de blancs, ainsi nommés en attendant qu'on leur trouve un nom grec ou latin. Ces prétendues idées libérales dont on s'enivre en France sont un poison sous les tropiques. Il fallait traiter les nègres avec douceur, non les appeler à un affranchissement subit. Toutes les horreurs que vous voyez aujourd'hui à Saint-Domingue sont nées au club Massiac, et l'insurrection des esclaves n'est qu'un contrecoup de la chute de la Bastille.

Pendant que le vieux soldat m'exposait ainsi sa politique étroite, mais pleine de franchise et de conviction, l'orageuse discussion continuait. Un colon, du petit nombre de ceux qui partageaient la frénésie révolutionnaire, qui se faisait appeler le citoyen-général C***, pour avoir présidé à quelques sanglantes exécutions, s'était écrié :

— Il faut plutôt des supplices que des combats. Les nations veulent des exemples terribles ; épouvantons les noirs ! C'est moi qui ai apaisé les révoltes de juin et de juillet, en faisant planter cinquante têtes d'esclaves des deux côtés de l'avenue de mon habitation, en guise de palmiers. Que chacun se cotise pour la proposition que je vais faire. Défendons les approches du Cap avec les nègres qui nous restent encore.

— Comment ! Quelle imprudence ! répondit-on de toutes parts.

— Vous ne me comprenez pas, messieurs, reprit le *citoyen-général*. Faisons un cordon de têtes de nègres qui entoure la ville, du fort Picolet à la pointe de Caracol ; leurs camarades insurgés n'oseront approcher. Il faut se sacrifier pour la cause commune dans un semblable moment. Je me dévoue le premier. J'ai cinq cents esclaves non révoltés ; je les offre.

Un mouvement d'horreur accueillit cette exécrable proposition.

— C'est abominable ! c'est horrible ! s'écrièrent toutes les voix.

— Ce sont des mesures de ce genre qui ont tout perdu, dit un colon. Si on ne s'était pas tant pressé d'exécuter les derniers révoltés de juin, de juillet et d'août, on aurait pu saisir le fil de leur conspiration, que la hache du bourreau a coupé.

Le citoyen C*** garda un moment le silence du dépit, puis il murmura entre ses dents :

— Je croyais pourtant ne pas être suspect. Je suis lié avec des négrophiles ; je corresponds avec Brissot et Pruneau de Pomme-Gouge, en France ; Hans-Sloane, en Angleterre ; Magaw, en Amérique ; Pezll, en Allemagne ; Olivarius, en Danemark ; Wadstrohm, en Suède ; Peter Paulus, en Hollande ; Avendano, en Espagne ; et l'abbé Pierre Tamburini, en Italie !

Sa voix s'élevait à mesure qu'il avançait dans sa nomenclature de négrophiles. Il termina enfin, en disant :

— Mais il n'y a point ici de philosophes !

M. de Blanchelande, pour la troisième fois, demanda à recueillir les conseils de chacun.

— Monsieur le gouverneur, dit une voix, voici mon avis. Embarquons-nous tous sur *le Léopard*, qui est mouillé dans la rade.

— Mettons à prix la tête de Boukmann, dit un autre.

— Informons de tout ceci le gouverneur de la Jamaïque, dit un troisième.

— Oui, pour qu'il nous envoie encore une fois le secours dérisoire de cinq cents fusils, reprit un député de l'assemblée provinciale. Monsieur le gouverneur, envoyez un aviso en France, et attendons !

— Attendre ! attendre ! interrompit M. de Rouvray avec force. Et les noirs attendront-ils ? Et la flamme qui circonscrit déjà cette ville attendra-t-elle ? Monsieur de Touzard, faites battre la générale, prenez du canon, et allez trouver le gros des rebelles avec vos grenadiers et vos chasseurs. Monsieur le gouverneur, faites faire des camps dans les paroisses de l'est ; établissez des postes au Trou et à Vallières ; je me charge, moi, des plaines du fort Dauphin. J'y dirigerai les travaux ; mon grand-père, qui était mestre-de-camp du régiment de Normandie, a servi sous M. le maréchal de Vauban ; j'ai étudié Folard et Bezout, et j'ai quelque pratique de la défense d'un pays. D'ailleurs les plaines du fort Dauphin, presque enveloppées par la mer et les frontières espagnoles, ont la forme d'une presqu'île, et se protégeront en quelque sorte d'elles-mêmes ; la presqu'île du Mole offre un semblable avantage. Usons de tout cela, et agissons !

Le langage énergique et positif du vétéran fit taire subitement toutes les discordances de voix et d'opinions. Le général était dans le vrai. Cette conscience que chacun a de son intérêt véritable rallia tous les avis à celui de M. de Rouvray ; et tandis que le gouverneur, par un serrement de main reconnaissant, témoignait au brave officier général qu'il sentait la valeur de ses conseils, bien qu'ils fussent énoncés comme des ordres, et l'importance de son secours, tous les colons réclamaient la prompte exécution des mesures indiquées.

Les deux députés des assemblées rivales, seuls, semblaient se séparer de l'adhésion générale, et murmuraient dans leur coin les mots d'*empiétement du pouvoir exécutif,* de *décision hâtive* et de *responsabilité.*

Je saisis ce moment pour obtenir de M. de Blanchelande les ordres que je sollicitais impatiemment ; et je sortis afin de rallier ma troupe et de reprendre sur-le-champ le chemin de l'Acul, malgré la fatigue que tous sentaient, excepté moi.

17

LE jour commençait à poindre. J'étais sur la place d'armes, réveillant les miliciens couchés sur leurs manteaux, pêle-mêle avec les dragons jaune et rouge, les fuyards de la plaine, les bestiaux bêlant et mugissant, et les bagages de tout genre apportés dans la ville par les planteurs des environs. Je commençais à retrouver ma petite troupe dans ce désordre, quand je vis un dragon jaune, couvert de sueur et de poussière, accourir vers moi à toute bride. J'allai à sa rencontre, et, au peu de paroles entrecoupées qui lui échappèrent, j'appris avec consternation que mes craintes s'étaient réalisées ; que la révolte avait gagné les plaines de l'Acul, et que les noirs assiégeaient le fort Galifet, où s'étaient renfermés les milices et les colons. Il faut vous dire que ce fort Galifet était fort peu de chose ; on appelait *fort* à Saint-Domingue tout ouvrage en terre.

Il n'y avait donc pas un moment à perdre. Je fis prendre des chevaux à ceux de mes soldats pour qui je pus en trouver ; et, guidé par le dragon, j'arrivai sur les domaines de mon oncle vers dix heures du matin.

Je donnai à peine un regard à ces immenses plantations qui n'étaient plus qu'une mer de flammes, bondissant sur la plaine avec de grosses vagues de fumée, à travers lesquelles le vent emportait de temps en temps, comme des étincelles, de grands troncs d'arbres hérissés de feux. Un pétillement effrayant, mêlé de craquements et de murmures, semblait répondre aux hurlements lointains des noirs, que nous entendions déjà sans les voir encore. Moi, je n'avais qu'une pensée, et l'évanouissement de tant de richesses qui m'étaient réservées ne pouvait m'en distraire, c'était le salut de Marie. Marie sauvée, que m'importait le reste ! Je la savais renfermée dans le fort, et je ne demandais à Dieu que d'arriver à temps. Cette espérance seule me soutenait dans mes angoisses, et me donnait un courage et des forces de lion.

Enfin un tournant de la route nous laissa voir le fort Galifet. Le drapeau tricolore flottait encore sur la plate-forme, et un feu bien nourri couronnait le contour de ses murs. Je poussai un cri de joie. — Au galop, piquez des deux ! lâchez les brides ! criai-je à mes camarades. Et, redoublant de vitesse, nous nous dirigeâmes à travers champs vers le fort, au bas duquel on apercevait la maison de mon oncle, portes et fenêtres brisées, mais debout encore, et rouge des reflets de l'embrasement, qui ne l'avait pas atteinte, parce que le vent soufflait de la mer et qu'elle était isolée des plantations.

Une multitude de nègres, embusqués dans cette

maison, se montraient à la fois à toutes les croisées et jusque sur le toit ; et les torches, les piques, les haches, brillaient au milieu de coups de fusil qu'ils ne cessaient de tirer contre le fort, tandis qu'une autre foule de leurs camarades montait, tombait, et remontait sans cesse autour des murs assiégés qu'ils avaient chargés d'échelles. Ce flot de noirs, toujours repoussé et toujours renaissant sur ces murailles grises, ressemblait de loin à un essaim de fourmis essayant de gravir l'écaille d'une grande tortue, et dont le lent animal se débarrassait par une secousse d'intervalle en intervalle.

Nous touchions enfin aux premières circonvallations du fort. Les regards fixés sur le drapeau qui le dominait, j'encourageai mes soldats au nom de leurs familles renfermées comme la mienne dans ces murs que nous allions secourir. Une acclamation générale me répondit, et, formant mon petit escadron en colonne, je me préparai à donner le signal de charger le troupeau assiégeant.

En ce moment un grand cri s'éleva de l'enceinte du fort, un tourbillon de fumée enveloppa l'édifice tout entier, roula quelque temps ses plis autour des murs, d'où s'échappait une rumeur pareille au bruit d'une fournaise, et, en s'éclaircissant, nous laissa voir le fort Galifet surmonté d'un drapeau rouge. — Tout était fini !

18

JE ne vous dirai pas ce qui se passa en moi à cet horrible spectacle. Le fort pris, ses défenseurs égorgés, vingt familles massacrées, tout ce désastre général, je l'avouerai à ma honte, ne m'occupa pas un instant. Marie perdue pour moi ! perdue pour moi peu d'heures après celle qui me l'avait donnée pour jamais ! perdue pour moi par ma faute, puisque, si je ne l'avais pas quittée la nuit précédente pour courir au Cap sur l'ordre de mon oncle, j'aurais pu du moins la défendre ou mourir près d'elle et avec elle, ce qui n'eût, en quelque sorte, pas été la perdre ! Ces pensées de désolation égarèrent ma douleur jusqu'à la folie. Mon désespoir était du remords.

Cependant mes compagnons, exaspérés, avaient crié : vengeance ! nous nous étions précipités le sabre aux dents, les pistolets aux deux poings, au milieu des insurgés vainqueurs. Quoique bien supérieurs en nombre, les noirs fuyaient à notre approche, mais nous les voyions distinctement à droite et à gauche, devant et derrière nous, massacrant les blancs et se hâtant d'incendier le fort. Notre fureur s'accroissait de leur lâcheté.

À une poterne du fort, Thadée, couvert de blessures, se présenta devant moi.

— Mon capitaine, me dit-il, votre Pierrot est un sorcier, un *obi*, comme disent ces damnés nègres, ou au moins un diable. Nous tenions bon ; vous arriviez, et tout était sauvé, quand il a pénétré dans le fort, je ne sais par où, et voyez ! — Quant à monsieur votre oncle, à sa famille, à madame...

— Marie ! interrompis-je, où est Marie ?

En ce moment un grand noir sortit de derrière une palissade enflammée, emportant une jeune femme qui criait et se débattait dans ses bras. La jeune femme était Marie ; le noir était Pierrot.

— Perfide ! lui criai-je.

Je dirigeai un pistolet vers lui ; un des esclaves révoltés se jeta au-devant de la balle, et tomba mort. Pierrot se retourna, et parut m'adresser quelques paroles ; puis il s'enfonça avec sa proie au milieu des touffes de cannes embrasées. Un instant après, un chien énorme passa à sa suite, tenant dans sa gueule un berceau, dans lequel était le dernier enfant de mon oncle. Je reconnus aussi le chien ; c'était Rask.

Transporté de rage, je déchargeai sur lui mon second pistolet ; mais je le manquai.

Je me mis à courir comme un insensé sur sa trace ; mais ma double course nocturne, tant d'heures passées sans prendre de repos et de nourriture, mes craintes pour Marie, le passage subit du comble du bonheur au dernier terme du malheur, toutes ces violentes émotions de l'âme m'avaient épuisé plus encore que les fatigues du corps. Après quelques pas je chancelai ; un nuage se répandit sur mes yeux, et je tombai évanoui.

19

QUAND je me réveillai, j'étais dans la maison dévastée de mon oncle et dans les bras de Thadée. Cet excellent Thadée fixait sur moi des yeux pleins d'anxiété.

— Victoire ! cria-t-il dès qu'il sentit mon pouls se ranimer sous sa main, victoire ! les nègres sont en déroute, et le capitaine est ressuscité !

J'interrompis son cri de joie par mon éternelle question :

— Où est Marie ?

Je n'avais point encore rallié mes idées ; il ne me restait que le sentiment et non le souvenir de mon malheur. Thadée baissa la tête. Alors toute ma mémoire me revint ; je me retraçai mon horrible nuit de noces, et le grand nègre emportant Marie dans ses bras à travers les flammes s'offrit à moi comme une infernale vision. L'affreuse lumière qui venait d'éclater dans la colonie, et de montrer à tous les blancs des ennemis dans leurs esclaves, me fit voir dans ce Pierrot, si bon, si généreux, si dévoué, qui me devait trois fois la vie, un ingrat, un monstre, un rival ! L'enlèvement de ma femme, la nuit même de notre union, me prouvait ce que j'avais d'abord soupçonné, et je reconnus enfin clairement que le chanteur du pavillon n'était autre que l'exécrable ravisseur de Marie. Pour si peu d'heures, que de changements !

Thadée me dit qu'il avait vainement poursuivi Pierrot et son chien ; que les nègres s'étaient retirés, quoique leur nombre eût pu facilement écraser ma faible troupe, et que l'incendie des propriétés de ma famille continuait sans qu'il fût possible de l'arrêter.

Je lui demandai si l'on savait ce qu'était devenu mon oncle, dans la chambre duquel on m'avait apporté. Il me prit la main en silence, et, me conduisant vers l'alcôve, il en tira les rideaux.

Mon malheureux oncle était là, gisant sur son lit ensanglanté, un poignard profondément enfoncé dans le cœur. Au calme de sa figure, on voyait qu'il avait été frappé dans le sommeil. La couche du nain Habibrah, qui dormait habituellement à ses pieds, était aussi tachée de sang, et les mêmes souillures se faisaient remarquer sur la veste chamarrée du pauvre fou, jetée à terre à quelques pas du lit.

Je ne doutai pas que le bouffon ne fût mort victime de son attachement connu pour mon oncle, et n'eût été massacré par ses camarades, peut-être en défendant son maître. Je me reprochai amèrement ces préventions qui m'avaient fait porter de si faux jugements sur Habibrah et sur Pierrot ; je mêlai aux larmes que m'arracha la fin prématurée de mon oncle quelques regrets pour son fou. D'après mes ordres, on rechercha son corps, mais en vain. Je supposai que les nègres avaient emporté et jeté le nain dans les flammes ; et j'ordonnai que, dans le service funèbre de mon beau-père, des prières fussent dites pour le repos de l'âme du fidèle Habibrah.

20

LE fort Galifet était détruit, nos habitations avaient disparu ; un plus long séjour sur ces ruines était inutile et impossible. Dès le soir même, nous retournâmes au Cap.

Là, une fièvre ardente me saisit. L'effort que j'avais fait sur moi-même pour dompter mon désespoir était trop violent. Le ressort, trop tendu, se brisa. Je tombai dans le délire. Toutes mes espérances trompées, mon amour profané, mon amitié trahie, mon avenir perdu, et par-dessus tout l'implacable jalousie, égarèrent ma raison. Il me semblait que des flammes ruisselaient dans mes veines ; ma tête se rompait ; j'avais des furies dans le cœur. Je me représentais Marie au pouvoir d'un autre amant, au pouvoir d'un maître, d'un esclave, de Pierrot ! On m'a dit qu'alors je m'élançais de mon lit, et qu'il fallait six hommes pour m'empêcher de me fracasser le crâne sur l'angle des murs. Que ne suis-je mort alors !

Cette crise passa. Les médecins, les soins de Thadée, et je ne sais quelle force de la vie dans la jeunesse, vainquirent le mal, ce mal qui aurait pu être un si grand bien. Je guéris au bout de dix jours, et je ne m'en affligeai pas. Je fus content de pouvoir vivre encore quelque temps, pour la vengeance.

A peine convalescent, j'allai chez M. de Blanchelande demander du service. Il voulait me donner un poste à défendre ; je le conjurai de m'incorporer comme volontaire dans l'une des colonnes mobiles que l'on envoyait de temps en temps contre les noirs pour balayer le pays.

On avait fortifié le Cap à la hâte. L'insurrection faisait des progrès effrayants. Les nègres de

Port-au-Prince commençaient à s'agiter ; Biassou *
commandait ceux du Limbé, du Dondon et de
l'Acul ; Jean-François ** s'était fait proclamer généralissime des révoltés de la plaine de Maribarou ;
Boukmann ***, célèbre depuis par sa fin tragique,
parcourait avec ses brigands les bords de la Limonade ; et enfin les bandes du Morne-Rouge avaient
reconnu pour chef un nègre nommé Bug-Jargal.

Le caractère de ce dernier, si l'on en croyait les
relations, contrastait d'une manière singulière avec
la férocité des autres. Tandis que Boukmann et
Biassou inventaient mille genres de mort pour les
prisonniers qui tombaient entre leurs mains, Bug-
Jargal s'empressait de leur fournir les moyens de
quitter l'île. Les premiers contractaient des marchés avec les lanches espagnoles qui croisaient
autour des côtes, et leur vendaient d'avance les
dépouilles des malheureux qu'ils forçaient à fuir ;
Bug-Jargal coula à fond plusieurs de ces corsaires.
M. Colas de Maigné et huit autres colons distingués
furent détachés par ses ordres de la roue où
Boukmann les avait fait lier. On citait de lui mille
autres traits de générosité qu'il serait trop long de
vous rapporter.

Mon espoir de vengeance ne paraissait pas près de
s'accomplir. Je n'entendais plus parler de Pierrot.
Les rebelles commandés par Biassou continuaient
d'inquiéter le Cap. Ils avaient même une fois osé
aborder le morne qui domine la ville, et le canon de
la citadelle avait eu de la peine à les repousser. Le
gouverneur résolut de les refouler dans l'intérieur
de l'île. Les milices de l'Acul, du Limbé, d'Ouanaminte et de Maribarou, réunies au régiment du Cap
et aux redoutables compagnies jaune et rouge,

---

* *Un des chefs de la révolte. Il avait pris les titres de Général et de
Vice-roi. Il subit l'influence de son conseiller Toussaint Louver-
ture.*
** *Commandant des troupes noires, il pourra s'échapper par la
suite et mourra Grand d'Espagne.*
*** *Cf. note p. 74.*

constituaient notre armée active. Les milices du Dondon et du Quartier-Dauphin, renforcées d'un corps de volontaires, sous les ordres du négociant Poncignon, formaient la garnison de la ville.

Le gouverneur voulut d'abord se délivrer de Bug-Jargal, dont la diversion l'alarmait. Il envoya contre lui les milices d'Ouanaminte et un bataillon du Cap. Ce corps rentra deux jours après, complètement battu. Le gouverneur s'obstina à vouloir vaincre Bug-Jargal ; il fit repartir le même corps avec un renfort de cinquante dragons jaunes et de quatre cents miliciens de Maribarou. Cette seconde armée fut encore plus maltraitée que la première. Thadée, qui était de cette expédition, en conçut un violent dépit, et me jura à son retour qu'il s'en vengerait sur Bug-Jargal.

Une larme roula dans les yeux de d'Auverney ; il croisa les bras sur sa poitrine, et parut durant quelques minutes plongé dans une rêverie doulou-reuse ; enfin il reprit.

21

— La nouvelle arriva que Bug-Jargal avait quitté le Morne-Rouge, et dirigeait sa troupe par les montagnes, pour se joindre à Biassou. Le gouver-neur sauta de joie : — Nous les tenons ! dit-il en se frottant les mains. Le lendemain l'armée coloniale était à une lieue en avant du Cap. Les insurgés, à notre approche, abandonnèrent précipitamment Port-Margot et le fort Galifet, où ils avaient établi un poste défendu par de grosses pièces d'artillerie de siège, enlevées à des batteries de la côte ; toutes les bandes se replièrent vers les montagnes. Le gouverneur était triomphant. Nous poursuivîmes notre marche. Chacun de nous, en passant dans ces plaines arides et désolées, cherchait à saluer encore d'un triste regard le lieu où étaient ses champs, ses habitations, ses richesses ; souvent il n'en pouvait reconnaître la place.

Quelquefois notre marche était arrêtée par des embrasements qui des champs cultivés s'étaient communiqués aux forêts et aux savanes. Dans ces climats, où la terre est encore vierge, où la végétation est surabondante, l'incendie d'une forêt est accompagné de phénomènes singuliers. On l'entend de loin, souvent même avant de le voir, sourdre et bruire avec le fracas d'une cataracte diluviale. Les troncs d'arbres qui éclatent, les branches qui pétillent, les racines qui craquent dans le sol, les grandes herbes qui frémissent, le bouillonnement des lacs et des marais enfermés dans la forêt, le sifflement de la flamme qui dévore l'air, jettent une rumeur qui tantôt s'apaise, tantôt redouble avec les progrès de l'embrasement. Parfois on voit une verte lisière d'arbres encore intacts entourer longtemps le foyer flamboyant. Tout à coup une langue de feu débouche par l'une des extrémités de cette fraîche ceinture, un serpent de flamme bleuâtre court rapidement le long des tiges, et en un clin d'œil le front de la forêt disparaît sous un voile d'or mouvant ; tout brûle à la fois. Alors un dais de fumée s'abaisse de temps à autre sous le souffle du vent, et enveloppe les flammes. Il se roule et se déroule, s'élève et s'affaisse, se dissipe et s'épaissit, devient tout à coup noir ; puis une sorte de frange de feu en découpe vivement tous les bords, un grand bruit se fait entendre, la frange s'efface, la fumée remonte, et verse en s'envolant un flot de cendre rouge, qui pleut longtemps sur la terre.

22

Le soir du troisième jour, nous entrâmes dans les gorges de la Grande-Rivière. On estimait que les noirs étaient à vingt lieues dans la montagne.

Nous assîmes notre camp sur un mornet qui paraissait leur avoir servi au même usage, à la manière dont il était dépouillé. Cette position n'était pas heureuse; il est vrai que nous étions tranquilles. Le mornet était dominé de tous côtés par des rochers à pic, couverts d'épaisses forêts. L'aspérité de ces escarpements avait fait donner à ce lieu le nom de *Dompte-Mulâtre*. La Grande-Rivière coulait derrière le camp; resserrée entre deux côtes, elle était dans cet endroit étroite et profonde. Ses bords, brusquement inclinés, se hérissaient de touffes de buissons impénétrables à la vue. Souvent même ses eaux étaient cachées par des guirlandes de lianes, qui, s'accrochant aux branches des érables à fleurs rouges semés parmi les buissons, mariaient leurs jets d'une rive à l'autre, et, se croisant de mille manières, formaient sur le fleuve de larges tentes de verdure. L'œil qui les contemplait du haut des roches voisines croyait voir des prairies humides encore de rosée. Un bruit sourd, ou quelquefois une sarcelle sauvage, perçant tout à coup ce rideau fleuri, décelaient seuls le cours de la rivière.

Le soleil cessa bientôt de dorer la cime aiguë des monts lointains du Dondon; peu à peu l'ombre s'étendit sur le camp, et le silence ne fut plus troublé que par les cris de la grue et les pas mesurés des sentinelles.

Tout à coup les redoutables chants d'*Oua-Nassé* et du *Camp du Grand-Pré* se firent entendre sur nos têtes; les palmiers, les acomas et les cèdres qui couronnaient les rocs s'embrasèrent, et les clartés

91

livides de l'incendie nous montrèrent sur les sommets voisins de nombreuses bandes de nègres et de mulâtres dont le teint cuivré paraissait rouge à la lueur des flammes. C'étaient ceux de Biassou.

Le danger était imminent. Les chefs s'éveillant en sursaut coururent rassembler leurs soldats ; le tambour battit la générale ; la trompette sonna l'alarme ; nos lignes se formèrent en tumulte, et les révoltés, au lieu de profiter du désordre où nous étions, immobiles, nous regardaient en chantant *Oua-Nassé.*

Un noir gigantesque parut seul sur le plus élevé des pics secondaires qui encaissent la Grande-Rivière ; une plume couleur de feu flottait sur son front ; une hache était dans sa main droite, un drapeau rouge dans sa main gauche ; je reconnus Pierrot ! Si une carabine se fût trouvée à ma portée, la rage m'aurait peut-être fait commettre une lâcheté. Le noir répéta le refrain d'*Oua-Nassé,* planta son drapeau sur le pic, lança sa hache au milieu de nous, et s'engloutit dans les flots du fleuve. Un regret s'éleva en moi, car je crus qu'il ne mourrait plus de ma main.

Alors les noirs commencèrent à rouler sur nos colonnes d'énormes quartiers de rochers ; une grêle de balles et de flèches tomba sur le mornet. Nos soldats, furieux de ne pouvoir atteindre les assaillants, expiraient en désespérés, écrasés par les rochers, criblés de balles ou percés de flèches. Une horrible confusion régnait dans l'armée. Soudain un bruit affreux parut sortir du milieu de la Grande-Rivière. Une scène extraordinaire s'y passait. Les dragons jaunes, extrêmement maltraités par les masses que les rebelles poussaient du haut des montagnes, avaient conçu l'idée de se réfugier, pour y échapper, sous les voûtes flexibles de lianes dont le fleuve était couvert. Thadée avait le premier mis en avant ce moyen, d'ailleurs ingénieux...

Ici le narrateur fut soudainement interrompu.

92

23

IL y avait plus d'un quart d'heure que le sergent Thadée, le bras droit en écharpe, s'était glissé, sans être vu de personne, dans un coin de la tente, où ses gestes avaient seuls exprimé la part qu'il prenait aux récits de son capitaine, jusqu'à ce moment où, ne croyant pas que le respect lui permît de laisser passer un éloge aussi direct sans en remercier d'Auverney, il se prit à balbutier d'un ton confus :

— Vous êtes bien bon, mon capitaine.

Un éclat de rire général s'éleva. D'Auverney se retourna, et lui cria d'un ton sévère :

— Comment ! vous ici, Thadée ! et votre bras ?

A ce langage, si nouveau pour lui, les traits du vieux soldat se rembrunirent ; il chancela et leva la tête en arrière, comme pour arrêter les larmes qui roulaient dans ses yeux.

— Je ne croyais pas, dit-il enfin à voix basse, je n'aurais jamais cru que mon capitaine pût manquer à son vieux sergent jusqu'à lui dire *vous.*

Le capitaine se leva précipitamment.

— Pardonne, mon vieil ami, pardonne, je ne sais ce que j'ai dit ; tiens, Thad, me pardonnes-tu ?

Les larmes jaillirent des yeux du sergent, malgré lui.

— Voilà la troisième fois, balbutia-t-il ; mais celles-ci sont de joie.

La paix était faite. Un court silence s'ensuivit.

— Mais, dis-moi, Thad, demanda le capitaine doucement, pourquoi as-tu quitté l'ambulance pour venir ici ?

— C'est que, avec votre permission, j'étais venu pour vous demander, mon capitaine, s'il faudrait faire mettre demain la housse galonnée à votre cheval de bataille.

Henri se mit à rire.

— Vous auriez mieux fait, Thadée, de demander au chirurgien-major s'il faudrait mettre demain deux onces de charpie sur votre bras malade.

— Ou de vous informer, reprit Paschal, si vous pourriez boire un peu de vin pour vous rafraîchir ; en attendant, voici de l'eau-de-vie qui ne peut que vous faire du bien ; goûtez-en, mon brave sergent.

Thadée s'avança, fit un salut respectueux, s'excusa de prendre le verre de la main gauche, et le vida à la santé de la compagnie. Il s'anima.

— Vous en étiez, mon capitaine, au moment, au moment où... Eh bien oui, ce fut moi qui proposai d'entrer sous les lianes pour empêcher des chrétiens d'être tués par des pierres. Notre officier, qui, ne sachant pas nager, craignait de se noyer, et cela était bien naturel, s'y opposait de toutes ses forces, jusqu'à ce qu'il vît, avec votre permission, messieurs, un gros caillou, qui manqua de l'écraser, tomber sur la rivière, sans pouvoir s'y enfoncer, à cause des herbes. — Il vaut encore mieux, dit-il alors, mourir comme Pharaon d'Égypte que comme saint Étienne. Nous ne sommes pas des saints, et Pharaon était un militaire comme nous. — Mon officier, un savant comme vous voyez, voulut donc bien se rendre à mon avis, à condition que j'essayerais le premier de l'exécuter. Je vais. Je descends le long du bord, je saute sous le berceau en me tenant aux branches d'en haut, et, dites, mon capitaine, je me sens tirer par la jambe ; je me débats, je crie au secours, je reçois plusieurs coups de sabre ; et voilà tous les dragons, qui étaient des diables, qui se précipitent pêle-mêle sous les lianes. C'étaient les noirs du Morne-Rouge qui s'étaient cachés là sans qu'on s'en doutât, probablement pour nous tomber sur le dos, comme un sac trop chargé, le moment

d'après. — Cela n'aurait pas été u[...]
pour pêcher ! — On se battait, on jura[...]
Étant tout nus, ils étaient plus alertes qu[...]
mais nos coups portaient mieux que les leurs. [...]
nagions d'un bras, et nous nous battions de l'autr[...]
comme cela se pratique toujours dans ce cas-là. —
Ceux qui ne savaient pas nager, dites, mon capitaine, se suspendaient d'une main aux lianes, et les
noirs les tiraient par les pieds. Au milieu de la
bagarre, je vis un grand nègre qui se défendait
comme un Belzébuth contre huit ou dix de mes
camarades ; je nageai là, et je reconnus Pierrot,
autrement dit Bug... Mais cela ne doit se découvrir
qu'après, n'est-ce pas, mon capitaine ? Je reconnus
Pierrot. Depuis la prise du fort, nous étions brouillés
ensemble ; je le saisis à la gorge ; il allait se délivrer
de moi d'un coup de poignard, quand il me regarda,
et se rendit au lieu de me tuer ; ce qui fut très
malheureux, mon capitaine, car s'il ne s'était pas
rendu... — Mais cela se saura plus tard. — Sitôt que
les nègres le virent pris, ils sautèrent sur nous
pour le délivrer ; si bien que les milices allaient
aussi entrer dans l'eau pour nous secourir, quand
Pierrot, voyant sans doute que les nègres allaient
tous être massacrés, dit quelques mots qui étaient
un vrai grimoire, puisque cela les mit tous en fuite.
Ils plongèrent, et disparurent en un clin d'œil.
— Cette bataille sous l'eau aurait eu quelque chose
d'agréable, et m'aurait bien amusé, si je n'y avais
pas perdu un doigt et mouillé dix cartouches, et si...
pauvre homme ! mais cela était écrit, mon capitaine.

Et le sergent, après avoir respectueusement
appuyé le revers de sa main gauche sur la grenade
de son bonnet de police, l'éleva vers le ciel d'un air
inspiré.

D'Auverney paraissait violemment agité.

— Oui, dit-il, oui, tu as raison, mon vieux Thadée,
cette nuit-là fut une nuit fatale.

24

— I... que la scène que Thadée vient de décrire... (Thadée, triomphant, vint se placer derrière le capitaine), tandis que la scène que Thadée vient de décrire se passait derrière le mornet, j'étais parvenu, avec quelques-uns des miens, à grimper de broussaille en broussaille sur un pic nommé le *Pic du Paon*, à cause des teintes irisées que le mica répandu à sa surface présentait aux rayons du soleil. Ce pic était de niveau avec les positions des noirs. Le chemin une fois frayé, le sommet fut bientôt couvert de milices ; nous commençâmes une vive fusillade. Les nègres, moins bien armés que nous, ne purent nous riposter aussi chaudement ; ils commencèrent à se décourager ; nous redoublâmes d'acharnement, et bientôt les rocs les plus voisins furent évacués par les rebelles, qui cependant eurent d'abord soin de faire rouler les cadavres de leurs morts sur le reste de l'armée, encore rangée en bataille sur le mornet. Alors nous abattîmes et liâmes ensemble avec des feuilles de palmier et des cordes plusieurs troncs de ces énormes cotonniers sauvages dont les premiers habitants de l'île faisaient des pirogues de cent rameurs. A l'aide de ce pont improvisé, nous passâmes sur les pics abandonnés, et une partie de l'armée se trouva ainsi avantageusement postée. Cet aspect ébranla le courage des insurgés. Notre feu se soutenait. Des clameurs lamentables, auxquelles se mêlait le nom de Bug-Jargal, retentirent soudain dans l'armée de Biassou. Une grande épouvante s'y manifesta. Plusieurs noirs du Morne-Rouge parurent sur le roc où flottait le drapeau écarlate ; ils se prosternèrent, enlevèrent l'étendard, et se précipitèrent avec lui dans les gouffres de la Grande-Rivière. Cela semblait signifier que leur chef était mort ou pris.

Notre audace s'en accrut à un tel point que je résolus de chasser à l'arme blanche les rebelles des rochers qu'ils occupaient encore. Je fis jeter un pont de troncs d'arbres entre notre pic et le roc le plus voisin ; et je m'élançai le premier au milieu des nègres. Les miens allaient me suivre, quand un des rebelles, d'un coup de hache, fit voler le pont en éclats. Les débris tombèrent dans l'abîme, en battant les rocs avec un bruit épouvantable.

Je tournai la tête ; en ce moment je me sentis saisir par six ou sept noirs qui me désarmèrent. Je me débattais comme un lion ; ils me lièrent avec des cordes d'écorce, sans s'inquiéter des balles que mes gens faisaient pleuvoir autour d'eux.

Mon désespoir ne fut adouci que par les cris de victoire que j'entendis pousser autour de moi un instant après ; je vis bientôt les noirs et les mulâtres gravir pêle-mêle les sommets les plus escarpés, en jetant des clameurs de détresse. Mes gardiens les imitèrent ; le plus vigoureux d'entre eux me chargea sur ses épaules, et m'emporta vers les forêts, en sautant de roche en roche avec l'agilité d'un chamois. La lueur des flammes cessa bientôt de le guider ; la faible lumière de la lune lui suffit ; il se mit seulement à marcher avec moins de rapidité.

APRÈS avoir traversé des halliers et franchi des torrents, nous arrivâmes dans une haute vallée d'un aspect singulièrement sauvage. Ce lieu m'était absolument inconnu.

Cette vallée était située dans le cœur même des mornes, dans ce qu'on appelle à Saint-Domingue *les doubles montagnes*. C'était une grande savane verte, emprisonnée dans des murailles de roches nues, parsemée de bouquets de pins, de gayacs et de palmistes. Le froid vif qui règne presque continuellement dans cette région de l'île, bien qu'il n'y gèle pas, était encore augmenté par la fraîcheur de la nuit, qui finissait à peine. L'aube commençait à faire revivre la blancheur des hauts sommets environnants, et la vallée, encore plongée dans une obscurité profonde, n'était éclairée que par une multitude de feux allumés par les nègres ; car c'était là leur point de ralliement. Les membres disloqués de leur armée s'y rassemblaient en désordre. Les noirs et les mulâtres arrivaient de moment en moment par troupes effarées, avec des cris de détresse ou des hurlements de rage, et de nouveaux feux, brillants comme des yeux de tigre dans la sombre savane, marquaient à chaque instant que le cercle du camp s'agrandissait.

Le nègre dont j'étais le prisonnier m'avait déposé au pied d'un chêne, d'où j'observais avec insouciance ce bizarre spectacle. Le noir m'attacha par la ceinture au tronc de l'arbre auquel j'étais adossé, resserra les nœuds redoublés qui comprimaient tous mes mouvements, mit sur ma tête son bonnet de laine rouge, sans doute pour indiquer que j'étais sa propriété, et après qu'il se fut ainsi assuré que je ne pourrais ni m'échapper, ni lui être enlevé par d'autres, il se disposa à s'éloigner. Je me décidai alors à lui adresser la parole, et je lui demandai en patois créole, s'il était de la bande du Dondon ou de celle du Morne-Rouge. Il s'arrêta et me répondit d'un air d'orgueil : *Morne-Rouge !* Une idée me vint. J'avais entendu parler de la générosité du chef de cette bande, Bug Jargal, et, quoique résolu sans peine à une mort qui devait finir tous mes malheurs, l'idée des tourments qui m'attendaient si je la recevais de Biassou ne laissait pas que de m'inspirer quelque horreur. Je n'aurais pas mieux demandé que de mourir, sans ces tortures. C'était peut-être une faiblesse, mais je crois qu'en de pareils moments notre nature d'homme se révolte toujours. Je pensai donc que si je pouvais me soustraire à Biassou, j'obtiendrais peut-être de Bug-Jargal une mort sans supplices, une mort de soldat. Je deman- dai à ce nègre du Morne-Rouge de me conduire à son chef, Bug-Jargal. Il tressaillit. — Bug-Jargal ! dit-il en se frappant le front avec désespoir ; puis passant rapidement à l'expression de la fureur, il grinça des dents et me cria en me montrant le poing : — Biassou ! Biassou ! — Après ce nom menaçant, il me quitta.

La colère et la douleur du nègre me rappelèrent cette circonstance du combat de laquelle nous avions conclu la prise ou la mort du chef des bandes du Morne-Rouge. Je n'en doutai plus ; et je me résignai à cette vengeance de Biassou dont le noir semblait me menacer.

CEPENDANT les ténèbres couvraient encore la vallée, où la foule des noirs et le nombre des feux s'accroissaient sans cesse. Un groupe de négresses vint allumer un foyer près de moi. Aux nombreux bracelets de verre bleu, rouge et violet qui brillaient échelonnés sur leurs bras et leurs jambes, aux anneaux qui chargeaient leurs oreilles, aux bagues qui ornaient tous les doigts de leurs mains et de leurs pieds, aux amulettes attachées sur leur sein, au collier de *charmes* suspendu à leur cou, au tablier de plumes bariolées, seul vêtement qui voilât leur nudité, et surtout à leurs clameurs cadencées, à leurs regards vagues et hagards, je reconnus des *griotes*. Vous ignorez peut-être qu'il existe parmi les noirs de diverses contrées de l'Afrique des nègres, doués de je ne sais quel grossier talent de poésie et d'improvisation qui ressemble à la folie. Ces nègres, errant de royaume en royaume, sont, dans ces pays barbares, ce qu'étaient les rhapsodes antiques, et dans le moyen âge les *minstrels* d'Angleterre, les *minsinger* d'Allemagne, et les *trouvères* de France. On les appelle *griots*. Leurs femmes, les griotes, possédées comme eux d'un démon insensé, accompagnent les chansons barbares de leurs maris par des danses lubriques, et présentent une parodie grotesque des bayadères de l'Hindoustan et des almées égyptiennes. C'étaient donc quelques-unes de ces femmes qui venaient de s'asseoir en rond, à quelques pas de moi, les jambes repliées à la mode africaine, autour d'un grand amas de branchages desséchés, qui brûlait en faisant trembler sur leurs visages hideux la lueur rouge de ses flammes.

Dès que leur cercle fut formé, elles se prirent

toutes la main, et la plus vieille, qui portait une plume de héron plantée dans ses cheveux, se mit à crier : *Ouanga !* Je compris qu'elles allaient opérer un de ces sortilèges qu'elles désignent sous ce nom. Toutes répétèrent : *Ouanga !* La plus vieille, après un silence de recueillement, arracha une poignée de ses cheveux, et la jeta dans le feu en disant ces paroles sacramentelles : *Malé o guiab !* qui, dans le jargon des nègres créoles, signifient : — J'irai au diable. Toutes les griotes, imitant leur doyenne, livrèrent aux flammes une mèche de leurs cheveux, et redirent gravement : — *Malé o guiab !*

Cette invocation étrange, et les grimaces burlesques qui l'accompagnaient, m'arrachèrent cette espèce de convulsion involontaire qui saisit souvent malgré lui l'homme le plus sérieux ou même le plus pénétré de douleur, et qu'on appelle le fou rire. Je voulus en vain le réprimer, il éclata. Ce rire, échappé à un cœur bien triste, fit naître une scène singulièrement sombre et effrayante.

Toutes les négresses, troublées dans leur mystère, se levèrent comme réveillées en sursaut. Elles ne s'étaient pas aperçues jusque-là de ma présence. Elles coururent tumultueusement vers moi, en hurlant : *Blanco ! blanco !* Je n'ai jamais vu une réunion de figures plus diversement horribles que ne l'étaient dans leur fureur tous ces visages noirs avec leurs dents blanches et leurs yeux blancs traversés de grosses veines sanglantes.

Elles m'allaient déchirer. La vieille à la plume de héron fit un signe, et cria à plusieurs reprises : *Zoté cordé ! zoté cordé* (1) ! Ces forcenées s'arrêtèrent subitement, et je les vis, non sans surprise, détacher toutes ensemble leur tablier de plumes, les jeter sur l'herbe, et commencer autour de moi cette danse lascive que les noirs appellent *la chica*.

Cette danse, dont les attitudes grotesques et la vive allure n'expriment que le plaisir et la gaieté,

(1) Accordez-vous ! accordez-vous !

empruntait ici de diverses circonstances accessoires un caractère sinistre. Les regards foudroyants que me lançaient les griotes au milieu de leurs folâtres évolutions, l'accent lugubre qu'elles donnaient à l'air joyeux de *la chica*, le gémissement aigu et prolongé que la vénérable présidente du sanhédrin noir arrachait de temps en temps à son *balafo*, espèce d'épinette qui murmure comme un petit orgue, et se compose d'une vingtaine de tuyaux de bois dur dont la grosseur et la longueur vont en diminuant graduellement, et surtout l'horrible rire que chaque sorcière nue, à certaines pauses de la danse, venait me présenter à son tour, en appuyant presque son visage sur le mien, ne m'annonçaient que trop à quels affreux châtiments devait s'attendre le *blanco* profanateur de leur Ouanga. Je me rappelai la coutume de ces peuplades sauvages qui dansent autour des prisonniers avant de les massacrer, et je laissai patiemment ces femmes exécuter le ballet du drame dont je devais ensanglanter le dénoûment. Cependant je ne pus m'empêcher de frémir quand je vis, à un moment marqué par le balafo, chaque griote mettre dans le brasier la pointe d'une lame de sabre, ou le fer d'une hache, l'extrémité d'une longue aiguille à voilure, les pinces d'une tenaille, ou les dents d'une scie.

La danse touchait à sa fin ; les instruments de torture étaient rouges. A un signal de la vieille, les négresses allèrent processionnellement chercher, l'une après l'autre, quelque arme horrible dans le feu.

Celles qui ne purent se munir d'un fer ardent prirent un tison enflammé. Alors je compris clairement quel supplice m'était réservé, et que j'aurais un bourreau dans chaque danseuse. A un autre commandement de leur coryphée, elles recommencèrent une dernière ronde, en se lamentant d'une manière effrayante. Je fermai les yeux pour ne plus voir du moins les ébats de ces démons femelles, qui, haletants de fatigue et de rage, entrechoquaient en cadence sur leurs têtes leurs ferrailles flamboyantes, d'où s'échappaient un bruit aigu et des myriades d'étincelles. J'attendis en me roidissant l'instant où je sentirais mes chairs se tourmenter, mes os se calciner, mes nerfs se tordre sous les morsures brûlantes des tenailles et des scies, et un frisson courut sur tous mes membres. Ce fut un moment affreux.

Il ne dura heureusement pas longtemps. La chica des griotes atteignait son dernier période, quand j'entendis de loin la voix du nègre qui m'avait fait prisonnier. Il accourait en criant : *Que haceis, mujeres de demonio ? Que haceis alli ? Dexaïs mi prisionero* (1) ! Je rouvris les yeux. Il était déjà grand jour. Le nègre se hâtait avec mille gestes de colère. Les griotes s'étaient arrêtées ; mais elles paraissaient moins émues de ses menaces qu'interdites par la présence d'un personnage assez bizarre dont le noir était accompagné.

C'était un homme très gros et très petit, une sorte de nain, dont le visage était caché par un voile blanc, percé de trois trous, pour la bouche et les yeux, à la manière des pénitents. Ce voile, qui tombait sur son cou et ses épaules, laissait nue sa poitrine velue, dont la couleur me parut être celle des griffes, et sur laquelle brillait, suspendu à une chaîne d'or, le soleil d'un ostensoir d'argent tronqué. On voyait le manche en croix d'un poignard grossier passer au-dessus de sa ceinture écarlate qui soutenait un jupon rayé de vert, de jaune et de noir, dont la frange descendait jusqu'à ses pieds larges et difformes. Ses bras, nus comme sa poitrine, agitaient un bâton blanc ; un chapelet, dont les grains étaient d'adrézarach, pendait à sa ceinture, près du poignard ; et son front était surmonté d'un bonnet pointu orné de sonnettes, dans lequel, lorsqu'il s'approcha, je ne fus pas peu surpris de reconnaître

(1) Que faites-vous, femmes du démon ? que faites-vous là ? Laissez mon prisonnier !

la *gorra* d'Habibrah. Seulement, parmi les hiérogly-
phes dont cette espèce de mitre était couverte, on
remarquait des taches de sang. C'était sans doute le
sang du fidèle bouffon. Ces traces de meurtre me
parurent une nouvelle preuve de sa mort, et réveillèrent dans mon cœur un dernier regret.

Au moment où les griotes aperçurent cet héritier
du bonnet d'Habibrah, elles s'écrièrent toutes
ensemble : — L'*obi* ! et tombèrent prosternées. Je
devinai que c'était le sorcier de l'armée de Biassou.
— *Basta ! Basta !* dit-il en arrivant auprès d'elles,
avec une voix sourde et grave, *dexaïs el prisionero de
Biassu* (1). Toutes les négresses, se relevant en
tumulte, jetèrent les instruments de mort dont elles
étaient chargées, reprirent leurs tabliers de plumes,
et, à un geste de l'obi, elles se dispersèrent comme
une nuée de sauterelles.

En ce moment le regard de l'obi parut se fixer sur
moi ; il tressaillit, recula d'un pas, et reporta son
bâton blanc vers les griotes, comme s'il eût voulu les
rappeler. Cependant, après avoir grommelé entre
ses dents le mot *maldicho* (2), et dit quelques paroles à l'oreille du nègre, il se retira lentement, en
croisant les bras, et dans l'attitude d'une profonde
méditation.

27

MON gardien m'apprit alors que Biassou demandait à me voir, et qu'il fallait me préparer à soutenir
dans une heure une entrevue avec ce chef.

C'était sans doute encore une heure de vie. En

(1) Il suffit ! il suffit ! Laissez le prisonnier de Biassou !
(2) Maudit.

attendant qu'elle fût écoulée, mes regards erraient sur le camp des rebelles, dont le jour me laissait voir dans ses moindres détails la singulière physionomie. Dans une autre disposition d'esprit, je n'aurais pu m'empêcher de rire de l'inepte vanité des noirs, qui étaient presque tous chargés d'ornements militaires et sacerdotaux, dépouilles de leurs victimes. La plupart de ces parures n'étaient plus que des haillons déchiquetés et sanglants. Il n'était pas rare de voir briller un hausse-col sous un rabat, ou une épaulette sur une chasuble. Sans doute pour se délasser des travaux auxquels ils avaient été condamnés toute leur vie, les nègres restaient dans une inaction inconnue à nos soldats, même retirés sous la tente. Quelques-uns dormaient au grand soleil, la tête près d'un feu ardent ; d'autres, l'œil tour à tour terne et furieux, chantaient un air monotone, accroupis sur le seuil de leurs *ajoupas,* espèces de huttes couvertes de feuilles de bananier ou de palmier, dont la forme conique ressemble à nos tentes canonnières. Leurs femmes noires ou cuivrées, aidées des négrillons, préparaient la nourriture des combattants. Je les voyais remuer avec des fourches l'igname, les bananes, la patate, les pois, le coco, le maïs, le chou caraïbe qu'ils appellent tayo, et une foule d'autres fruits indigènes qui bouillonnaient autour des quartiers de porc, de tortue et de chien, dans de grandes chaudières volées aux cases des planteurs. Dans le lointain, aux limites du camp, les griots et les griotes formaient de grandes rondes autour des feux, et le vent m'apportait par lambeaux leurs chants barbares mêlés aux sons des guitares et des balafos. Quelques vedettes, placées aux sommets des rochers voisins, éclairaient les alentours du quartier général de Biassou, dont le seul retranchement, en cas d'attaque, était un cordon circulaire de cabrouets, chargés de butin et de munitions. Ces sentinelles noires, debout sur la pointe aiguë des pyramides de granit dont les mornes sont hérissés, tournaient fréquemment sur elles-mêmes, comme les girouettes sur les flèches gothiques, et se renvoyaient l'une a l'autre, de toute la force de leurs poumons, le cri qui maintenait la sécurité du camp : *Nada ! nada* (1) !

De temps en temps, des attroupements de nègres curieux se formaient autour de moi. Tous me regardaient d'un air menaçant.

28

ENFIN, un peloton de soldats de couleur, assez bien armés, arriva vers moi. Le noir à qui je semblais appartenir me détacha du chêne auquel j'étais lié, et me remit au chef de l'escouade, des mains duquel il reçut en échange un assez gros sac, qu'il ouvrit sur-le-champ. C'étaient des piastres. Pendant que le nègre, agenouillé sur l'herbe, les comptait avidement, les soldats m'entraînèrent. Je considérai avec curiosité leur équipement. Ils portaient un uniforme de gros drap, brun, rouge et jaune, coupé à l'espagnole ; une espèce de *montera* * castillane, ornée d'une large cocarde rouge (2), cachait leurs cheveux de laine. Ils avaient, au lieu de giberne, une façon de carnassière attachée sur le côté. Leurs armes étaient un lourd fusil, un sabre et un poignard. J'ai su depuis que cet uniforme était celui de la garde particulière de Biassou.

Après plusieurs circuits entre les rangées irrégulières d'ajoupas qui encombraient le camp, nous parvînmes à l'entrée d'une grotte, taillée par la nature au pied de l'un de ces immenses pans de

(1) Rien ! rien !
(2) On sait que cette couleur est celle de la cocarde espagnole.
* *Sorte de bonnet.*

roches dont la savane était murée. Un grand rideau d'une étoffe thibétaine qu'on appelle le katchmir, et qui se distingue moins par l'éclat de ses couleurs que par ses plis moelleux et ses dessins variés, fermait à l'œil l'intérieur de cette caverne. Elle était entourée de plusieurs lignes redoublées de soldats, équipés comme ceux qui m'avaient amené.

Après l'échange du mot d'ordre avec les deux sentinelles qui se promenaient devant le seuil de la grotte, le chef de l'escouade souleva le rideau de katchmir, et m'introduisit, en le laissant retomber derrière moi.

Une lampe de cuivre à cinq becs, pendue par des chaînes à la voûte, jetait une lumière vacillante sur les parois humides de cette caverne fermée au jour. Entre deux haies de soldats mulâtres, j'aperçus un homme de couleur, assis sur un énorme tronc d'acajou, que recouvrait à demi un tapis de plumes de perroquet. Cet homme appartenait à l'espèce des *sacatras*, qui n'est séparée des nègres que par une nuance souvent imperceptible. Son costume était ridicule. Une ceinture magnifique de tresse de soie, à laquelle pendait une croix de Saint-Louis, retenait à la hauteur du nombril un caleçon bleu, de toile grossière ; une veste de basin blanc, trop courte pour descendre jusqu'à la ceinture, complétait son vêtement. Il portait des bottes grises, un chapeau rond, surmonté d'une cocarde rouge, et des épaulettes, dont l'une était d'or avec les deux étoiles d'argent des maréchaux de camp, l'autre de laine jaune. Deux étoiles de cuivre, qui paraissaient avoir été des molettes d'éperons, avaient été fixées sur la dernière, sans doute pour la rendre digne de figurer auprès de sa brillante compagne. Ces deux épaulettes, n'étant point bridées à leur place naturelle par des ganses transversales, pendaient des deux côtés de la poitrine du chef. Un sabre et des pistolets richement damasquinés étaient posés sur le tapis de plumes auprès de lui.

Derrière son siège se tenaient, silencieux et immobiles, deux enfants revêtus du caleçon des esclaves, et portant chacun un large éventail de plumes de paon. Ces deux enfants esclaves étaient blancs.

Deux carreaux de velours cramoisi, qui paraissaient avoir appartenu à quelque prie-Dieu de presbytère, marquaient deux places à droite et à gauche du bloc d'acajou. L'une de ces places, celle de droite, était occupée par l'obi qui m'avait arraché à la fureur des griotes. Il était assis, les jambes repliées, tenant sa baguette droite, immobile comme une idole de porcelaine dans une pagode chinoise. Seulement, à travers les trous de son voile, je voyais briller ses yeux flamboyants, constamment attachés sur moi.

De chaque côté du chef étaient des faisceaux de drapeaux, de bannières et de guidons de toute espèce, parmi lesquels je remarquai le drapeau blanc fleurdelysé, le drapeau tricolore et le drapeau d'Espagne. Les autres étaient des enseignes de fantaisie. On y voyait un grand étendard noir.

Dans le fond de la salle, au-dessus de la tête du chef, un autre objet attira encore mon attention. C'était le portrait de ce mulâtre Ogé, qui avait été roué l'année précédente au Cap, pour crime de rébellion, avec son lieutenant Jean-Baptiste Chavanne, et vingt autres noirs ou sang-mêlés. Dans ce portrait, Ogé, fils d'un boucher du Cap, était représenté comme il avait coutume de se faire peindre, en uniforme de lieutenant-colonel, avec la croix de Saint-Louis, et l'ordre du mérite du Lion, qu'il avait acheté en Europe du prince de Limbourg.

Le chef sacatra devant lequel j'étais introduit était d'une taille moyenne. Sa figure ignoble offrait un rare mélange de finesse et de cruauté. Il me fit approcher, et me considéra quelque temps en silence; enfin il se mit à ricaner à la manière de l'hyène.

— Je suis Biassou, me dit-il.

Je m'attendais à ce nom, mais je ne pus l'entendre de cette bouche, au milieu de ce rire féroce, sans frémir intérieurement. Mon visage pourtant resta calme et fier. Je ne répondis rien.

— Eh bien! reprit-il en assez mauvais français, est-ce que tu viens déjà d'être empalé, pour ne pouvoir plier l'épine du dos en présence de Jean Biassou, généralissime des pays conquis et maréchal de camp des armées de *su majestad catolica*? (La tactique des principaux chefs rebelles était de faire croire qu'ils agissaient, tantôt pour le roi de France, tantôt pour la révolution, tantôt pour le roi d'Espagne.)

Je croisai les bras sur ma poitrine, et le regardai fixement. Il recommença à ricaner. Ce *tic* lui était familier.

— Oh! oh! *me pareces hombre de buen corazon* (1). Eh bien, écoute ce que je vais te dire. Es-tu créole?

— Non, répondis-je, je suis français.

Mon assurance lui fit froncer le sourcil. Il reprit en ricanant:

— Tant mieux! Je vois à ton uniforme que tu es officier. Quel âge as-tu?

— Vingt ans.

— Quand les as-tu atteints?

A cette question, qui réveillait en moi de bien douloureux souvenirs, je restai un moment absorbé dans mes pensées. Il la répéta vivement. Je lui répondis:

— Le jour où ton compagnon Léogri fut pendu.

La colère contracta ses traits; son ricanement se prolongea. Il se contint cependant.

— Il y a vingt-trois jours que Léogri fut pendu, me dit-il. Français, tu lui diras ce soir, de ma part, que tu as vécu vingt-quatre jours de plus que lui. Je veux te laisser au monde encore cette journée, afin que tu puisses lui conter où en est la liberté de ses frères, ce que tu as vu dans le quartier général de

(1) Tu me parais homme de bon courage.

Jean Biassou, maréchal de camp, et quelle est l'autorité de ce généralissime sur les *gens du roi*.

C'était sous ce titre que Jean-François, qui se faisait appeler *grand amiral de France*, et son camarade Biassou, désignaient leurs hordes de nègres et de mulâtres révoltés.

Alors il ordonna que l'on me fît asseoir entre deux gardes dans un coin de la grotte, et, adressant un signe de la main à quelques nègres affublés de l'habit d'aide de camp :

— Qu'on batte le rappel, que toute l'armée se rassemble autour de notre quartier général, pour que nous la passions en revue. Et vous, monsieur le chapelain, dit-il en se tournant vers l'obi, couvrez-vous de vos vêtements sacerdotaux, et célébrez pour nous et nos soldats le saint sacrifice de la messe.

L'obi se leva, s'inclina profondément devant Biassou, et lui dit à l'oreille quelques paroles que le chef interrompit brusquement et à haute voix.

— Vous n'avez point d'autel, dites-vous, *señor cura !* cela est-il étonnant dans ces montagnes ? Mais qu'importe ! depuis quand le *bon Giu* (1) a-t-il besoin pour son culte d'un temple magnifique, d'un autel orné d'or et de dentelles ? Gédéon et Josué l'ont adoré devant des monceaux de pierres ; faisons comme eux, *bon per* (2) ; il suffit au *bon Giu* que les cœurs soient fervents. Vous n'avez point d'autel ! Eh bien, ne pouvez-vous pas vous en faire un de cette grande caisse de sucre, prise avant-hier par les gens du roi dans l'habitation Dubuisson ?

L'intention de Biassou fut promptement exécutée. En un clin d'œil l'intérieur de la grotte fut disposé pour cette parodie du divin mystère. On apporta un tabernacle et un saint ciboire enlevés à la paroisse de l'Acul, au même temple où mon union avec Marie avait reçu du ciel une bénédiction si promptement suivie de malheur. On érigea en autel la caisse de

(1) Patois créole. Le bon Dieu.
(2) Patois créole. Bon père.

sucre volée, qui fut couverte d'un drap blanc, en guise de nappe, ce qui n'empêchait pas de lire encore sur les faces latérales de cet autel : *Dubuisson et Cie, pour Nantes.*

Quand les vases sacrés furent placés sur la nappe, l'obi s'aperçut qu'il manquait une croix ; il tira son poignard, dont la garde horizontale présentait cette forme, et le planta debout entre le calice et l'ostentoir, devant le tabernacle. Alors, sans ôter son bonnet de sorcier et son voile de pénitent, il jeta promptement la chape volée au prieur de l'Acul sur son dos et sa poitrine nus, ouvrit auprès du tabernacle le missel à fermoir d'argent sur lequel avaient été lues les prières de mon fatal mariage, et, se tournant vers Biassou, dont le siège était à quelques pas de l'autel, annonça par une salutation profonde qu'il était prêt.

Sur-le-champ, à un signe du chef, les rideaux de katchmir furent tirés, et nous découvrirent toute l'armée noire rangée en carrés épais devant l'ouverture de la grotte. Biassou ôta son chapeau rond et s'agenouilla devant l'autel. — A genoux ! cria-t-il d'une voix forte. — A genoux ! répétèrent les chefs de chaque bataillon. Un roulement de tambours se fit entendre. Toutes les hordes étaient agenouillées.

Seul, j'étais resté immobile sur mon siège, révolté de l'horrible profanation qui allait se commettre sous mes yeux ; mais les deux vigoureux mulâtres qui me gardaient dérobèrent mon siège sous moi, me poussèrent rudement par les épaules, et je tombai à genoux comme les autres, contraint de rendre un simulacre de respect à ce simulacre de culte.

L'obi officia gravement. Les deux petits pages blancs de Biassou faisaient les offices de diacre et de sous-diacre.

La foule des rebelles, toujours prosternée, assistait à la cérémonie avec un recueillement dont le *généralissime* donnait le premier exemple. Au moment de l'exaltation, l'obi, élevant entre ses mains l'hostie consacrée, se tourna vers l'armée, et cria en jargon créole : — *Zoté coné bon Giu ; ce li mo fe zoté voer. Blan touyé li, touyé blan yo toute* (1). A ces mots, prononcés d'une voix forte, mais qu'il me semblait avoir déjà entendue quelque part et en d'autres temps, toute la horde poussa un rugissement ; ils entre-choquèrent longtemps leurs armes, et il ne fallut rien moins que la sauvegarde de Biassou pour empêcher que ce bruit sinistre ne sonnât ma dernière heure. Je compris à quels excès de courage et d'atrocité pouvaient se porter des hommes pour qui un poignard était une croix, et sur l'esprit desquels toute impression est prompte et profonde.

29

La cérémonie terminée, l'obi se retourna vers Biassou avec une révérence respectueuse. Alors le chef se leva, et, s'adressant à moi, me dit en français :

— On nous accuse de n'avoir pas de religion, tu vois que c'est une calomnie, et que nous sommes bons catholiques.

Je ne sais s'il parlait ironiquement ou de bonne foi. Un moment après, il se fit apporter un vase de verre plein de grains de maïs noir, il y jeta quelques grains de maïs blanc ; puis, élevant le vase au-dessus de sa tête, pour qu'il fût mieux vu de toute son armée :

(1) « Vous connaissez le bon Dieu ; c'est lui que je vous fais voir. Les blancs l'ont tué ; tuez tous les blancs. »
Depuis, Toussaint-Louverture avait coutume d'adresser la même allocution aux nègres, après avoir communié.

112

— Frères, vous êtes le maïs noir, les blancs vos ennemis sont le maïs blanc !

A ces paroles, il remua le vase, et quand presque tous les grains blancs eurent disparu sous les noirs, il s'écria d'un air d'inspiration et de triomphe : *Guetté blan si la la* (1).

Une nouvelle acclamation, répétée par tous les échos des montagnes, accueillit la parabole du chef. Biassou continua, en mêlant fréquemment son méchant français de phrases créoles et espagnoles :

— *El tiempo de la mansuetud es pasado* (2). Nous avons été longtemps patients comme les moutons, dont les blancs comparent la laine à nos cheveux ; soyons maintenant implacables comme les panthères et les jaguars des pays d'où ils nous ont arrachés. La force peut seule acquérir les droits ; tout appartient à qui se montre fort et sans pitié. Saint-Loup a deux fêtes dans le calendrier grégorien, l'agneau pascal n'en a qu'une ! — N'est-il pas vrai, monsieur le chapelain ?

L'obi s'inclina en signe d'adhésion.

— ... Ils sont venus, poursuivit Biassou, ils sont venus, les ennemis de la régénération de l'humanité, ces blancs, ces colons, ces planteurs, ces hommes de négoce, *verdaderos demonios* vomis de la bouche d'Alecto ! *Son venidos con insolencia* (3) ; ils étaient couverts, les superbes, d'armes, de panaches et d'habits magnifiques à l'œil, et ils nous méprisaient parce que nous sommes noirs et nus. Ils pensaient, dans leur orgueil, pouvoir nous disperser aussi aisément que ces plumes de paon chassent les noirs essaims des moustiques et des maringouins !

En achevant cette comparaison, il avait arraché des mains d'un esclave blanc un des éventails qu'il faisait porter derrière lui, et l'agitait sur sa tête avec mille gestes véhéments. Il reprit :

(1) Voyez ce que sont les blancs relativement à vous !
(2) Le temps de la mansuétude est passé.
(3) Ils sont venus avec insolence.

— ... Mais, ô mes frères, notre armée a fondu sur la leur comme les bigailles sur un cadavre ; ils sont tombés avec leurs beaux uniformes sous les coups de ces bras nus qu'ils croyaient sans vigueur, ignorant que le bon bois est plus dur quand il est dépouillé d'écorce. Ils tremblent maintenant, ces tyrans exécrés ! *Yo gagné peur* (1) !

Un hurlement de joie et de triomphe répondit à ce cri du chef, et toutes les hordes répétèrent longtemps : — *Yo gagné peur !*

— ... Noirs créoles et congos, ajouta Biassou, vengeance et liberté ! Sang-mêlés, ne vous laissez pas attiédir par les séductions *de los diabolos blancos*. Vos pères sont dans leurs rangs, mais vos mères sont dans les nôtres. Au reste, *o hermanos de mi alma* (2), ils ne vous ont jamais traités en pères, mais bien en maîtres ; vous étiez esclaves comme les noirs. Pendant qu'un misérable pagne couvrait à peine vos flancs brûlés par le soleil, vos barbares pères se pavanaient sous de *buenos sombreros*, et portaient des vestes de nankin les jours de travail, et les jours de fête des habits de bouracan ou de velours, *a diez-y-siete quartos la vara* (3). Maudissez ces êtres dénaturés ! Mais, comme les saints commandements du *bon Giu* le défendent, ne frappez pas vous-même votre propre père. Si vous le rencontrez dans les rangs ennemis, qui vous empêche, *amigos*, de vous dire l'un à l'autre : *Touyé papa moé, ma touyé quéna toué* (4) ! Vengeance, gens du roi ! Liberté à tous les hommes ! Ce cri a son écho dans toutes les îles ; il est parti de *Quisqueya* (5), il

(1) Jargon créole. *Ils ont peur.*
(2) O frères de mon âme.
(3) A dix-sept *quartos* la *vara* (mesure espagnole qui équivaut à peu près à l'aune).
(4) *Tue mon père, je tuerai le tien.* On a entendu en effet des mulâtres, capitulant en quelque sorte avec le parricide, prononcer ces exécrables paroles.
(5) Ancien nom de Saint-Domingue, qui signifie *Grande-Terre.* Les indigènes l'appelaient aussi *Aïty.*

114

réveille Tabago à Cuba. C'est un chef des cent vingt-cinq nègres marrons de la montagne Bleue, c'est un noir de la Jamaïque, Boukmann, qui a levé l'étendard parmi nous. Une victoire a été son premier acte de fraternité avec les noirs de Saint-Domingue. Suivons son glorieux exemple, la torche d'une main, la hache de l'autre ! Point de grâce pour les blancs, pour les planteurs ! Massacrons leurs familles, dévastons leurs plantations ; ne laissons point dans leurs domaines un arbre qui n'ait la racine en haut. Bouleversons la terre pour qu'elle engloutisse les blancs ! Courage donc, amis et frères ! nous irons bientôt combattre et exterminer. Nous triompherons ou nous mourrons. Vainqueurs, nous jouirons à notre tour de toutes les joies de la vie ; morts, nous irons dans le ciel, où les saints nous attendent, dans le paradis, où chaque brave recevra une double mesure d'*aguardiente* (1) et une piastre-gourde par jour !

Cette sorte de sermon soldatesque, qui ne vous semble que ridicule, messieurs, produisit sur les rebelles un effet prodigieux. Il est vrai que la pantomime extraordinaire de Biassou, l'accent inspiré de sa voix, le ricanement étrange qui entrecoupait ses paroles, donnaient à sa harangue je ne sais quelle puissance de prestige et de fascination. L'art avec lequel il entremêlait sa déclamation de détails faits pour flatter la passion ou l'intérêt des révoltés ajoutait un degré de force à cette éloquence, appropriée à cet auditoire.

Je n'essaierai donc pas de vous décrire quel sombre enthousiasme se manifesta dans l'armée insurgée après l'allocution de Biassou. Ce fut un concert discordant de cris, de plaintes, de hurlements. Les uns se frappaient la poitrine, les autres heurtaient leurs massues et leurs sabres. Plusieurs, à genoux ou prosternés, conservaient l'attitude d'une immobile extase. Des négresses se déchiraient

(1) Eau-de-vie.

les seins et les bras avec les arêtes de poissons dont
elles se servent en guise de peigne pour démêler
leurs cheveux. Les guitares, les tamtams, les tambours, les balafos, mêlaient leurs bruits aux déchar-
ges de mousqueterie. C'était quelque chose d'un
sabbat.

Biassou fit un signe de la main ; le tumulte cessa
comme par un prodige ; chaque nègre reprit son
rang en silence. Cette discipline, à laquelle Biassou
avait plié ses égaux par le simple ascendant de la
pensée et de la volonté, me frappa, pour ainsi dire,
d'admiration. Tous les soldats de cette armée de
rebelles paraissaient parler et se mouvoir sous la
main du chef, comme les touches du clavecin sous
les doigts du musicien.

30

Un autre spectacle, un autre genre de charlata-
nisme et de fascination excita alors mon attention ;
c'était le pansement des blessés. L'obi, qui remplis-
saît dans l'armée les doubles fonctions de médecin
de l'âme et de médecin du corps, avait commencé
l'inspection des malades. Il avait dépouillé ses
ornements sacerdotaux, et avait fait apporter
auprès de lui une grande caisse à compartiments,
dans laquelle étaient ses drogues et ses instruments.
Il usait fort rarement de ses outils chirurgicaux, et,
excepté une lancette en arête de poisson avec
laquelle il pratiquait fort adroitement une saignée,
il me paraissait assez gauche dans le maniement de
la tenaille qui lui servait de pince, et du couteau qui
lui tenait lieu de bistouri. Il se bornait, la plupart du
temps, à prescrire des tisanes d'oranges des bois,
des breuvages de squine et de salsepareille, et

quelques gorgées de vieux tafia. Son remède favori, et qu'il disait souverain, se composait de trois verres de vin rouge, où il mêlait la poudre d'une noix muscade et d'un jaune d'œuf bien cuit sous la cendre. Il employait ce spécifique pour guérir toute espèce de plaie ou de maladie. Vous concevez aisément que cette médecine était aussi dérisoire que le culte dont il se faisait le ministre ; et il est probable que le petit nombre de cures qu'elle opérait par hasard n'eût point suffi pour conserver à l'obi la confiance des noirs, s'il n'eût joint des jongleries à ses drogues, et s'il n'eût cherché à agir d'autant plus sur l'imagination des nègres qu'il agissait moins sur leurs maux. Ainsi, tantôt il se bornait à toucher leurs blessures en faisant quelques signes mystiques ; d'autres fois, usant habilement de ce reste d'anciennes superstitions qu'ils mêlaient à leur catholicisme de fraîche date, il mettait dans les plaies une petite pierre fétiche enveloppée de charpie ; et le malade attribuait à la pierre les bienfaisants effets de la charpie. Si l'on venait lui annoncer que tel blessé, soigné par lui, était mort de sa blessure, et peut-être de son pansement : — Je l'avais prévu, répondait-il d'une voix solennelle, c'était un traître ; dans l'incendie de telle habitation il avait sauvé un blanc. Sa mort est un châtiment ! — Et la foule des rebelles ébahis applaudissait, de plus en plus ulcérée dans ses sentiments de haine et de vengeance. Le charlatan employa, entre autres, un moyen de guérison dont la singularité me frappa. C'était pour un des chefs noirs, assez dangereusement blessé dans le dernier combat. Il examina longtemps la plaie, la pansa de son mieux, puis, montant à l'autel : — Tout cela n'est rien, dit-il. Alors il déchira trois ou quatre feuillets du missel, les brûla à la flamme des flambeaux dérobés à l'église de l'Acul, et, mêlant la cendre de ce papier consacré à quelques gouttes de vin versées dans le calice :

— Buvez, dit-il au blessé ; ceci est la guérison (1).

L'autre but stupidement, fixant des yeux pleins de confiance sur le jongleur, qui avait les mains levées sur lui, comme pour appeler les bénédictions du ciel ; et peut-être la conviction qu'il était guéri contribua-t-elle à le guérir.

31

UNE autre scène, dont l'obi voilé était encore le principal acteur, succéda à celle-ci : le médecin avait remplacé le prêtre, le sorcier remplaça le médecin.

— *Hombres, escuchate* (2) ! s'écria l'obi, sautant avec une incroyable agilité sur l'autel improvisé, où il tomba assis les jambes repliées dans son jupon bariolé, *escuchate, hombres !* Que ceux qui voudront lire au livre du destin le mot de leur vie s'approchent, je le leur dirai ; *hé estudiado la ciencia de los gitanos* (3).

Une foule de noirs et de mulâtres s'avancèrent précipitamment.

— L'un après l'autre ! dit l'obi, dont la voix sourde et intérieure reprenait quelquefois cet accent criard qui me frappait comme un souvenir ; si vous

---

(1) Ce remède est encore assez fréquemment pratiqué en Afrique, notamment par les Maures de Tripoli, qui jettent souvent dans leurs breuvages la cendre d'une page du livre de Mahomet. Cela compose un philtre auquel ils attribuent des vertus souveraines.

Un voyageur anglais, je ne sais plus lequel, appelle ce breuvage *une infusion d'Alcoran.*

(2) Hommes, écoutez ! — Le sens que les Espagnols attachent au mot *hombre,* dans ce cas, ne peut se traduire. C'est plus qu'*homme,* et moins qu'*ami.*

(3) J'ai étudié la science des égyptiens.

venez tous ensemble, vous entrerez tous ensemble au tombeau.

Ils s'arrêtèrent. En ce moment, un homme de couleur, vêtu d'une veste et d'un pantalon blanc, coiffé d'un madras, à la manière des riches colons, arriva près de Biassou. La consternation était peinte sur sa figure.

— Eh bien! dit le *généralissime* à voix basse, qu'est-ce? qu'avez-vous, Rigaud?

C'était ce chef mulâtre du rassemblement des Cayes, depuis connu sous le nom de *général Rigaud*, homme rusé sous des dehors candides, cruel sous un air de douceur. Je l'examinai avec attention.

— Général, répondit Rigaud (et il parlait très bas, mais j'étais placé près de Biassou, et j'entendais), il y a là, aux limites du camp, un émissaire de Jean-François. Boukmann vient d'être tué dans un engagement avec M. de Touzard; et les blancs ont dû exposer sa tête comme un trophée dans leur ville.

— N'est-ce que cela? dit Biassou; et ses yeux brillaient de la secrète joie de voir diminuer le nombre des chefs, et, par conséquent, croître son importance.

— L'émissaire de Jean-François a en outre un message à vous remettre.

— C'est bon, reprit Biassou. Quittez cette mine de déterré, mon cher Rigaud.

— Mais, objecta Rigaud, ne craignez-vous pas, général, l'effet de la mort de Boukmann sur votre armée?

— Vous n'êtes pas si simple que vous le paraissez, Rigaud, répliqua le chef; vous allez juger Biassou. Faites retarder seulement d'un quart d'heure l'admission du messager.

Alors il s'approcha de l'obi, qui, durant ce dialogue, entendu de moi seul, avait commencé son office de devin, interrogeant les nègres émerveillés, examinant les signes de leurs fronts et de leurs mains, et leur distribuant plus ou moins de bonheur à venir, suivant le son, la couleur et la grosseur de la pièce de monnaie jetée par chaque nègre à ses pieds dans une patène d'argent doré. Biassou lui dit quelques mots à l'oreille. Le sorcier, sans s'interrompre, continua ses opérations métoposcopiques*.

« — Celui, disait-il, qui porte au milieu du front, sur la ride du soleil, une petite figure carrée ou un triangle, fera une grande fortune sans peine et sans travaux.

« La figure de trois *S* rapprochés, en quelque endroit du front qu'ils se trouvent, est un signe bien funeste ; celui qui porte ce signe se noiera infailliblement, s'il n'évite l'eau avec le plus grand soin.

« Quatre lignes partant du nez, et se recourbant deux à deux sur le front au-dessus des yeux, annoncent qu'on sera un jour prisonnier de guerre, et qu'on gémira captif aux mains de l'étranger. »

Ici l'obi fit une pause.

— Compagnons, ajouta-t-il gravement, j'avais observé ce signe sur le front de Bug-Jargal, chef des braves du Morne-Rouge.

Ces paroles, qui me confirmaient encore la prise de Bug-Jargal, furent suivies des lamentations d'une horde qui ne se composait que de noirs, et dont les chefs portaient des caleçons écarlates ; c'était la bande du Morne-Rouge.

Cependant l'obi recommençait :

« — Si vous avez, dans la partie droite du front, sur la ligne de la lune, quelque figure qui ressemble à une fourche, craignez de demeurer oisif ou de trop rechercher la débauche.

« Un petit signe bien important, la figure arabe du chiffre 3, sur la ligne du soleil, vous présage des coups de bâton... »

Un vieux nègre espagnol-domingois interrompit le sorcier. Il se traînait vers lui en implorant un pansement. Il avait été blessé au front, et l'un de ses

---

* *La métoposcopie est un procédé qui prétend à la connaissance de l'avenir d'un individu en examinant les traits de son visage.*

yeux, arraché de son orbite, pendait tout sanglant. L'obi l'avait oublié dans sa revue médicale. Au moment où il l'aperçut il s'écria :

— Des figures rondes dans la partie droite du front, sur la ligne de la lune, annoncent des maladies aux yeux. — *Hombre,* dit-il au misérable blessé, ce signe est bien apparent sur ton front ; voyons ta main.

— *Alas ! exelentisimo señor*, repartit l'autre, *mir'usted mi ojo* (1) !

— Fatras (2), répliqua l'obi avec humeur, j'ai bien besoin de voir ton œil ! — Ta main, te dis-je !

Le malheureux livra sa main, en murmurant toujours : *mi ojo !*

— Bon ! dit le sorcier. — Si l'on trouve sur la ligne de vie un point entouré d'un petit cercle, on sera borgne, parce que cette figure annonce la perte d'un œil. C'est cela, voici le point et le petit cercle, tu seras borgne.

— *Ya le soy* (3), répondit le fatras en gémissant pitoyablement.

Mais l'obi, qui n'était plus chirurgien, l'avait repoussé rudement, et poursuivait sans se soucier de la plainte du pauvre borgne :

« — *Escuchate, hombres !* — Si les sept lignes du front sont petites, tortueuses, faiblement marquées, elles annoncent un homme dont la vie sera courte.

« Celui qui aura entre les deux sourcils sur la ligne de la lune la figure de deux flèches croisées mourra dans une bataille.

« Si la ligne de vie qui traverse la main présente une croix à son extrémité près de la jointure, elle présage qu'on paraîtra sur l'échafaud... »

— Et ici, reprit l'obi, je dois vous le dire, *hermanos,* l'un des plus braves appuis de l'indépendance, Boukmann, porte ces trois signes funestes.

(1) Hélas ! très excellent seigneur, regardez mon œil.
(2) Nom sous lequel on désignait un vieux nègre hors de service.
(3) Je le suis déjà.

A ces mots tous les nègres tendirent la tête, retinrent leur haleine ; leurs yeux immobiles, attachés sur le jongleur, exprimaient cette sorte d'attention qui ressemble à la stupeur.

— Seulement, ajouta l'obi, je ne puis accorder ce double signe qui menace à la fois Boukmann d'une bataille et d'un échafaud. Pourtant mon art est infaillible.

Il s'arrêta, et échangea un regard avec Biassou. Biassou dit quelques mots à l'oreille d'un de ses aides de camp, qui sortit sur-le-champ de la grotte.

« — Une bouche béante et fanée, reprit l'obi, se retournant vers son auditoire avec son accent malicieux et goguenard, une attitude insipide, les bras pendants, et la main gauche tournée en dehors sans qu'on en devine le motif, annoncent la stupidité naturelle, la nullité, le vide, une curiosité hébétée. »

Biassou ricanait. — En cet instant l'aide de camp revint ; il amenait un nègre couvert de fange et de poussière, dont les pieds, déchirés par les ronces et les cailloux, prouvaient qu'il avait fait une longue course. C'était le messager annoncé par Rigaud. Il tenait d'une main un paquet cacheté, de l'autre un parchemin déployé qui portait un sceau dont l'empreinte figurait un cœur enflammé. Au milieu était un chiffre formé des lettres caractéristiques *M* et *N*, entrelacées pour désigner sans doute la réunion des mulâtres libres et des nègres esclaves. A côté de ce chiffre je lus cette légende : « Le préjugé vaincu, la verge de fer brisée ; *vive le roi !* » Ce parchemin était un passeport délivré par Jean-François.

L'émissaire le présenta à Biassou, et, après s'être incliné jusqu'à terre, lui remit le paquet cacheté. Le généralissime l'ouvrit vivement, parcourut les dépêches qu'il renfermait, en mit une dans la poche de sa veste, et, froissant l'autre dans ses mains, s'écria d'un air désolé :

— Gens du roi !...

Les nègres saluèrent profondément.

— Gens du roi ! voilà ce que mande à Jean

Biassou, généralissime des pays conquis, maréchal des camps et armées de sa majesté catholique, Jean-François, grand amiral de France, lieutenant général des armées de sadite majesté le roi des Espagnes et des Indes :

« Boukmann, chef de cent vingt noirs de la Montagne Bleue à la Jamaïque, reconnus indépendants par le gouverneur général de Belle-Combe, Boukmann vient de succomber dans la glorieuse lutte de la liberté et de l'humanité contre le despotisme et la barbarie. Ce généreux chef a été tué dans un engagement avec les brigands blancs de l'infâme Touzard. Les monstres ont coupé sa tête, et ont annoncé qu'ils allaient l'exposer ignominieusement sur un échafaud dans la place d'armes de leur ville du Cap. — Vengeance ! »

Le sombre silence du découragement succéda un moment dans l'armée à cette lecture. Mais l'obi s'était dressé debout sur l'autel, et il s'écriait, en agitant sa baguette blanche, avec des gestes triomphants :

— Salomon, Zorobabel, Éléazar Thaleb, Cardan, Judas Bowtharicht, Averroès, Albert le Grand, Bohabdil, Jean de Hagen, Anna Baratro, Daniel Ogrumof, Rachel Flintz, Altornino ! je vous rends grâces. La *ciencia* des voyants ne m'a pas trompé. *Hijos, amigos, hermanos, muchachos, mozos, madres, y vosotros todos que me escuchais aqui* (1), qu'avais-je prédit ? *que habia dicho ?* Les signes du front de Boukmann m'avaient annoncé qu'il vivrait peu, et qu'il mourrait dans un combat ; les lignes de sa main, qu'il paraîtrait sur un échafaud. Les révélations de mon art se réalisent fidèlement, et les événements s'arrangent d'eux-mêmes pour exécuter jusqu'aux circonstances que nous ne pouvions concilier, la mort sur le champ de bataille, et l'échafaud ! Frères, admirez !

(1) Fils, amis, frères, garçons, enfants, mères, et vous tous qui m'écoutez ici.

Le découragement des noirs s'était changé durant ce discours en une sorte d'effroi merveilleux. Ils écoutaient l'obi avec une confiance mêlée de terreur ; celui-ci, enivré de lui-même, se promenait de long en large sur la caisse de sucre, dont la surface offrait assez d'espace pour que ses petits pas pussent s'y déployer fort à l'aise. Biassou ricanait.

Il adressa la parole à l'obi.

— Monsieur le chapelain, puisque vous savez les choses à venir, il nous plairait que vous voulussiez bien lire ce qu'il adviendra de notre fortune, à nous Jean Biassou, *mariscal de campo*.

L'obi, s'arrêtant fièrement sur l'autel grotesque où la crédulité des noirs le divinisait, dit au *mariscal de campo* : — *Venga vuestra merced* (1) ! En ce moment l'obi était l'homme important de l'armée. Le pouvoir militaire céda devant le pouvoir sacerdotal. Biassou s'approcha. On lisait dans ses yeux quelque dépit.

— Votre main, général, dit l'obi en se baissant pour la saisir. *Empezo* (2). La *ligne de la jointure*, également marquée dans toute sa longueur, vous promet des richesses et du bonheur. La *ligne de vie*, longue, marquée, vous présage une vie exempte de maux, une verte vieillesse ; étroite, elle désigne votre sagesse, votre esprit ingénieux, la *generosidad* de votre cœur ; enfin j'y vois ce que les *chiromancos* appellent le plus heureux de tous les signes, une foule de petites rides qui lui donnent la forme d'un arbre chargé de rameaux et qui s'élèvent vers le haut de la main, c'est le pronostic assuré de l'opulence et des grandeurs. La *ligne de santé*, très longue, confirme les indices de la ligne de vie ; elle indique aussi le courage ; recourbée vers le petit doigt, elle forme une sorte de crochet. Général, c'est le signe d'une sévérité utile.

A ce mot, l'œil brillant du petit obi se fixa sur moi

(1) Vienne votre grâce !
(2) Je commence.

124

à travers les ouvertures de son voile, et je remarquai encore une fois un accent connu, caché en quelque sorte sous la gravité habituelle de sa voix. Il continuait avec la même intention de geste et d'intonation :

— ... Chargée de petits cercles, la *ligne de santé* vous annonce un grand nombre d'exécutions nécessaires que vous devrez ordonner. Elle s'interrompt vers le milieu pour former un demi-cercle, signe que vous serez exposé à de grands périls avec les bêtes féroces, c'est-à-dire les blancs, si vous ne les exterminez. — La *ligne de fortune*, entourée, comme la ligne de vie, de petits rameaux qui s'élèvent vers le haut de la main, confirme l'avenir de puissance et de suprématie auquel vous êtes appelé ; droite et déliée dans sa partie supérieure, elle annonce le talent de gouverner. — La cinquième ligne, celle du *triangle*, prolongée jusque vers la racine du doigt du milieu, vous promet le plus heureux succès dans toute entreprise. — Voyons les doigts. — Le pouce, traversé dans sa longueur de petites lignes qui vont de l'ongle à la jointure, vous promet un grand héritage : celui de la gloire de Boukmann sans doute ! ajouta l'obi d'une voix haute. — La petite éminence qui forme la racine de l'index est chargée de petites rides doucement marquées : honneurs et dignités ! — Le doigt du milieu n'annonce rien. — Votre doigt annulaire est sillonné de lignes croisées les unes sur les autres : vous vaincrez tous vos ennemis, vous dominerez tous vos rivaux ! Ces lignes forment des croix de Saint-André, signe de génie et de prévoyance ! — La jointure qui unit le petit doigt à la main offre des rides tortueuses : la fortune vous comblera de faveurs. J'y vois encore la figure d'un cercle, présage à ajouter aux autres, qui vous annonce puissance et dignités !

« Heureux, dit Éléazar Thaleb, celui qui porte tous ces signes ! le destin est chargé de sa prospérité, et son étoile lui amènera le génie qui donne la gloire. » — Maintenant, général, laissez-moi inter-

125

roger votre front. « Celui, dit Rachel Flintz la bohémienne, qui porte au milieu du front sur la ride du soleil une petite figure carrée, ou un triangle, fera une grande fortune... » La voici, bien prononcée. « Si ce signe est à droite, il promet une importante succession... » Toujours celle de Boukmann ! « Le signe d'un fer à cheval entre les deux sourcils, au-dessous de la ride de la lune, annonce qu'on saura se venger de l'injure et de la tyrannie. » Je porte ce signe ; vous le portez aussi.

La manière dont l'obi prononça les mots, *je porte ce signe*, me frappa encore.

— On le remarque, ajouta-t-il du même ton, chez les braves qui savent méditer une révolte courageuse et briser la servitude dans un combat. La griffe de lion que vous avez empreinte au-dessus du sourcil prouve votre bouillant courage. Enfin, général Jean Biassou, votre front présente le plus éclatant de tous les signes de prospérité, c'est une combinaison de lignes qui forment la lettre *M*, la première du nom de la Vierge. En quelque partie du front, sur quelque ride que cette figure paraisse, elle annonce le génie, la gloire et la puissance. Celui qui la porte fera toujours triompher la cause qu'il embrassera ; ceux dont il sera le chef n'auront jamais à regretter aucune perte ; il vaudra à lui seul tous les défenseurs de son parti. Vous êtes cet élu du destin !

— *Gratias*, monsieur le chapelain, dit Biassou, se préparant à retourner à son trône d'acajou.

— Attendez, général, reprit l'obi, j'oubliais encore un signe. La ligne du soleil, fortement prononcée sur votre front, prouve du savoir-vivre, le désir de faire des heureux, beaucoup de libéralité, et un penchant à la magnificence.

Biassou parut comprendre que l'oubli venait plutôt de sa part que de celle de l'obi. Il tira de sa poche une bourse assez lourde et la jeta dans le plat d'argent, pour ne pas faire mentir la *ligne du soleil*.

Cependant l'éblouissant horoscope du chef avait

produit son effet dans l'armée. Tous les rebelles, sur lesquels la parole de l'obi était devenue plus puissante que jamais depuis les nouvelles de la mort de Boukmann, passèrent du découragement à l'enthousiasme, et, se confiant aveuglément à leur sorcier infaillible et à leur général prédestiné, se mirent à hurler à l'envi : — *Vive l'obi ! Vive Biassou !* L'obi et Biassou se regardaient, et je crus entendre le rire étouffé de l'obi répondant au ricanement du généralissime.

Je ne sais pourquoi cet obi tourmentait ma pensée ; il me semblait que j'avais déjà vu ou entendu ailleurs quelque chose qui ressemblait à cet être singulier ; je voulus le faire parler.

— Monsieur l'obi, *señor cura, doctor medico,* monsieur le chapelain, *bon per !* lui dis-je.

Il se retourna brusquement vers moi.

— Il y a encore ici quelqu'un dont vous n'avez point tiré l'horoscope ; c'est moi.

Il croisa ses bras sur le soleil d'argent qui couvrait sa poitrine velue, et ne me répondit pas.

Je repris :

— Je voudrais bien savoir ce que vous augurez de mon avenir ; mais vos honnêtes camarades m'ont enlevé ma montre et ma bourse, et vous n'êtes pas sorcier à prophétiser *gratis.*

Il s'avança précipitamment jusqu'auprès de moi, et me dit sourdement à l'oreille :

— Tu te trompes ! Voyons ta main.

Je la lui présentai en le regardant en face. Ses yeux étincelaient. Il parut examiner ma main.

« — Si la ligne de vie, me dit-il, est coupée vers le milieu par deux petites lignes transversales et bien apparentes, c'est le signe d'une mort prochaine. — Ta mort est prochaine !

« Si la ligne de santé ne se trouve pas au milieu de la main, et qu'il n'y ait que la ligne de vie et la ligne de fortune réunies à leur origine de manière à former un angle, on ne doit pas s'attendre, avec ce signe, à une mort naturelle. — Ne t'attends point à une mort naturelle !

« Si le dessous de l'index est traversé d'une ligne dans toute sa longueur, on mourra de mort violente ! » — Entends-tu ? prépare-toi à une mort violente !

Il y avait quelque chose de joyeux dans cette voix sépulcrale qui annonçait la mort ; je l'écoutai avec indifférence et mépris.

— Sorcier, lui dis-je avec un sourire de dédain, tu es habile, tu pronostiques à coup sûr.

Il se rapprocha encore de moi.

— Tu doutes de ma science ! eh bien ! écoute encore. — La rupture de la ligne du soleil sur ton front m'annonce que tu prends un ennemi pour un ami, et un ami pour un ennemi.

Le sens de ces paroles semblait concerner ce perfide Pierrot que j'aimais et qui m'avait trahi, ce fidèle Habibrah, que je haïssais, et dont les vêtements ensanglantés attestaient la mort courageuse et dévouée.

— Que veux-tu dire ? m'écriai-je.

— Écoute jusqu'au bout, poursuivit l'obi. Je t'ai dit de l'avenir, voici du passé : — La ligne de la lune est légèrement courbée sur ton front ; cela signifie que ta femme t'a été enlevée.

Je tressaillis ; je voulais m'élancer de mon siège. Mes gardiens me retinrent.

— Tu n'es pas patient, reprit le sorcier ; écoute donc jusqu'à la fin. La petite croix qui coupe l'extrémité de cette courbure complète l'éclaircissement. Ta femme t'a été enlevée la nuit même de tes noces.

— Misérable ! m'écriai-je, tu sais où elle est ! Qui es-tu ?

Je tentai encore de me délivrer et de lui arracher son voile ; mais il fallut céder au nombre et à la force ; et je vis avec rage le mystérieux obi s'éloigner en me disant :

— Me crois-tu maintenant ? Prépare-toi à ta mort prochaine !

32

IL fallut, pour me distraire un moment des perplexités où m'avait jeté cette scène étrange, le nouveau drame qui succéda sous mes yeux à la comédie ridicule que Biassou et l'obi venaient de jouer devant leur bande ébahie.

Biassou s'était replacé sur son siège d'acajou ; l'obi s'était assis à sa droite, Rigaud à sa gauche, sur les deux carreaux qui accompagnaient le trône du chef. L'obi, les bras croisés sur la poitrine, paraissait absorbé dans une profonde contemplation ; Biassou et Rigaud mâchaient du tabac ; et un aide de camp était venu demander au *mariscal de campo* s'il fallait faire défiler l'armée, quand trois groupes tumultueux de noirs arrivèrent ensemble à l'entrée de la grotte avec des clameurs furieuses. Chacun de ces attroupements amenait un prisonnier qu'il voulait remettre à la disposition de Biassou, moins pour savoir s'il lui conviendrait de leur faire grâce que pour connaître son bon plaisir sur le genre de mort que les malheureux devaient endurer. Leurs cris sinistres ne l'annonçaient que trop : — Mort ! mort ! — *Muerte ! muerte !* — *Death ! death !* criaient quelques nègres anglais, sans doute de la horde de Boukmann, qui étaient déjà venus rejoindre les noirs espagnols et français de Biassou.

Le *mariscal de campo* leur imposa silence d'un signe de main, et fit avancer les trois captifs sur le seuil de la grotte. J'en reconnus deux avec surprise ; l'un était ce *citoyen-général* C***, ce philanthrope correspondant de tous les négrophiles du globe, qui avait émis un avis si cruel pour les esclaves dans le conseil, chez le gouverneur. L'autre était le planteur équivoque qui avait tant de répugnance pour les mulâtres, au nombre desquels les blancs le comptaient. Le troisième paraissait appartenir à la classe des *petits blancs;* il portait un tablier de cuir, et avait les manches retroussées au-dessus du coude. Tous trois avaient été surpris séparément, cherchant à se cacher dans les montagnes.

Le petit blanc fut interrogé le premier.

— Qui es-tu, toi ? lui dit Biassou.

— Je suis Jacques Belin, charpentier de l'hôpital des Pères, au Cap.

Une surprise mêlée de honte se peignit dans les yeux du *généralissime des pays conquis.*

— Jacques Belin ! dit-il en se mordant les lèvres.

— Oui, reprit le charpentier ; est-ce que tu ne me reconnais pas ?

— Commence, toi, dit le *mariscal de campo,* par me reconnaître et me saluer.

— Je ne salue pas mon esclave ! répondit le charpentier.

— Ton esclave, misérable ! s'écria le généralissime.

— Oui, répliqua le charpentier, oui, je suis ton premier maître. Tu feins de me méconnaître ; mais souviens-toi, Jean Biassou ; je t'ai vendu treize piastres-gourdes à un marchand domingois.

Un violent dépit contracta tous les traits de Biassou.

— Hé quoi ! poursuivit le petit blanc, tu parais honteux de m'avoir servi ! Est-ce que Jean Biassou ne doit pas s'honorer d'avoir appartenu à Jacques Belin ? Ta propre mère, la vieille folle ! a bien souvent balayé mon échoppe ; mais à présent je l'ai vendue à monsieur le majordome de l'hôpital des Pères ; elle est si décrépite qu'il ne m'en a voulu donner que trente-deux livres, et six sous pour l'appoint. Voilà cependant ton histoire et la sienne ; mais il paraît que vous êtes devenus fiers, vous autres nègres et mulâtres, et que tu as oublié le temps où tu servais, à genoux, maître Jacques Belin, charpentier au Cap.

Biassou l'avait écouté avec ce ricanement féroce qui lui donnait l'air d'un tigre.

— Bien ! dit-il.

Alors il se tourna vers les nègres qui avaient amené maître Belin :

— Emportez deux chevalets, deux planches et une scie, et emmenez cet homme. Jacques Belin, charpentier au Cap, remercie-moi, je te procure une mort de charpentier.

Son rire acheva d'expliquer de quel horrible supplice allait être puni l'orgueil de son ancien maître. Je frissonnai ; mais Jacques Belin ne fronça pas le sourcil ; il se tourna fièrement vers Biassou.

— Oui, dit-il, je dois te remercier, car je t'ai vendu pour le prix de treize piastres, et tu m'as rapporté certainement plus que tu ne vaux.

On l'entraîna.

33

LES deux autres prisonniers avaient assisté plus morts que vifs à ce prologue effrayant de leur propre tragédie. Leur attitude humble et effrayée contrastait avec la fermeté un peu fanfaronne du charpentier ; ils tremblaient de tous leurs membres.

Biassou les considéra l'un après l'autre avec son œil de renard ; puis, se plaisant à prolonger leur agonie, il entama avec Rigaud une conversation sur les différentes espèces de tabac, affirmant que le tabac de La Havane n'était bon qu'à fumer en cigares, et qu'il ne connaissait pas pour priser de meilleur tabac d'Espagne que celui dont feu

131

Boukmann lui avait envoyé deux barils, pris chez M. Lebattu, propriétaire de l'île de la Tortue. Puis, s'adressant brusquement au citoyen-général C*** :

— Qu'en penses-tu ? lui dit-il.

Cette apostrophe inattendue fit chanceler le citoyen. Il répondit en balbutiant :

— Je m'en rapporte, général, à l'opinion de votre excellence...

— Propos de flatteur ! répliqua Biassou. Je te demande ton avis et non le mien. Est-ce que tu connais un tabac meilleur à prendre en prise que celui de M. Lebattu ?

— Non vraiment, monseigneur, dit C***, dont le trouble amusait Biassou.

— *Général ! excellence ! monseigneur !* reprit le chef d'un air impatienté ; tu es un aristocrate !

— Oh ! vraiment non ! s'écria le citoyen-général ; je suis bon patriote de 91 et fervent négrophile...

— *Négrophile*, interrompit le généralissime ; qu'est-ce que c'est qu'un négrophile ?

— C'est un ami des noirs, balbutia le citoyen.

— Il ne suffit pas d'être ami des noirs, repartit sévèrement Biassou, il faut l'être aussi des hommes de couleur.

Je crois avoir dit que Biassou était sacatra.

— Des hommes de couleur, c'est ce que je voulais dire, répondit humblement le négrophile. Je suis lié avec tous les plus fameux partisans des nègres et des mulâtres...

Biassou, heureux d'humilier un blanc, l'interrompit encore : — *Nègres* et *mulâtres !* qu'est-ce que cela veut dire ? Viens-tu ici nous insulter avec ces noms odieux, inventés par le mépris des blancs ? Il n'y a ici que des hommes de couleur et des noirs, entendez-vous, monsieur le colon ?

— C'est une mauvaise habitude contractée dès l'enfance, reprit C*** ; pardonnez-moi, je n'ai point eu l'intention de vous offenser, monseigneur.

— Laisse là ton *monseigneur* ; je te répète que je n'aime point ces façons d'aristocrate.

C*** voulut encore s'excuser ; il se mit à bégayer une nouvelle explication.

— Si vous me connaissiez, citoyen...

— Citoyen ! pour qui me prends-tu ? s'écria Biassou avec colère. Je déteste ce jargon des jacobins. Est-ce que tu serais un jacobin, par hasard ? Songe que tu parles au généralissime des gens du roi ! *Citoyen !...* l'insolent !

Le pauvre négrophile ne savait plus sur quel ton parler à cet homme, qui repoussait également les titres de *monseigneur* et de *citoyen*, le langage des aristocrates et celui des patriotes ; il était atterré. Biassou, dont la colère n'était que simulée, jouissait cruellement de son embarras.

— Hélas ! dit enfin le citoyen-général, vous me jugez bien mal, noble défenseur des droits imprescriptibles de la moitié du genre humain.

Dans l'embarras de donner une qualification quelconque à ce chef qui paraissait les refuser toutes, il avait eu recours à l'une de ces périphrases sonores que les révolutionnaires substituent volontiers au nom ou au titre de la personne qu'ils haranguent.

Biassou le regarda fixement et lui dit :

— Tu aimes donc les noirs et les sang-mêlés ?

— Si je les aime ! s'écria le citoyen C***, je corresponds avec Brissot et...

Biassou l'interrompit en ricanant.

— Ha ! Ha ! je suis charmé de voir en toi un ami de notre cause. En ce cas, tu dois détester ces misérables colons qui ont puni notre juste insurrection par les plus cruels supplices. Tu dois penser avec nous que ce ne sont pas les noirs, mais les blancs qui sont les véritables rebelles, puisqu'ils se révoltent contre la nature et l'humanité. Tu dois exécrer ces monstres !

— Je les exècre ! répondit C***.

— Hé bien ! poursuivit Biassou, que penserais-tu d'un homme qui aurait, pour étouffer les dernières tentatives des esclaves, planté cinquante têtes de noirs des deux côtés de l'avenue de son habitation ?

La pâleur de C*** devint effrayante.

— Que penserais-tu d'un blanc qui aurait proposé de ceindre la ville du Cap d'un cordon de têtes d'esclaves ?...

— Grâce ! grâce ! dit le citoyen-général terrifié.

— Est-ce que je te menace ? reprit froidement Biassou. Laisse-moi achever... D'un cordon de têtes qui environnât la ville, du fort Picolet au cap Caracol ? Que penserais-tu de cela, hein ? réponds !

Le mot de Biassou, *Est-ce que je te menace ?* avait rendu quelque espérance à C*** ; il songea que peut-être le chef savait ces horreurs sans en connaître l'auteur, et répondit avec quelque fermeté, pour prévenir toute présomption qui lui fût contraire :

— Je pense que ce sont des crimes atroces.

Biassou ricanait.

— Bon ! et quel châtiment infligerais-tu au coupable ?

Ici le malheureux C*** hésita.

— Hé bien ! reprit Biassou, es-tu l'ami des noirs, ou non ?

Des deux alternatives, le négrophile choisit la moins menaçante ; et, ne remarquant rien d'hostile pour lui-même dans les yeux de Biassou, il dit d'une voix faible :

— Le coupable mérite la mort.

— Fort bien répondu, dit tranquillement Biassou en jetant le tabac qu'il mâchait.

Cependant son air d'indifférence avait rendu quelque assurance au pauvre négrophile ; il fit un effort pour écarter tous les soupçons qui pouvaient peser sur lui.

— Personne, s'écria-t-il, n'a fait de vœux plus ardents que les miens pour le triomphe de votre cause. Je corresponds avec Brissot et Pruneau de Pomme-Gouge, en France ; Magaw, en Amérique ; Peter Paulus, en Hollande ; l'abbé Tamburini, en Italie...

134

Il continuait d'étaler complaisamment cette litanie philanthropique, qu'il récitait volontiers, et qu'il avait notamment débitée en d'autres circonstances et dans un autre but chez M. de Blanchelande, quand Biassou l'arrêta.

— Eh! que me font à moi tous tes correspondants! indique-moi seulement où sont tes magasins, tes dépôts; mon armée a besoin de munitions. Tes plantations sont sans doute riches, ta maison de commerce doit être forte, puisque tu corresponds avec tous les négociants du monde.

Le citoyen C*** hasarda une observation timide.

— Héros de l'humanité, ce ne sont point des négociants, ce sont des philosophes, des philanthropes, des négrophiles.

— Allons, dit Biassou en hochant la tête, le voilà revenu à ses diables de mots inintelligibles. Eh bien, si tu n'as ni dépôts ni magasins à piller, à quoi donc es-tu bon?

Cette question présentait une lueur d'espoir que C*** saisit avidement.

— Illustre guerrier, répondit-il, avez-vous un économiste dans votre armée?

— Qu'est-ce encore que cela? demanda le chef.

— C'est, dit le prisonnier avec autant d'emphase que sa crainte le lui permettait, c'est un homme nécessaire par excellence. C'est celui qui seul apprécie, suivant leurs valeurs respectives, les ressources matérielles d'un empire, qui les échelonne dans l'ordre de leur importance, les classe suivant leur valeur, les bonifie et les améliore en combinant leurs sources et leurs résultats, et les distribue à propos, comme autant de ruisseaux fécondateurs, dans le grand fleuve de l'utilité générale, qui vient grossir à son tour la mer de la prospérité publique.

— *Caramba!* dit Biassou en se penchant vers l'obi. Que diantre veut-il dire avec ses mots, enfilés les uns aux autres comme les grains de votre chapelet?

L'obi haussa les épaules en signe d'ignorance et de dédain. Cependant le citoyen C*** continuait :

— ... J'ai étudié, daignez m'entendre, vaillant chef des braves régénérateurs de Saint-Domingue, j'ai étudié les grands économistes, Turgot, Raynal, et Mirabeau, l'ami des hommes! J'ai mis leur théorie en pratique. Je sais la science indispensable au gouvernement des royaumes et des États quelconques...

— L'économiste n'est pas économe de paroles! dit Rigaud avec son sourire doux et goguenard.

Biassou s'était écrié :

— Dis-moi donc, bavard! est-ce que j'ai des royaumes et des États à gouverner?

— Pas encore, grand homme, repartit C***, mais cela peut venir; et d'ailleurs ma science descend, sans déroger, à des détails utiles pour la gestion d'une armée.

Le généralissime l'arrêta encore brusquement.

— Je ne gère pas mon armée, monsieur le planteur, je la commande.

— Fort bien, observa le citoyen; vous serez le général, je serai l'intendant. J'ai des connaissances spéciales pour la multiplication des bestiaux...

— Crois-tu que nous élevons les bestiaux? dit Biassou en ricanant; nous les mangeons. Quand le bétail de la colonie française me manquera, je passerai les mornes de la frontière, et j'irai prendre les bœufs et les moutons espagnols qu'on élève dans les hattes des grandes plaines du Cotuy, de la Vega, de Sant-Jago, et sur les bords de la Yuna; j'irai encore chercher, s'il le faut, ceux qui paissent dans la presqu'île de Samana et au revers de la montagne de Cibos, à partir des bouches du Neybe jusqu'au-delà de Santo-Domingo. D'ailleurs je serai charmé de punir ces damnés planteurs espagnols; ce sont eux qui ont livré Ogé! Tu vois que je ne suis pas embarrassé du défaut de vivres, et que je n'ai pas besoin de ta science, *nécessaire par excellence!*

Cette vigoureuse déclaration déconcerta le pauvre

économiste ; il essaya pourtant encore une dernière planche de salut.

— Mes études ne se sont pas bornées à l'éducation du bétail. J'ai d'autres connaissances spéciales qui peuvent vous être fort utiles. Je vous indiquerai les moyens d'exploiter la braie et les mines de charbon de terre.

— Que m'importe ! dit Biassou. Quand j'ai besoin de charbon, je brûle trois lieues de forêt.

— Je vous enseignerai à quel emploi est propre chaque espèce de bois, poursuivit le prisonnier ; le chicaron et le sabiecca pour les quilles de navire ; les yabas pour les courbes ; les tocumas (1) pour les membrures ; les hacamas, les gaïacs, les cèdres, les accomas...

— *Que te lleven todos los demonios de los diezy siete infiernos* (2) ! s'écria Biassou impatienté.

— Plaît-il, mon gracieux patron ? dit l'économiste tout tremblant, et qui n'entendait pas l'espagnol.

— Écoute, reprit Biassou, je n'ai pas besoin de vaisseaux. Il n'y a qu'un emploi vacant dans ma suite ; ce n'est pas la place de *mayor-domo*, c'est la place de valet de chambre. Vois, *señor filosofo*, si elle te convient. Tu me serviras à genoux ; tu m'apporteras la pipe, le calalou (3) et la soupe de tortue ; et tu porteras derrière moi un éventail de plumes de paon ou de perroquet, comme ces deux pages que tu vois. Hum ! réponds, veux-tu être mon valet de chambre ?

Le citoyen C***, qui ne songeait qu'à sauver sa vie, se courba jusqu'à terre avec mille démonstrations de joie et de reconnaissance.

— Tu acceptes donc ? demanda Biassou.

— Pouvez-vous douter, mon généreux maître,

(1) Néfliers.
(2) Que puissent t'emporter tous les démons des dix-sept enfers !
(3) Ragoût créole.

que j'hésite un moment devant une si insigne faveur que celle de servir votre personne ?

A cette réponse, le ricanement diabolique de Biassou devint éclatant. Il croisa les bras, se leva d'un air de triomphe, et, repoussant du pied la tête du blanc prosterné devant lui, il s'écria d'une voix haute :

— J'étais bien aise d'éprouver jusqu'où peut aller la lâcheté des blancs, après avoir vu jusqu'où peut aller leur cruauté ! Citoyen C***, c'est à toi que je dois ce double exemple. Je te connais ! comment as-tu été assez stupide pour ne pas t'en apercevoir ? C'est toi qui as présidé aux supplices de juin, de juillet et d'août ; c'est toi qui as fait planter cinquante têtes de noirs des deux côtés de ton avenue, en place de palmiers ; c'est toi qui voulais égorger les cinq cents nègres restés dans tes fers après la révolte, et ceindre la ville du Cap d'un cordon de têtes d'esclaves, du fort Picolet à la pointe de Caracol. Tu aurais fait, si tu l'avais pu, un trophée de ma tête ; maintenant tu t'estimerais heureux que je voulusse de toi pour valet de chambre. Non ! non ! j'ai plus de soin de ton honneur que toi-même ; je ne te ferai pas cet affront. Prépare-toi à mourir.

Il fit un geste, et les noirs déposèrent auprès de moi le malheureux négrophile, qui, sans pouvoir prononcer une parole, était tombé à ses pieds comme foudroyé.

34

— A ton tour à présent ! dit le chef en se tournant vers le dernier des prisonniers, le colon soupçonné par les blancs d'être sang-mêlé, et qui m'avait envoyé un cartel pour cette injure.

138

Une clameur générale des rebelles étouffa la réponse du colon. — *Muerte ! muerte !* Mort ! *Death ! Touyé ! touyé !* s'écriaient-ils en grinçant des dents et en montrant les poings au malheureux captif.

— Général, dit un mulâtre qui s'exprimait plus clairement que les autres, c'est un blanc ; il faut qu'il meure !

Le pauvre planteur, à force de gestes et de cris, parvint à faire entendre quelques paroles.

— Non, non ! monsieur le général, non, mes frères, je ne suis pas un blanc ! C'est une abominable calomnie ! Je suis un mulâtre, un sang-mêlé comme vous, fils d'une négresse comme vos mères et vos sœurs !

— Il ment ! disaient les nègres furieux. C'est un blanc. Il a toujours détesté les noirs et les hommes de couleur.

— Jamais ! reprenait le prisonnier. Ce sont les blancs que je déteste. Je suis un de vos frères. J'ai toujours dit avec vous : *Nègre cé blan, blan cé nègre* (1) !

— Point ! point ! criait la multitude, *touyé blan, touyé blan* (2) !

Le malheureux répétait en se lamentant misérablement :

— Je suis un mulâtre ! Je suis un des vôtres.

— La preuve ? dit froidement Biassou.

— La preuve, répondit l'autre dans son égarement, c'est que les blancs m'ont toujours méprisé.

— Cela peut être vrai, répliqua Biassou, mais tu es un insolent.

Un jeune sang-mêlé adressa vivement la parole au colon.

— Les blancs te méprisaient, c'est juste ; mais en

(1) Dicton populaire chez les nègres révoltés, dont voici la traduction littérale : « Les nègres sont les blancs, les blancs sont les nègres. » On rendrait mieux le sens en traduisant ainsi : *Les nègres sont les maîtres, les blancs sont les esclaves.*

(2) Tuez le blanc ! tuez le blanc !

revanche tu affectais, toi, de mépriser les sang-mêlés parmi lesquels ils te rangeaient. On m'a même dit que tu avais provoqué en duel un blanc qui t'avait un jour reproché d'appartenir à notre caste.

Une rumeur universelle de rage et d'indignation s'éleva dans la foule, et les cris de mort, plus violents que jamais, couvrirent les justifications du colon, qui, jetant sur moi un regard oblique d'étonnement et de prière, redisait en pleurant :

— C'est une calomnie ! Je n'ai point d'autre gloire et d'autre bonheur que d'appartenir aux noirs. Je suis un mulâtre !

— Si tu étais un mulâtre, en effet, observa Rigaud paisiblement, tu ne te servirais pas de ce mot (1).

— Hélas ! sais-je ce que je dis ? reprenait le misérable. Monsieur le général en chef, la preuve que je suis sang-mêlé, c'est ce cercle noir que vous pouvez voir autour de mes ongles (2).

Biassou repoussa cette main suppliante.

— Je n'ai pas la science de monsieur le chapelain, qui devine qui vous êtes à l'inspection de votre main. Mais écoute ; nos soldats t'accusent, les uns d'être blanc, les autres d'être un faux frère. Si cela est, tu dois mourir. Tu soutiens que tu appartiens à notre caste, et que tu ne l'as jamais reniée. Il ne te reste qu'un moyen de prouver ce que tu avances et de te sauver.

— Lequel, mon général, lequel ? demanda le colon avec empressement. Je suis prêt.

— Le voici, dit Biassou froidement. Prends ce stylet et poignarde toi-même ces deux prisonniers blancs.

(1) Il faut se souvenir que les hommes de couleur rejetaient avec colère cette qualification, inventée, disaient-ils, par le mépris des blancs.
(2) Plusieurs sang-mêlés présentent en effet à l'origine des ongles ce signe, qui s'efface avec l'âge, mais renaît chez leurs enfants.

En parlant ainsi, il nous désignait du regard et de la main. Le colon recula d'horreur devant le stylet que Biassou lui présentait avec un sourire infernal.

— Eh bien, dit le chef, tu balances ! C'est pourtant l'unique moyen de me prouver, ainsi qu'à mon armée, que tu n'es pas un blanc, et que tu es des nôtres. Allons, décide-toi, tu me fais perdre mon temps.

Les yeux du prisonnier étaient égarés. Il fit un pas vers le poignard, puis laissa retomber ses bras, et s'arrêta en détournant la tête. Un frémissement faisait trembler tout son corps.

— Allons donc ! s'écria Biassou d'un ton d'impatience et de colère. Je suis pressé. Choisis, ou de les tuer toi-même, ou de mourir avec eux.

Le colon restait immobile et comme pétrifié.

— Fort bien ! dit Biassou en se tournant vers les nègres ; il ne veut pas être le bourreau, il sera le patient. Je vois que c'est un blanc ; emmenez-le, vous autres...

Les noirs s'avançaient pour saisir le colon. Ce mouvement décida de son choix entre la mort à donner et la mort à recevoir. L'excès de la lâcheté a aussi son courage. Il se précipita sur le poignard que lui offrait Biassou, puis, sans se donner le temps de réfléchir à ce qu'il allait faire, le misérable se jeta comme un tigre sur le citoyen C***, qui était couché près de moi.

Alors commença une horrible lutte. Le négrophile, que le dénoûment de l'interrogatoire dont l'avait tourmenté Biassou venait de plonger dans un désespoir morne et stupide, avait vu la scène entre le chef et le planteur sang-mêlé d'un œil fixe, et tellement absorbé dans la terreur de son supplice prochain, qu'il n'avait point paru la comprendre ; mais quand il vit le colon fondre sur lui, et le fer briller sur sa tête, l'imminence du danger le réveilla en sursaut. Il se dressa debout ; il arrêta le bras du meurtrier en criant d'une voix lamentable :

— Grâce ! grâce ! Que me voulez-vous donc ? Que vous ai-je fait ?

— Il faut mourir, monsieur, répondit le sang-mêlé, cherchant à dégager son bras et fixant sur sa victime des yeux effarés. Laissez-moi faire, je ne vous ferai point de mal.

— Mourir de votre main, disait l'économiste, pourquoi donc ? Épargnez-moi ! Vous m'en voulez peut-être de ce que j'ai dit autrefois que vous étiez un sang-mêlé ? Mais laissez-moi la vie, je vous proteste que je vous reconnais pour un blanc. Oui, vous êtes un blanc, je le dirai partout, mais grâce !

Le négrophile avait mal choisi son moyen de défense.

— Tais-toi ! tais-toi ! cria le sang-mêlé furieux, et craignant que les nègres n'entendissent cette déclaration.

Mais l'autre hurlait, sans l'écouter, qu'il le savait blanc et de bonne race. Le sang-mêlé fit un dernier effort pour le réduire au silence, écarta violemment les deux mains qui le retenaient, et fouilla de son poignard à travers les vêtements du citoyen C***. L'infortuné sentit la pointe du fer, et mordit avec rage le bras qui l'enfonçait.

— Monstre ! scélérat ! tu m'assassines !

Il jeta un regard vers Biassou.

— Défendez-moi, vengeur de l'humanité !

Mais le meurtrier appuya fortement sur le poignard ; un flot de sang jaillit autour de sa main et jusqu'à son visage. Les genoux du malheureux négrophile plièrent subitement, ses bras s'affaissèrent, ses yeux s'éteignirent, sa bouche poussa un sourd gémissement. Il tomba mort.

35

Cette scène, dans laquelle je m'attendais à jouer bientôt mon rôle, m'avait glacé d'horreur. Le *vengeur de l'humanité* avait contemplé la lutte de ses deux victimes d'un œil impassible. Quand ce fut fini, il se tourna vers ses pages épouvantés.

— Apportez-moi d'autre tabac, dit-il ; et il se remit à le mâcher paisiblement.

L'obi et Rigaud étaient immobiles, et les nègres paraissaient eux-mêmes effrayés de l'horrible spectacle que leur chef venait de leur donner.

Il restait cependant encore un blanc à poignarder, c'était moi ; mon tour était venu. Je jetai un regard sur cet assassin, qui allait être mon bourreau. Il me fit pitié. Ses lèvres étaient violettes, ses dents claquaient, un mouvement convulsif dont tremblaient tous ses membres le faisait chanceler, sa main revenait sans cesse, et comme machinalement, sur son front pour en essuyer les taches de sang, et il regardait d'un air insensé le cadavre fumant étendu à ses pieds. Ses yeux hagards ne se détachaient pas de sa victime.

J'attendais le moment où il achèverait sa tâche par ma mort. J'étais dans une position singulière avec cet homme ; il avait déjà failli me tuer pour prouver qu'il était blanc ; il allait maintenant m'assassiner pour démontrer qu'il était mulâtre.

— Allons, lui dit Biassou, c'est bien. Je suis content de toi, l'ami ! Il jeta un coup d'œil sur moi, et ajouta : — Je te fais grâce de l'autre. Va-t'en. Nous te déclarons bon frère, et nous te nommons bourreau de notre armée.

A ces paroles du chef, un nègre sortit des rangs, s'inclina trois fois devant Biassou, et s'écria en son jargon, que je traduirai en français pour vous en faciliter l'intelligence :

— Et moi, général ?

— Eh bien, toi ! que veux-tu dire ? demanda Biassou.

— Est-ce que vous ne ferez rien pour moi, mon général ? dit le nègre. Voilà que vous donnez de l'avancement à ce chien de blanc, qui assassine pour se faire reconnaître des nôtres. Est-ce que vous ne m'en donnerez pas aussi, à moi qui suis un bon noir ?

Cette requête inattendue parut embarrasser Biassou ; il se pencha vers Rigaud, et le chef du rassemblement des Cayes lui dit en français :

— On ne peut le satisfaire, tâchez d'éluder sa demande.

— Te donner de l'avancement ? dit alors Biassou au *bon noir ;* je ne demande pas mieux. Quel grade désires-tu ?

— Je voudrais être *official* (1).

— Officier ! reprit le généralissime, eh bien ! quels sont tes titres pour obtenir l'épaulette ?

— C'est moi, répondit le noir avec emphase, qui ai mis le feu à l'habitation Lagoscette, dès les premiers jours d'août. C'est moi qui ai massacré M. Clément, le planteur, et porté la tête de son raffineur au bout d'une pique. J'ai égorgé dix femmes blanches et sept petits enfants ; l'un d'entre eux a même servi d'enseigne aux braves noirs de Boukmann. Plus tard, j'ai brûlé quatre familles de colons dans une chambre du fort Galifet, que j'avais fermée à double tour avant de l'incendier. Mon père a été roué au Cap, mon frère a été pendu au Rocrou, et j'ai failli moi-même être fusillé. J'ai brûlé trois plantations de café, six plantations d'indigo, deux cents carreaux de cannes à sucre ; j'ai tué mon maître M. Noë, et sa mère...

— Épargne-nous tes états de services, dit Rigaud,

_____

(1) Officier.

144

dont la feinte mansuétude cachait une cruauté réelle, mais qui était féroce avec décence, et ne pouvait souffrir le cynisme du brigandage.

— Je pourrais en citer encore bien d'autres, repartit le nègre avec orgueil ; mais vous trouvez sans doute que cela suffit pour mériter le grade d'*official*, et pour porter une épaulette d'or sur ma veste, comme nos camarades que voilà.

Il montrait les aides de camp et l'état-major de Biassou. Le généralissime parut réfléchir un moment, puis il adressa gravement ces paroles au nègre :

— Je serais charmé de t'accorder un grade ; je suis satisfait de tes services ; mais il faut encore autre chose. — Sais-tu le latin ?

Le brigand ébahi ouvrit de grands yeux, et dit :
— Plaît-il, mon général ?

— Eh bien oui, reprit vivement Biassou, sais-tu le latin ?

— Le... latin ?... répéta le noir stupéfait.

— Oui, oui, oui, le latin ! sais-tu le latin ? poursuivit le rusé chef. Et, déployant un étendard sur lequel était écrit le verset du psaume : *In exitu Israël de Ægypto**, il ajouta : — Explique-nous ce que veulent dire ces mots.

Le noir, au comble de la surprise, restait immobile et muet, et froissait machinalement le pagne de son caleçon, tandis que ses yeux effarés allaient du général au drapeau, et du drapeau au général.

— Allons, répondras-tu ? dit Biassou avec impatience.

Le noir, après s'être gratté la tête, ouvrit et ferma plusieurs fois la bouche, et laissa enfin tomber ces mots embarrassés :

— Je ne sais pas ce que veut dire le général.

Le visage de Biassou prit une subite expression de colère et d'indignation.

* Lors de la sortie d'Égypte d'Israël (Psaumes, 114, 1).

145

— Comment ! misérable drôle ! s'écria-t-il, comment ! tu veux être officier et tu ne sais pas le latin !

— Mais, notre général... balbutia le nègre, confus et tremblant.

— Tais-toi ! reprit Biassou, dont l'emportement semblait croître. Je ne sais à quoi tient que je ne te fasse fusiller sur l'heure pour ta présomption. Comprenez-vous, Rigaud, ce plaisant officier qui ne sait seulement pas le latin ? Eh bien, drôle, puisque tu ne comprends point ce qui est écrit sur ce drapeau, je vais te l'expliquer. *In exitu*, tout soldat, *Israël*, qui ne sait pas le latin, *de Ægypto*, ne peut être nommé officier. — N'est-ce point cela, monsieur le chapelain ?

Le petit obi fit un signe affirmatif. Biassou continua :

— Ce frère, que je viens de nommer bourreau de l'armée, et dont tu es jaloux, sait le latin.

Il se tourna vers le nouveau *bourreau*.

— N'est-il pas vrai, l'ami ? Prouvez à ce butor que vous en savez plus que lui. Que signifie *Dominus vobiscum* ?

Le malheureux colon sang-mêlé, arraché de sa sombre rêverie par cette voix redoutable, leva la tête, et quoique ses esprits fussent encore tout égarés par le lâche assassinat qu'il venait de commettre, la terreur le décida à l'obéissance. Il y avait quelque chose d'étrange dans l'air dont cet homme cherchait à retrouver un souvenir de collège parmi ses pensées d'épouvante et de remords, et dans la manière lugubre dont il prononça l'explication enfantine :

— *Dominus vobiscum...* cela veut dire : Que le Seigneur soit avec vous !

— *Et cum spiritu tuo !* ajouta solennellement le mystérieux obi.

— *Amen*, dit Biassou. Puis, reprenant son accent irrité, et mêlant à son courroux simulé quelques phrases de mauvais latin à la façon de Sganarelle, pour convaincre les noirs de la science de leur chef :

146

— Rentre le dernier dans ton rang ! cria-t-il au nègre ambitieux. *Sursum corda !** Ne t'avise plus à l'avenir de prétendre monter au rang de tes chefs qui savent le latin, *orate fratres*** ou je te fais pendre ! *Bonus, bona, bonum !****

Le nègre, émerveillé et terrifié tout ensemble, retourna à son rang en baissant honteusement la tête au milieu des huées générales de tous ses camarades, qui s'indignaient de ses prétentions si mal fondées, et fixaient des yeux d'admiration sur leur docte généralissime.

Il y avait un côté burlesque dans cette scène, qui acheva cependant de m'inspirer une haute idée de l'habileté de Biassou. Le moyen ridicule qu'il venait d'employer avec tant de succès (1) pour déconcerter les ambitions toujours si exigeantes dans une bande de rebelles me donnait à la fois la mesure de la stupidité des nègres et de l'adresse de leur chef.

36

Cependant l'heure de l'*almuerzo* (2) de Biassou était venue. On apporta devant le *mariscal de campo de su majestad catolica* une grande écaille de tortue dans laquelle fumait une espèce d'*olla podrida*, abondamment assaisonnée de tranches de lard, où la chair de tortue remplaçait le *carnero* (3) et la

---

(1) Toussaint Louverture s'est servi plus tard du même expédient avec le même avantage.

(2) Déjeuner.

(3) L'agneau.

* *Haut les cœurs !*

** *Écoutez, frères !*

*** *Un des paradigmes pour la déclinaison des adjectifs de la première classe.*

patate les *garbanzos* (1). Un énorme chou caraïbe flottait à la surface de ce *puchero**. Des deux côtés de l'écaille, qui servait à la fois de marmite et de soupière, étaient deux coupes d'écorce de coco pleines de raisins secs, de *sandias* (2), d'ignames et de figues ; c'était le *postre* (3). Un pain de maïs et une outre de vin goudronné complétaient l'appareil du festin. Biassou tira de sa poche quelques gousses d'ail et en frotta lui-même le pain ; puis, sans même faire enlever le cadavre palpitant couché devant ses yeux, il se mit à manger, et invita Rigaud à en faire autant. L'appétit de Biassou avait quelque chose d'effrayant.

L'obi ne partagea point leur repas. Je compris que, comme tous ses pareils, il ne mangeait jamais en public, afin de faire croire aux nègres qu'il était d'une essence surnaturelle, et qu'il vivait sans nourriture.

Tout en déjeunant, Biassou ordonna à un aide de camp de faire commencer la revue, et les bandes se mirent à défiler en bon ordre devant la grotte. Les noirs du Morne-Rouge passèrent les premiers ; ils étaient environ quatre mille, divisés en petits pelotons serrés que conduisaient des chefs ornés, comme je l'ai déjà dit, de caleçons ou de ceintures écarlates. Ces noirs, presque tous grands et forts, portaient des fusils, des haches et des sabres ; un grand nombre d'entre eux avaient des arcs, des flèches et des sagaies, qu'ils s'étaient forgés à défaut d'autres armes. Ils n'avaient point de drapeau, et marchaient en silence d'un air consterné.

En voyant défiler cette horde, Biassou se pencha à l'oreille de Rigaud, et lui dit en français :

— Quand donc la mitraille de Blanchelande et de Rouvray me débarrassera-t-elle de ces bandits du

(1) Les pois chiches.
(2) Melons d'eau.
(3) Dessert.
* *Pot-au-feu à l'espagnole.*

148

Morne-Rouge ? Je les hais ; ce sont presque tous des congos ! Et puis ils ne savent tuer que dans le combat ; ils suivaient l'exemple de leur chef imbécile, de leur idole Bug-Jargal, jeune fou qui voulait faire le généreux et le magnanime. Vous ne le connaissez pas, Rigaud ? vous ne le connaîtrez jamais, je l'espère. Les blancs l'ont fait prisonnier, et ils me délivreront de lui comme ils m'ont délivré de Boukmann.

— A propos de Boukmann, répondit Rigaud, voici les noirs marrons de Macaya qui passent, et je vois dans leurs rangs le nègre que Jean-François vous a envoyé pour vous annoncer la mort de Boukmann. Savez-vous bien que cet homme pourrait détruire tout l'effet des prophéties de l'obi sur la fin de ce chef, s'il disait qu'on l'a arrêté pendant une demi-heure aux avant-postes, et qu'il m'avait confié sa nouvelle avant l'instant où vous l'avez fait appeler ?

— *Diabolo !* dit Biassou, vous avez raison, mon cher ; il faut fermer la bouche à cet homme-là. Attendez !

Alors, élevant la voix :

— Macaya ! cria-t-il.

Le chef des nègres marrons s'approcha, et présenta son tromblon au col évasé en signe de respect.

— Faites sortir de vos rangs, reprit Biassou, ce noir que j'y vois là-bas, et qui ne doit pas en faire partie.

C'était le messager de Jean-François. Macaya l'amena au généralissime, dont le visage prit subitement cette expression de colère qu'il savait si bien simuler.

— Qui es-tu ? demanda-t-il au nègre interdit.

— Notre général, je suis un noir.

— *Caramba !* je le vois bien ! Mais comment t'appelles-tu ?

— Mon nom de guerre est Vavelan ; mon patron chez les bienheureux est saint Sabas, diacre et martyr, dont la fête viendra le vingtième jour avant la nativité de Notre-Seigneur.

Biassou l'interrompit :

— De quel front oses-tu te présenter à la parade, au milieu des espingoles luisantes et des baudriers blancs, avec ton sabre sans fourreau, ton caleçon déchiré, tes pieds couverts de boue ?

— Notre général, répondit le noir, ce n'est pas ma faute. J'ai été chargé par le grand amiral Jean-François de vous porter la nouvelle de la mort du chef des marrons anglais, Boukmann ; et si mes vêtements sont déchirés, si mes pieds sont sales, c'est que j'ai couru à perdre haleine pour vous l'apporter plus tôt ; mais on m'a retenu au camp, et...

Biassou fronça le sourcil.

— Il ne s'agit point de cela, *gavacho !** mais de ton audace d'assister à la revue dans ce désordre. Recommande ton âme à saint Sabas, diacre et martyr, ton patron. Va te faire fusiller !

Ici j'eus encore une nouvelle preuve du pouvoir moral de Biassou sur les rebelles. L'infortuné, chargé d'aller lui-même se faire exécuter, ne se permit pas un murmure ; il baissa la tête, croisa les bras sur sa poitrine, salua trois fois son juge impitoyable, et, après s'être agenouillé devant l'obi, qui lui donna gravement une absolution sommaire, il sortit de la grotte. Quelques minutes après, une détonation de mousqueterie annonça à Biassou que le nègre avait obéi et vécu.

Le chef, débarrassé de toute inquiétude, se tourna

---

* *Peut-être est-ce là la déformation de* Gavatcho *(c'est-à-dire habitant du pays des Gaves), surnom donné aux Français par les Espagnols. Sans doute avec une nuance péjorative, le mot ayant fini par désigner n'importe quel individu. Mais on pourrait aussi y reconnaître la déformation de* gaucho, *paysan des pampas de l'Amérique du Sud. Quoi qu'il en soit, il faut y voir une nuance de mépris.*

150

alors vers Rigaud, l'œil étincelant de plaisir, et avec un ricanement de triomphe qui semblait dire : — Admirez (1) !

37

CEPENDANT la revue continuait. Cette armée, dont le désordre m'avait offert un tableau si extraordinaire quelques heures auparavant, n'était pas moins bizarre sous les armes. C'étaient tantôt des troupes de nègres absolument nus, munis de massues, de tomahawks, de casse-têtes, marchant au son de la corne à bouquin, comme les sauvages ; tantôt des bataillons de mulâtres, équipés à l'espagnole ou à l'anglaise, bien armés et bien disciplinés, réglant leurs pas sur le roulement d'un tambour ; puis des cohues de négresses, de négrillons, chargés de fourches et de broches ; des fatras courbés sous de vieux fusils sans chien et sans canon ; des griotes avec leurs parures bariolées ; des griots, effroyables de grimaces et de contorsions, chantant des airs incohérents sur la guitare, le tamtam et le balafo. Cette étrange procession était de temps à autre

(1) Toussaint Louverture, qui s'était formé à l'école de Biassou, et qui, s'il ne lui était pas supérieur en habileté, était du moins fort loin de l'égaler en perfidie et en cruauté, Toussaint Louverture a donné plus tard le spectacle du même pouvoir sur les nègres fanatisés. Ce chef, issu, dit-on, d'une race royale africaine, avait reçu, comme Biassou, quelque instruction grossière, à laquelle il ajoutait du génie. Il s'était dressé une façon de trône républicain à Saint-Domingue dans le même temps où Bonaparte se fondait en France une monarchie sur la victoire. Toussaint admirait naïvement le premier consul ; mais le premier consul, ne voyant dans Toussaint qu'un parodiste gênant de sa fortune, repoussa toujours dédaigneusement toute correspondance avec l'esclave affranchi qui osait lui écrire : *Au premier des blancs, le premier des noirs.*

coupée par des détachements hétérogènes de griffes, de marabouts, de sacatras, de mamelucos, de quarterons, de sang-mêlés libres, ou par des hordes nomades de noirs marrons à l'attitude fière, aux carabines brillantes, traînant dans leurs rangs leurs cabrouets tout chargés, ou quelque canon pris aux blancs, qui leur servait moins d'arme que de trophée, et hurlant à pleine voix les hymnes du camp du Grand-Pré et d'Oua-Nassé. Au-dessus de toutes ces têtes flottaient des drapeaux de toutes couleurs, de toutes devises, blancs, rouges, tricolores, fleurde-lysés, surmontés du bonnet de liberté, portant pour inscriptions : — *Mort aux prêtres et aux aristocrates !* — *Vive la religion !* — *Liberté !* — *Égalité !* — *Vive le roi !* — *A bas la métropole !* — *Viva España !* — *plus de tyrans !* etc. Confusion frappante qui indiquait que toutes les forces des rebelles n'étaient qu'un amas de moyens sans but, et qu'en cette armée il n'y avait pas moins de désordre dans les idées que dans les hommes.

En passant tour à tour devant la grotte, les bandes inclinaient leur bannière, et Biassou rendait le salut. Il adressait à chaque troupe quelque réprimande ou quelque éloge ; et chaque parole de sa bouche, sévère ou flatteuse, était recueillie par les siens avec un respect fanatique et une sorte de crainte superstitieuse.

Ce flot de barbares et de sauvages passa enfin. J'avoue que la vue de tant de brigands, qui m'avait distrait d'abord, finissait par me peser. Cependant le jour tombait, et, au moment où les derniers rangs défilèrent, le soleil ne jetait plus qu'une teinte de cuivre rouge sur le front granitique des montagnes de l'orient.

38

BIASSOU paraissait rêveur. Quand la revue fut terminée, qu'il eut donné ses derniers ordres, et que tous les rebelles furent rentrés sous leurs ajoupas, il m'adressa la parole.

— Jeune homme, me dit-il, tu as pu juger à ton aise de mon génie et de ma puissance. Voici que l'heure est venue pour toi d'en aller rendre compte à Léogri.

— Il n'a pas tenu à moi qu'elle ne vînt plus tôt, lui répondis-je froidement.

— Tu as raison, répliqua Biassou. Il s'arrêta un moment comme pour épier l'effet que produirait sur moi ce qu'il allait me dire, et il ajouta : — Mais il ne tient qu'à toi qu'elle ne vienne pas.

— Comment ! m'écriai-je étonné ; que veux-tu dire ?

— Oui, continua Biassou, ta vie dépend de toi ; tu peux la sauver, si tu le veux.

Cet accès de clémence, le premier et le dernier sans doute que Biassou ait jamais eu, me parut un prodige. L'obi, surpris comme moi, s'était élancé du siège où il avait conservé si longtemps la même attitude extatique, à la mode des fakirs hindous. Il se plaça en face du généralissime, et éleva la voix avec colère :

— *Que dice el exelentisimò señor mariscal de campo* (1) ? Se souvient-il de ce qu'il m'a promis ? Il ne peut, ni lui ni le *bon Giu*, disposer maintenant de cette vie : elle m'appartient.

En ce moment encore, à cet accent irrité, je crus me ressouvenir de ce maudit petit homme ; mais ce

(1) Que dit le très excellent seigneur maréchal de camp ?

moment fut insaisissable, et aucune lumière n'en jaillit pour moi.

Biassou se leva sans s'émouvoir, parla bas un instant avec l'obi, lui montra le drapeau noir que j'avais déjà remarqué, et, après quelques mots échangés, le sorcier remua la tête de haut en bas et la releva de bas en haut, en signe d'adhésion. Tous deux reprirent leurs places et leurs attitudes.

— Écoute, me dit alors le généralissime en tirant de la poche de sa veste l'autre dépêche de Jean-François, qu'il y avait déposée ; nos affaires vont mal ; Boukmann vient de périr dans un combat. Les blancs ont exterminé deux mille noirs dans le district du Cul-de-Sac. Les colons continuent de se fortifier et de hérisser la plaine de postes militaires. Nous avons perdu, par notre faute, l'occasion de prendre le Cap ; elle ne se représentera pas de longtemps. Du côté de l'est, la route principale est coupée par une rivière ; les blancs, afin d'en défendre le passage, y ont établi une batterie sur des pontons, et ont formé sur chaque bord deux petits camps. Au sud, il y a une grande route qui traverse ce pays montueux appelé le Haut-du-Cap ; ils l'ont couverte de troupes et d'artillerie. La position est également fortifiée du côté de la terre par une bonne palissade, à laquelle tous les habitants ont travaillé, et l'on y a ajouté des chevaux de frise. Le Cap est donc à l'abri de nos armes. Notre embuscade aux gorges de Dompte-Mulâtre a manqué son effet. A tous nos échecs se joint la fièvre de Siam, qui dépeuple le camp de Jean-François. En conséquence, le grand amiral de France (1) pense, et nous partageons son avis, qu'il conviendrait de traiter avec le gouverneur Blanchelande et l'assemblée coloniale. Voici la lettre que nous adressons à l'assemblée à ce sujet : écoute !

« Messieurs les députés,

« De grands malheurs ont affligé cette riche et

_____

(1) Nous avons déjà dit que Jean-François prenait ce titre.

importante colonie ; nous y avons été enveloppés, et il ne nous reste plus rien à dire pour notre justication. Un jour vous nous rendrez toute la justice que mérite notre position. Nous devons être compris dans l'amnistie générale que le roi Louis XVI a prononcée pour tous indistinctement.

« Sinon, comme le roi d'Espagne est un bon roi, qui nous traite fort bien, et nous *témoigne des récompenses*, nous continuerons de le servir avec zèle et dévouement.

« Nous voyons par la loi du 28 septembre 1791 que l'assemblée nationale et le roi vous accordent de prononcer définitivement sur l'état des personnes non libres et l'état politique des hommes de couleur. Nous défendrons les décrets de l'assemblée nationale et les vôtres, revêtus des formalités requises, jusqu'à la dernière goutte de notre sang. Il serait même intéressant que vous *déclariez*, par un arrêté sanctionné de monsieur le général, que votre intention est de vous occuper du sort des esclaves. Sachant qu'ils sont l'objet de votre sollicitude, par leurs chefs, à qui vous feriez parvenir ce travail, ils seraient satisfaits, et l'équilibre rompu se rétablirait en peu de temps.

« Ne comptez pas cependant, messieurs les représentants, que nous consentions à nous armer pour les volontés des assemblées révolutionnaires. Nous sommes sujets de trois rois, le roi de Congo, maître-né de tous les noirs ; le roi de France, qui représente nos pères ; et le roi d'Espagne, qui représente nos mères. Ces trois rois sont les descendants de ceux qui, conduits par une étoile, ont été adorer l'Homme-Dieu. Si nous servions les assemblées, nous serions peut-être entraînés à faire la guerre contre nos frères, les sujets de ces trois rois, à qui nous avons promis fidélité.

« Et puis, nous ne savons ce qu'on entend par volonté de la nation, vu que *depuis que le monde règne* nous n'avons exécuté que celle d'un roi. Le prince de France nous aime, celui d'Espagne ne cesse de nous secourir. Nous les aidons, ils nous aident ; c'est la cause de l'humanité. Et d'ailleurs ces majestés viendraient à nous manquer, que nous aurions bien vite *trôné un roi.*

« Telles sont nos intentions, moyennant quoi nous consentirons à faire la paix.

« *Signé* JEAN-FRANÇOIS, général ; BIASSOU, maréchal de camp ; DESPREZ, MANZEAU, TOUSSAINT, AUBERT, commissaires *ad hoc* (1). »

— Tu vois, ajouta Biassou après la lecture de cette pièce de diplomatie nègre, dont le souvenir s'est fixé mot pour mot dans ma tête, tu vois que nous sommes pacifiques. Or, voici ce que je veux de toi. Ni Jean-François, ni moi, n'avons été élevés dans les écoles des blancs, où l'on apprend le beau langage. Nous savons nous battre, mais nous ne savons point écrire. Cependant nous ne voulons pas qu'il reste rien dans notre lettre à l'assemblée qui puisse exciter les *burlerias* orgueilleuses de nos anciens maîtres. Tu parais avoir appris cette science frivole qui nous manque. Corrige les fautes qui pourraient, dans notre dépêche, prêter à rire aux blancs. A ce prix, je t'accorde la vie.

Il y avait dans ce rôle de correcteur des fautes d'orthographe diplomatique de Biassou quelque chose qui répugnait trop à ma fierté pour que je balançasse un moment. Et d'ailleurs, que me faisait la vie ? Je refusai son offre.

Il parut surpris.

— Comment ! s'écria-t-il, tu aimes mieux mourir que de redresser quelques traits de plume sur un morceau de parchemin ?

— Oui, lui répondis-je.

Ma résolution semblait l'embarrasser. Il me dit après un instant de rêverie :

— Écoute bien, jeune fou, je suis moins obstiné

(1) Il paraîtrait que cette lettre, ridiculement caractéristique, fut en effet envoyée à l'assemblée.

156

que toi. Je te donne jusqu'à demain soir pour te décider à m'obéir ; demain, au coucher du soleil, tu seras ramené devant moi. Pense alors à me satisfaire. Adieu, la nuit porte conseil. Songes-y bien, chez nous la mort n'est pas seulement la mort.

Le sens de ces dernières paroles, accompagnées d'un rire affreux, n'était pas équivoque ; et les tourments que Biassou avait coutume d'inventer pour ses victimes achevaient de l'expliquer.

— Candi, ramenez le prisonnier, poursuivit Biassou ; confiez-en la garde aux noirs du Morne-Rouge ; je veux qu'il vive encore un tour de soleil, et mes autres soldats n'auraient peut-être pas la patience d'attendre que les vingt-quatre heures fussent écoulées.

Le mulâtre Candi, qui était le chef de sa garde, me fit lier les bras derrière le dos. Un soldat prit l'extrémité de la corde, et nous sortîmes de la grotte.

39

QUAND les événements extraordinaires, les angoisses et les catastrophes viennent fondre tout à coup au milieu d'une vie heureuse et délicieusement uniforme, ces émotions inattendues, ces coups du sort, interrompent brusquement le sommeil de l'âme, qui se reposait dans la monotonie de la prospérité. Cependant le malheur qui arrive de cette manière ne semble pas un réveil, mais seulement un songe. Pour celui qui a toujours été heureux, le désespoir commence par la stupeur. L'adversité imprévue ressemble à la torpille ; elle secoue, mais engourdit ; et l'effrayante lumière qu'elle jette soudainement devant nos yeux n'est point le jour. Les hommes, les choses, les faits, passent alors devant nous avec une physionomie en quelque sorte fantastique, et se meuvent comme dans un rêve. Tout est changé dans l'horizon de notre vie, atmosphère et perspective; mais il s'écoule un long temps avant que nos yeux aient perdu cette sorte d'image lumineuse du bonheur passé qui les suit, et, s'interposant sans cesse entre eux et le sombre présent, en change la couleur et donne je ne sais quoi de faux à la réalité. Alors tout ce qui est nous paraît impossible et absurde; nous croyons à peine à notre propre existence, parce que, ne retrouvant rien autour de nous de ce qui composait notre être, nous ne comprenons pas comment tout cela aurait disparu sans nous entraîner, et pourquoi de notre vie il ne serait resté que nous. Si cette position violente de l'âme se prolonge, elle dérange l'équilibre de la pensée et devient folie, état peut-être heureux, dans lequel la vie n'est plus pour l'infortuné qu'une vision, dont il est lui-même le fantôme.

40

J'IGNORE, messieurs, pourquoi je vous expose ces idées. Ce ne sont point de celles que l'on comprend et que l'on fait comprendre. Il faut les avoir senties. Je les ai éprouvées. C'était l'état de mon âme au moment où les gardes de Biassou me remirent aux nègres du Morne-Rouge. Il me semblait que c'étaient des spectres qui me livraient à des spectres, et sans opposer de résistance je me laissai lier par la ceinture au tronc d'un arbre. Ils m'apportèrent quelques patates cuites dans l'eau, que je mangeai par cette sorte d'instinct machinal que la bonté de Dieu laisse à l'homme au milieu des préoccupations de l'esprit.

Cependant la nuit était venue ; mes gardiens se retirèrent dans leurs ajoupas, et six d'entre eux seulement restèrent près de moi, assis ou couchés devant un grand feu qu'ils avaient allumé pour se préserver du froid nocturne. Au bout de quelques instants, tous s'endormirent profondément.

L'accablement physique dans lequel je me trouvais alors ne contribuait pas peu aux vagues rêveries qui égaraient ma pensée. Je me rappelais les jours sereins et toujours les mêmes que, peu de semaines auparavant, je passais encore près de Marie, sans même entrevoir dans l'avenir une autre possibilité que celle d'un bonheur éternel. Je les comparais à la journée qui venait de s'écouler, journée où tant de choses étranges s'étaient déroulées devant moi, comme pour me faire douter de leur existence, où ma vie avait été trois fois condamnée, et n'avait pas été sauvée. Je méditais sur mon avenir présent, qui ne se composait plus que d'un lendemain, et ne m'offrait plus d'autre certitude que le malheur et la mort, heureusement prochaine. Il me semblait lutter contre un cauchemar affreux. Je me demandais s'il était possible que tout ce qui s'était passé fût passé, que ce qui m'entourait fût le camp du sanguinaire Biassou, que Marie fût pour jamais perdue pour moi, et que ce prisonnier gardé par six barbares, garrotté et voué à une mort certaine, ce prisonnier que me montrait la lueur d'un feu de brigands, fût bien moi. Et, malgré tous mes efforts pour fuir l'obsession d'une pensée bien plus déchirante encore, mon cœur revenait à Marie. Je m'interrogeais avec angoisse sur son sort ; je me roidissais dans mes liens comme pour voler à son secours, espérant toujours que le rêve horrible se dissiperait, et que Dieu n'aurait pas voulu faire entrer toutes les horreurs sur lesquelles je n'osais m'arrêter dans la destinée de l'ange qu'il m'avait donnée pour épouse. L'enchaînement douloureux de mes idées ramenait alors Pierrot devant moi, et la rage me rendait presque insensé ; les artères de mon front me semblaient prêtes à se rompre ; je me haïssais, je me maudissais, je me méprisais pour avoir un moment uni mon amitié pour Pierrot à mon amour pour Marie ; et, sans chercher à m'expliquer quel motif avait pu le pousser à se jeter lui-même dans les eaux de la Grande-Rivière, je pleurais de ne point l'avoir tué. Il était mort ; j'allais mourir ; et la seule chose que je regrettasse de sa vie et de la mienne, c'était ma vengeance.

Toutes ces émotions m'agitaient au milieu d'un demi-sommeil dans lequel l'épuisement m'avait plongé. Je ne sais combien de temps il dura ; mais j'en fus soudainement arraché par le retentissement d'une voix mâle qui chantait distinctement, mais de loin : *Yo que soy contrabandista.* J'ouvris les yeux en tressaillant ; tout était noir, les nègres dormaient, le feu mourait. Je n'entendais plus rien ; je pensai que cette voix était une illusion du sommeil, et mes paupières alourdies se refermèrent. Je les ouvris une seconde fois précipitamment ; la voix avait recommencé, et chantait avec tristesse et de plus près ce couplet d'une romance espagnole :

> *En los campos de Ocaña,*
> *Prisionero caí ;*
> *Me Ilevan à Cotadilla ;*
> *Desdichado fuí* (1) !

Cette fois, il n'y avait plus de rêve. C'était la voix de Pierrot ! Un moment après, elle s'éleva encore dans l'ombre et le silence, et fit entendre pour la deuxième fois, presque à mon oreille, l'air connu : *Yo que soy contrabandista.* Un dogue vint joyeuse-

(1) Dans les champs d'Ocaña,
   Je tombai prisonnier ;
   Ils m'emmenèrent à Cotadilla ;
   Je fus malheureux !

ment se rouler à mes pieds, c'était Rask. Je levai les yeux. Un noir était devant moi, et la lueur du foyer projetait à côté du chien son ombre colossale ; c'était Pierrot. La vengeance me transporta ; la surprise me rendit immobile et muet. Je ne dormais pas. Les morts revenaient donc ! Ce n'était plus un songe, mais une apparition. Je me détournai avec horreur. A cette vue, sa tête tomba sur sa poitrine.

— Frère, murmura-t-il à voix basse, tu m'avais promis de ne jamais douter de moi quand tu m'entendrais chanter cet air ; frère, dis, as-tu oublié ta promesse ?

La colère me rendit la parole.

— Monstre ! m'écriai-je, je te retrouve donc enfin ! bourreau, assassin de mon oncle, ravisseur de Marie, oses-tu m'appeler ton frère ? Tiens, ne m'approche pas !

J'oubliais que j'étais attaché de manière à ne pouvoir faire presque aucun mouvement. J'abaissai comme involontairement les yeux sur mon côté pour y chercher mon épée. Cette intention visible le frappa. Il prit un air ému, mais doux.

— Non, dit-il, non, je n'approcherai pas. Tu es malheureux, je te plains ; toi, tu ne me plains pas, quoique je sois plus malheureux que toi.

Je haussai les épaules. Il comprit ce reproche muet. Il me regarda d'un air rêveur.

— Oui, tu as beaucoup perdu ; mais, crois-moi, j'ai perdu plus que toi.

Cependant ce bruit de voix avait réveillé les six nègres qui me gardaient. Apercevant un étranger, ils se levèrent précipitamment en saisissant leurs armes ; mais dès que leurs regards se furent arrêtés sur Pierrot, ils poussèrent un cri de surprise et de joie, et tombèrent prosternés en battant la terre de leurs fronts.

Mais les respects que ces nègres rendaient à Pierrot, les caresses que Rask portait alternativement de son maître à moi, en me regardant avec inquiétude, comme étonné de mon froid accueil, rien ne faisait impression sur moi en ce moment. J'étais tout entier à l'émotion de ma rage, rendue impuissante par les liens qui me chargeaient.

— Oh! m'écriai-je enfin, en pleurant de fureur sous les entraves qui me retenaient, oh! que je suis malheureux! Je regrettais que ce misérable se fût fait justice à lui-même; je le croyais mort, et je me désolais pour ma vengeance. Et maintenant le voilà qui vient me narguer lui-même; il est là, vivant, sous mes yeux, et je ne puis jouir du bonheur de le poignarder! Oh! qui me délivrera de ces exécrables nœuds?

Pierrot se retourna vers les nègres, toujours en adoration devant lui.

— Camarades, dit-il, détachez le prisonnier!

41

Il fut promptement obéi. Mes six gardiens coupèrent avec empressement les cordes qui m'entouraient. Je me levai debout et libre, mais je restai immobile; l'étonnement m'enchaînait à son tour.

— Ce n'est pas tout, reprit alors Pierrot; et, arrachant le poignard de l'un de ses nègres, il me le présenta en disant : — Tu peux te satisfaire. A Dieu ne plaise que je te dispute le droit de disposer de ma vie! Tu l'as sauvée trois fois; elle est bien à toi maintenant; frappe, si tu veux frapper.

Il n'y avait ni reproche ni amertume dans sa voix. Il n'était que triste et résigné.

Cette voie inattendue ouverte à ma vengeance par celui même qu'elle brûlait d'atteindre avait quelque chose de trop étrange et de trop facile. Je sentis que toute ma haine pour Pierrot, tout mon amour pour Marie ne suffisaient pas pour me porter à un assassinat ; d'ailleurs quelles que fussent les apparences, une voix me criait au fond du cœur qu'un ennemi et un coupable ne vient pas de cette manière au-devant de la vengeance et du châtiment. Vous le dirai-je enfin ? il y avait dans le prestige impérieux dont cet être extraordinaire était environné quelque chose qui me subjuguait moi-même malgré moi dans ce moment. Je repoussai le poignard.

— Malheureux ! lui dis-je, je veux bien te tuer dans un combat, mais non t'assassiner. Défends-toi !

— Que je me défende ! répondit-il étonné ; et contre qui ?

— Contre moi !

Il fit un geste de stupeur.

— Contre toi ! C'est la seule chose pour laquelle je ne puisse t'obéir. Vois-tu Rask ? je puis bien l'égorger, il se laissera faire ; mais je ne saurais le contraindre à lutter contre moi ; il ne me comprendrait point. Je ne te comprends pas ; je suis Rask pour toi.

Il ajouta après un silence :

— Je vois la haine dans tes yeux, comme tu l'as pu voir un jour dans les miens. Je sais que tu as éprouvé bien des malheurs, ton oncle massacré, tes champs incendiés, tes amis égorgés ; on a saccagé tes maisons, dévasté ton héritage ; mais ce n'est pas moi, ce sont les miens. Écoute, je t'ai dit un jour que les tiens m'avaient fait bien du mal ; tu m'as répondu que ce n'était pas toi ; qu'ai-je fait alors ?

Son visage s'éclaircit ; il s'attendait à me voir tomber dans ses bras. Je le regardai d'un air farouche.

— Tu désavoues tout ce que m'ont fait les tiens, lui dis-je avec l'accent de la fureur, et tu ne parles pas de ce que tu m'as fait, toi !

— Quoi donc ? demanda-t-il.

Je m'approchai violemment de lui, et ma voix devint un tonnerre :

— Où est Marie ? qu'as-tu fait de Marie ?

A ce nom, un nuage passa sur son front ; il parut un moment embarrassé. Enfin, rompant le silence :

— *Maria !* répondit-il. Oui, tu as raison... Mais trop d'oreilles nous écoutent.

Son embarras, ces mots : *Tu as raison,* rallumèrent un enfer dans mon cœur. Je crus voir qu'il éludait ma question. En ce moment il me regarda avec son visage ouvert, et me dit avec une émotion profonde :

— Ne me soupçonne pas, je t'en conjure. Je te dirai tout cela ailleurs. Tiens, aime-moi comme je t'aime, avec confiance.

Il s'arrêta un instant pour observer l'effet de ses paroles, et ajouta avec attendrissement :

— Puis-je t'appeler frère ?

Mais ma colère jalouse avait repris toute sa violence, et ces paroles tendres, qui me parurent hypocrites, ne firent que l'exaspérer.

— Oses-tu bien me rappeler ce temps ? m'écriai-je, misérable ingrat !

Il m'interrompit. De grosses larmes brillaient dans ses yeux.

— Ce n'est pas moi qui suis ingrat !

— Eh bien, parle ! repris-je avec emportement. Qu'as-tu fait de Marie ?

— Ailleurs, ailleurs ! me répondit-il. Ici nos oreilles n'entendent pas seules ce que nous disons. Au reste, tu ne me croirais pas sans doute sur parole, et puis le temps presse. Voilà qu'il fait jour, et il faut que je te tire d'ici. Écoute, tout est fini, puisque tu doutes de moi, et tu feras aussi bien de m'achever avec un poignard ; mais attends encore un peu avant d'exécuter ce que tu appelles ta vengeance ; je dois d'abord te délivrer. Viens avec moi trouver Biassou.

Cette manière d'agir et de parler cachait un mystère que je ne pouvais comprendre. Malgré toutes mes préventions contre cet homme, sa voix faisait toujours vibrer une corde dans mon cœur. En l'écoutant, je ne sais quelle puissance me dominait.

164

Je me surprenais balançant entre la vengeance et la pitié, la défiance et un aveugle abandon. Je le suivis.

42

NOUS sortîmes du quartier des nègres du Morne-Rouge. Je m'étonnais de marcher libre dans ce camp barbare où la veille chaque brigand semblait avoir soif de mon sang. Loin de chercher à nous arrêter, les noirs et les mulâtres se prosternaient sur notre passage avec des exclamations de surprise, de joie et de respect. J'ignorais quel rang Pierrot occupait dans l'armée des révoltés ; mais je me rappelais l'empire qu'il exerçait sur ses compagnons d'esclavage, et je m'expliquais sans peine l'importance dont il paraissait jouir parmi ses camarades de rébellion.

Arrivés à la ligne de gardes qui veillait devant la grotte de Biassou, le mulâtre Candi, leur chef, vint à nous, nous demandant de loin, avec menaces, pourquoi nous osions avancer si près du général ; mais quand il fut à portée de voir distinctement les traits de Pierrot, il ôta subitement sa montera brodée en or, et, comme terrifié de sa propre audace, il s'inclina jusqu'à terre, et nous introduisit près de Biassou, en balbutiant mille excuses, auxquelles Pierrot ne répondit que par un geste de dédain.

Le respect des simples soldats nègres pour Pierrot ne m'avait pas étonné ; mais en voyant Candi, l'un de leurs principaux officiers, s'humilier ainsi devant l'esclave de mon oncle, je commençai à me demander quel pouvait être cet homme dont l'autorité semblait si grande. Ce fut bien autre chose quand je vis le généralissime, qui était seul au moment où nous entrâmes, et mangeait tranquillement un calalou, se lever précipitamment à l'aspect de Pierrot, et, dissimulant une surprise inquiète et un violent dépit sous des apparences de profond respect, s'incliner humblement devant mon compagnon, et lui offrir son propre trône d'acajou. Pierrot refusa.

— Jean Biassou, dit-il, je ne suis pas venu vous prendre votre place, mais simplement vous demander une grâce.

— *Alteza*, répondit Biassou en redoublant ses salutations, vous savez que vous pouvez disposer de tout ce qui dépend de Jean Biassou, de tout ce qui appartient à Jean Biassou, et de Jean Biassou lui-même.

Ce titre d'*alteza*, qui équivaut à celui d'*altesse* ou de *hautesse*, donné à Pierrot par Biassou, accrut encore mon étonnement.

— Je n'en veux pas tant, reprit vivement Pierrot ; je ne vous demande que la vie et la liberté de ce prisonnier.

Il me désignait de la main. Biassou parut un moment interdit ; cet embarras fut court.

— Vous désolez votre serviteur, *alteza* ; vous exigez de lui bien plus qu'il ne peut vous accorder, à son grand regret. Ce prisonnier n'est point Jean Biassou, n'appartient pas à Jean Biassou, et ne dépend pas de Jean Biassou.

— Que voulez-vous dire ? demanda Pierrot sévèrement. De qui dépend-il donc ? Y a-t-il ici un autre pouvoir que vous ?

— Hélas oui ! *alteza*.

— Et lequel ?

— Mon armée.

L'air caressant et rusé avec lequel Biassou éludait les questions hautaines et franches de Pierrot annonçait qu'il était déterminé à n'accorder à l'autre que les respects auxquels il paraissait obligé.

— Comment ! s'écria Pierrot, votre armée ! Et ne la commandez-vous pas ?

Biassou, conservant son avantage, sans quitter

pourtant son attitude d'infériorité, répondit avec une apparence de sincérité :

— *Su alteza* pense-t-elle que l'on puisse réellement commander à des hommes qui ne se révoltent que pour ne pas obéir ?

J'attachais trop peu de prix à la vie pour rompre le silence ; mais ce que j'avais vu la veille de l'autorité illimitée de Biassou sur ses bandes aurait pu me fournir l'occasion de le démentir et de montrer à nu sa duplicité. Pierrot lui répliqua :

— Eh bien ! si vous ne savez pas commander à votre armée, et si vos soldats sont vos chefs, quels motifs de haine peuvent-ils avoir contre ce prisonnier ?

— Boukmann vient d'être tué par les troupes du gouvernement, dit Biassou, en composant tristement son visage féroce et railleur ; les miens ont résolu de venger sur ce blanc la mort du chef des nègres marrons de la Jamaïque ; ils veulent opposer trophée à trophée, et que la tête de ce jeune officier serve de contrepoids à la tête de Boukmann dans la balance où le *bon Giu* pèse les deux partis.

— Comment avez-vous pu, dit Pierrot, adhérer à ces horribles représailles ? Écoutez-moi, Jean Biassou ; ce sont ces cruautés qui perdront notre juste cause. Prisonnier au camp des blancs, d'où j'ai réussi à m'échapper, j'ignorais la mort de Boukmann, que vous m'apprenez. C'est un juste châtiment du ciel pour ses crimes. Je vais vous apprendre une autre nouvelle ; Jeannot, ce même chef de noirs, qui avait servi de guide aux blancs pour les attirer dans l'embuscade de Dompté-Mulâtre, Jeannot vient aussi de mourir. Vous savez, ne m'interrompez pas, Biassou, qu'il rivalisait d'atrocité avec Boukmann et vous ; or, faites attention à ceci, ce n'est point la foudre du ciel, ce ne sont point les blancs qui l'ont frappé, c'est Jean-François lui-même qui a fait cet acte de justice.

Biassou, qui écoutait avec un sombre respect, fit une exclamation de surprise. En ce moment Rigaud entra, salua profondément Pierrot, et parla bas à l'oreille du généralissime. On entendait au-dehors une grande agitation dans le camp. Pierrot continuait :

— ... Oui, Jean-François, qui n'a d'autre défaut qu'un luxe funeste, et l'étalage ridicule de cette voiture à six chevaux qui le mène chaque jour de son camp à la messe du curé de la Grande-Rivière, Jean-François a puni les fureurs de Jeannot. Malgré les lâches prières du brigand, quoique à son dernier moment il se soit cramponné au curé de la Marmelade, chargé de l'exhorter, avec tant de terreur qu'on a dû l'arracher de force, le monstre a été fusillé hier, au pied même de l'arbre armé de crochets de fer auxquels il suspendait ses victimes vivantes. Biassou, méditez cet exemple ! Pourquoi ces massacres qui contraignent les blancs à la férocité ? Pourquoi encore user de jongleries afin d'exciter la fureur de nos malheureux camarades, déjà trop exaspérés ? Il y a au Trou-Coffi un charlatan mulâtre, nommé Romaine-la-Prophétesse, qui fanatise une bande de noirs ; il profane la sainte messe ; il leur persuade qu'il est en rapport avec la Vierge, dont il écoute les prétendus oracles en mettant sa tête dans le tabernacle ; et il pousse ses camarades au meurtre et au pillage, au nom de Marie !

Il y avait peut-être une expression plus tendre encore que la vénération religieuse dans la manière dont Pierrot prononça ce nom. Je ne sais comment cela se fit, mais je m'en sentis offensé et irrité.

— ... Eh bien ! poursuivit l'esclave, vous avez dans votre camp je ne sais quel obi, je ne sais quel jongleur comme ce Romaine-la-Prophétesse ! Je n'ignore point qu'ayant à conduire une armée composée d'hommes de tous pays, de toutes familles, de toutes couleurs, un lien commun vous est nécessaire ; mais ne pouvez-vous le trouver autre part que dans un fanatisme féroce et des superstitions ridicules ? Croyez-moi, Biassou, les blancs sont moins cruels que nous. J'ai vu beaucoup de planteurs défendre les jours de leur esclave ; je n'ignore pas que, pour plusieurs d'entre eux, ce n'était pas sauver la vie d'un homme, mais une somme d'argent ; du moins leur intérêt leur donnait une vertu. Ne soyons pas moins cléments qu'eux, c'est aussi notre intérêt. Notre cause sera-t-elle plus sainte et plus juste quand nous aurons exterminé des femmes, égorgé des enfants, torturé des vieillards, brûlé des colons dans leurs maisons ? Ce sont là pourtant nos exploits de chaque jour. Faut-il, répondez, Biassou, que le seul vestige de notre passage soit toujours une trace de sang ou une trace de feu ?

Il se tut. L'éclat de son regard, l'accent de sa voix donnaient à ses paroles une force de conviction et d'autorité impossible à reproduire. Comme un renard pris par un lion, l'œil obliquement baissé de Biassou semblait chercher par quelle ruse il pourrait échapper à tant de puissance. Pendant qu'il méditait, le chef de la bande des Cayes, ce même Rigaud qui la veille avait vu d'un front tranquille tant d'horreurs se commettre devant lui, paraissait s'indigner des attentats dont Pierrot avait tracé le tableau, et s'écriait avec une hypocrite consternation :

— Eh ! mon bon Dieu, qu'est-ce que c'est qu'un peuple en fureur !

43

CEPENDANT la rumeur extérieure s'accroissait et paraissait inquiéter Biassou. J'ai appris plus tard que cette rumeur provenait des nègres du Morne-Rouge, qui parcouraient le camp en annonçant le retour de mon libérateur, et exprimaient l'intention de le seconder, quel que fût le motif pour lequel il s'était rendu près de Biassou. Rigaud venait d'informer le général¹ssime de cette circonstance ; et c'est la crainte d'une scission funeste qui détermina le chef rusé à l'espèce de concession qu'il fit aux désirs de Pierrot.

— *Alteza*, dit-il avec un air de dépit, si nous sommes sévères pour les blancs, vous êtes sévère pour nous. Vous avez tort de m'accuser de la violence du torrent : il m'entraîne. Mais enfin *que podria hacer ahora* (1) qui vous fût agréable ?

— Je vous l'ai déjà dit, *señor* Biassou, répondit Pierrot ; laissez-moi emmener ce prisonnier.

Biassou demeura un moment pensif, puis s'écria, donnant à l'expression de ses traits le plus de franchise qu'il put :

— Allons, *alteza,* je veux vous prouver quel est mon désir de vous plaire. Permettez-moi seulement de dire deux mots en secret au prisonnier ; il sera libre ensuite de vous suivre.

— Vraiment ! qu'à cela ne tienne, répondit Pierrot.

Et son visage, jusqu'alors fier et mécontent, rayonnait de joie. Il s'éloigna de quelques pas.

Biassou m'entraîna dans un coin de la grotte et me dit à voix basse :

— Je ne puis t'accorder la vie qu'à une condition ; tu la connais, y souscris-tu ?

Il me montrait la dépêche de Jean-François. Un consentement m'eût paru une bassesse.

— Non ! lui dis-je.

— Ah ! reprit-il avec son ricanement. Toujours aussi décidé ! Tu comptes donc beaucoup sur ton protecteur ? Sais-tu qui il est ?

— Oui, lui répliquai-je vivement ; c'est un monstre comme toi, seulement plus hypocrite encore !

Il se redressa avec étonnement ; et, cherchant à deviner dans mes yeux si je parlais sérieusement :

(1) Que pourrais-je faire maintenant ?

— Comment ! dit-il, tu ne le connais donc pas ?
Je répondis avec dédain :

— Je ne reconnais en lui qu'un esclave de mon oncle, nommé Pierrot.

Biassou se remit à ricaner.

— Ha ! ha ! voilà qui est singulier ! Il demande ta vie et ta liberté, et tu l'appelles « un monstre comme moi » !

— Que m'importe ? répondis-je. Si j'obtenais un moment de liberté, ce ne serait pas pour lui demander ma vie, mais la sienne !

— Qu'est-ce que cela ? dit Biassou. Tu parais pourtant parler comme tu penses, et je ne suppose pas que tu veuilles plaisanter avec ta vie. Il y a là-dessous quelque chose que je ne comprends pas. Tu es protégé par un homme que tu hais ; il plaide pour ta vie, et tu veux sa mort ! Au reste, cela m'est égal, à moi. Tu désires un moment de liberté, c'est la seule chose que je puisse t'accorder. Je te laisserai libre de le suivre ; donne-moi seulement d'abord ta parole d'honneur de venir te remettre dans mes mains deux heures avant le coucher du soleil. — Tu es français, n'est-ce pas ?

Vous le dirai-je, messieurs ? la vie m'était à charge ; je répugnais d'ailleurs à la recevoir de ce Pierrot, que tant d'apparences désignaient à ma haine ; je ne sais pas si même il n'entra pas dans ma résolution la certitude que Biassou, qui ne lâchait pas aisément une proie, ne consentirait jamais à ma délivrance ; je ne désirais réellement que quelques heures de liberté pour achever, avant de mourir, d'éclaircir le sort de ma bien-aimée Marie et le mien. La parole que Biassou, confiant en l'honneur français, me demandait était un moyen sûr et facile d'obtenir encore un jour ; je la donnai.

Après m'avoir lié de la sorte, le chef se rapprocha de Pierrot.

— *Alteza*, dit-il d'un ton obséquieux, le prisonnier blanc est à vos ordres ; vous pouvez l'emmener ; il est libre de vous accompagner.

171

Je n'avais jamais vu autant de bonheur dans les yeux de Pierrot.

— Merci, Biassou ! s'écria-t-il en lui tendant la main, merci ! Tu viens de me rendre un service qui te fait maître désormais de tout exiger de moi ! Continue à disposer de mes frères du Morne-Rouge jusqu'à mon retour.

Il se tourna vers moi.

— Puisque tu es libre, dit-il, viens !

Et il m'entraîna avec une énergie singulière.

Biassou nous regarda sortir d'un air étonné, qui perçait même à travers les démonstrations de respect dont il accompagna le départ de Pierrot.

44

IL me tardait d'être seul avec Pierrot. Son trouble quand je l'avais questionné sur le sort de Marie, l'insolente tendresse avec laquelle il osait prononcer son nom, avaient encore enraciné les sentiments d'exécration et de jalousie qui germèrent en mon cœur au moment où je le vis enlever à travers l'incendie du fort Galifet celle que je pouvais à peine appeler mon épouse. Que m'importaient, après cela, les reproches généreux qu'il avait adressés devant moi au sanguinaire Biassou, les soins qu'il avait pris de ma vie, et même cette empreinte extraordinaire qui marquait toutes ses paroles et toutes ses actions ? Que m'importait ce mystère qui semblait l'envelopper ; qui le faisait apparaître vivant à mes yeux quand je croyais avoir assisté à sa mort ; qui me le montrait captif chez les blancs quand je l'avais vu s'ensevelir dans la Grande-Rivière ; qui changeait l'esclave en altesse, le prisonnier en libérateur ? De toutes ces choses incompréhensibles, la seule qui fût claire pour moi, c'était le rapt odieux de Marie, un outrage à venger, un crime à punir. Ce qui s'était déjà passé d'étrange sous mes yeux suffisait à peine pour me faire suspendre mon jugement, et j'attendais avec impatience l'instant où je pourrais contraindre mon rival à s'expliquer. Ce moment vint enfin.

Nous avions traversé les triples haies de noirs prosternés sur notre passage, et s'écriant avec surprise : *Miraculo ! ya no esta prisionero* (1) ! J'ignore si c'est de moi ou de Pierrot qu'ils voulaient parler. Nous avions franchi les dernières limites du camp ; nous avions perdu de vue derrière les arbres et les rochers les dernières vedettes de Biassou ; Rask, joyeux, nous devançait, puis revenait à nous ; Pierrot marchait avec rapidité ; je l'arrêtai brusquement.

— Écoute, lui dis-je, il est inutile d'aller plus loin. Les oreilles que tu craignais ne peuvent plus nous entendre ; parle, qu'as-tu fait de Marie ?

Une émotion concentrée faisait haleter ma voix. Il me regarda avec douceur.

— Toujours ! me répondit-il.

— Oui, toujours ! m'écriai-je furieux, toujours ! Je te ferai cette question jusqu'à ton dernier souffle, jusqu'à mon dernier soupir. Où est Marie ?

— Rien ne peut donc dissiper tes doutes sur ma foi ! — Tu le sauras bientôt.

— Bientôt, monstre ! répliquai-je. C'est maintenant que je veux le savoir. Où est Marie ? où est Marie ? entends-tu ? Réponds, ou échange ta vie contre la mienne ! Défends-toi !

— Je t'ai déjà dit, reprit-il avec tristesse, que cela ne se pouvait pas. Le torrent ne lutte pas contre sa source ; ma vie, que tu as sauvée trois fois, ne peut combattre contre ta vie. Je le voudrais d'ailleurs, que la chose serait encore impossible. Nous n'avons qu'un poignard pour nous deux.

(1) Miracle ! Il n'est déjà plus prisonnier !

En parlant ainsi il tira un poignard de sa ceinture, et me le présenta.

— Tiens, dit-il.

J'étais hors de moi. Je saisis le poignard et le fis briller sur sa poitrine. Il ne songeait pas à s'y soustraire.

— Misérable, lui dis-je, ne me force point à un assassinat. Je te plonge cette lame dans le cœur, si tu ne me dis pas où est ma femme à l'instant.

Il me répondit sans colère :

— Tu es le maître. Mais, je t'en prie à mains jointes, laisse-moi encore une heure de vie, et suis-moi. Tu doutes de celui qui te doit trois vies, de celui que tu nommais ton frère ; mais, écoute, si dans une heure tu en doutes encore, tu seras libre de me tuer. Il sera toujours temps. Tu vois bien que je ne veux pas te résister. Je t'en conjure au nom même de *Maria*... Il ajouta péniblement : — De ta femme. — Encore une heure ; et si je te supplie ainsi, va, ce n'est pas pour moi, c'est pour toi !

Son accent avait une expression ineffable de persuasion et de douleur. Quelque chose sembla m'avertir qu'il disait peut-être vrai, que l'intérêt seul de sa vie ne suffirait pas pour donner à sa voix cette tendresse pénétrante, cette suppliante douceur, et qu'il plaidait pour plus que lui-même. Je cédai encore une fois à cet ascendant secret qu'il exerçait sur moi, et qu'en ce moment je rougissais de m'avouer.

— Allons, dis-je, je t'accorde ce sursis d'une heure ; je te suivrai.

Je voulus lui rendre le poignard.

— Non, répondit-il, garde-le, tu te défies de moi. Mais viens, ne perdons pas de temps.

45

IL recommença à me conduire. Rask, qui pendant notre entretien avait fréquemment essayé de se remettre en marche, puis était revenu chaque fois vers nous, nous demandant en quelque sorte du regard pourquoi nous nous arrêtions, Rask reprit joyeusement sa course. Nous nous enfonçâmes dans une forêt vierge. Au bout d'une demi-heure environ, nous débouchâmes sur une jolie savane verte, arrosée d'une eau de roche, et bordée par la lisière fraîche et profonde des grands arbres centenaires de la forêt. Une caverne, dont une multitude de plantes grimpantes, la clématite, la liane, le jasmin, verdissaient le front grisâtre, s'ouvrait sur la savane. Rask allait aboyer, Pierrot le fit taire d'un signe, et, sans dire une parole, m'entraîna par la main dans la caverne.

Une femme, le dos tourné à la lumière, était assise dans cette grotte, sur un tapis de sparterie. Au bruit de nos pas, elle se retourna. — Mes amis, c'était Marie !

Elle était vêtue d'une robe blanche comme le jour de notre union, et portait encore dans ses cheveux la couronne de fleurs d'oranger, dernière parure virginale de la jeune épouse, que mes mains n'avaient pas détachée de son front. Elle m'aperçut, me reconnut, jeta un cri, et tomba dans mes bras, mourante de joie et de surprise. J'étais éperdu.

A ce cri, une vieille femme qui portait un enfant dans ses bras accourut d'une deuxième chambre pratiquée dans un enfoncement de la caverne. C'était la nourrice de Marie, et le dernier enfant de mon malheureux oncle. Pierrot était allé chercher de l'eau à la source voisine. Il en jeta quelques gouttes sur le visage de Marie. Leur fraîcheur rappela la vie ; elle ouvrit les yeux.

— Léopold, dit-elle, mon Léopold !

— Marie !... répondis-je ; et le reste de nos paroles s'acheva dans un baiser.

— Pas devant moi au moins ! s'écria une voix déchirante.

Nous levâmes les yeux ; c'était Pierrot. Il était là, assistant à nos caresses comme à un supplice. Son sein gonflé haletait, une sueur glacée tombait à grosses gouttes de son front. Tous ses membres tremblaient. Tout à coup il cacha son visage de ses deux mains, et s'enfuit hors de la grotte en répétant avec un accent terrible : — Pas devant moi !

Marie se souleva de mes bras à demi, et s'écria en le suivant des yeux :

— Grand Dieu ! mon Léopold, notre amour paraît lui faire mal. Est-ce qu'il m'aimerait ?

Le cri de l'esclave m'avait prouvé qu'il était mon rival ; l'exclamation de Marie me prouvait qu'il était aussi mon ami.

— Marie ! répondis-je, et une félicité inouïe entra dans mon cœur en même temps qu'un mortel regret ; Marie ! est-ce que tu l'ignorais ?

— Mais je l'ignore encore, me dit-elle avec une chaste rougeur. Comment ! il m'aime ! Je ne m'en étais jamais aperçue.

Je la pressai sur mon cœur avec ivresse.

— Je retrouve ma femme et mon ami ! m'écriai-je ; que je suis heureux et que je suis coupable ! J'avais douté de lui.

— Comment ! reprit Marie étonnée, de lui ! de Pierrot ! Oh oui, tu es bien coupable. Tu lui dois deux fois ma vie, et peut-être plus encore, ajouta-t-elle en baissant les yeux. Sans lui le crocodile de la rivière m'aurait dévorée ; sans lui les nègres... C'est Pierrot qui m'a arrachée de leurs mains, au moment où ils allaient sans doute me rejoindre à mon malheureux père !

Elle s'interrompit et pleura.

— Et pourquoi, lui demandai-je, Pierrot ne t'at-il pas renvoyée au Cap, à ton mari ?

— Il l'a tenté, répondit-elle, mais il ne l'a pu. Obligé de se cacher également des noirs et des blancs, cela lui était fort difficile. Et puis, on ignorait ce que tu étais devenu. Quelques-uns disaient t'avoir vu tomber mort, mais Pierrot m'assurait que non, et j'étais bien certaine du contraire, car quelque chose m'en aurait avertie ; et si tu étais mort, je serais morte aussi, en même temps.

— Pierrot, lui dis-je, t'a donc amenée ici ?

— Oui, mon Léopold ; cette grotte isolée est connue de lui seul. Il avait sauvé en même temps que moi tout ce qui restait de la famille, ma bonne nourrice et mon petit frère ; il nous y a cachés. Je t'assure qu'elle est bien commode ; et sans la guerre qui fouille tout le pays, maintenant que nous sommes ruinés, j'aimerais à l'habiter avec toi. Pierrot pourvoyait à tous nos besoins. Il venait souvent ; il avait une plume rouge sur la tête. Il me consolait, me parlait de toi, m'assurait que je te serais rendue. Cependant, ne l'ayant pas vu depuis trois jours, je commençais à m'inquiéter, lorsqu'il est revenu avec toi. Ce pauvre ami, il a donc été te chercher ?

— Oui, lui répondis-je.

— Mais comment se fait-il avec cela, reprit-elle, qu'il soit amoureux de moi ? En es-tu sûr ?

— Sûr maintenant ! lui dis-je. C'est lui qui, sur le point de me poignarder, s'est laissé fléchir par la crainte de t'affliger ; c'est lui qui te chantait ces chansons d'amour dans le pavillon de la rivière.

— Vraiment ! reprit Marie avec une naïve surprise, c'est ton rival ! Le méchant homme aux soucis est ce bon Pierrot ! Je ne puis croire cela. Il était avec moi si humble, si respectueux, plus que lorsqu'il était notre esclave ! Il est vrai qu'il me regardait quelquefois d'un air singulier ; mais ce n'était que de la tristesse, et je l'attribuais à mon malheur. Si tu savais avec quel dévouement passionné il m'entretenait de mon Léopold ! Son amitié parlait de toi presque comme mon amour.

Ces explications de Marie m'enchantaient et me désolaient à la fois. Je me rappelais avec quelle cruauté j'avais traité ce généreux Pierrot, et je sentais toute la force de son reproche tendre et résigné — *Ce n'est pas moi qui suis ingrat !*

En ce moment Pierrot rentra. Sa physionomie était sombre et douloureuse. On aurait dit un condamné qui revient de la torture, mais qui en a triomphé. Il s'avança vers moi à pas lents, et me dit d'une voix grave, en me montrant le poignard que j'avais placé dans ma ceinture :

— L'heure est écoulée.

— L'heure ! quelle heure ? lui dis-je.

— Celle que tu m'avais accordée ; elle m'était nécessaire pour te conduire ici. Je t'ai supplié alors de me laisser la vie, maintenant je te conjure de me l'ôter.

Les sentiments les plus doux du cœur, l'amour, l'amitié, la reconnaissance, s'unissaient en ce moment pour me déchirer. Je tombai aux pieds de l'esclave, sans pouvoir dire un mot, en sanglotant amèrement. Il me releva avec précipitation.

— Que fais-tu ? me dit-il.

— Je te rends l'hommage que je te dois ; je ne suis plus digne d'une amitié comme la tienne. Ta reconnaissance ne peut aller jusqu'à me pardonner mon ingratitude.

Sa figure eut quelque temps encore une expression de rudesse ; il paraissait éprouver de violents combats ; il fit un pas vers moi et recula, il ouvrit la bouche et se tut. Ce moment fut de courte durée ; il m'ouvrit ses bras en disant :

— Puis-je à présent t'appeler frère ?

Je ne lui répondis qu'en me jetant sur son cœur.

Il ajouta, après une légère pause :

— Tu es bon, mais le malheur t'avait rendu injuste.

— J'ai retrouvé mon frère, lui dis-je ; je ne suis plus malheureux ; mais je suis bien coupable.

— Coupable, frère ! Je l'ai été aussi, et plus que toi. Tu n'es plus malheureux ; moi, je le serai toujours !

46

La joie que les premiers transports de l'amitié avaient fait briller sur son visage s'évanouit ; ses traits prirent une expression de tristesse singulière et énergique.

— Écoute, me dit-il d'un ton froid ; mon père était roi au pays de Kakongo. Il rendait la justice à ses sujets devant sa porte ; et, à chaque jugement qu'il portait, il buvait, suivant l'usage des rois, une pleine coupe de vin de palmier. Nous vivions heureux et puissants. Des Européens vinrent ; ils me donnèrent ces connaissances futiles qui t'ont frappé. Leur chef était un capitaine espagnol ; il promit à mon père des pays plus vastes que les siens, et des femmes blanches ; mon père le suivit avec sa famille... — Frère, ils nous vendirent !

La poitrine du noir se gonfla, ses yeux étincelaient ; il brisa machinalement un jeune néflier qui se trouvait près de lui, puis il continua sans paraître s'adresser à moi :

— Le maître du pays de Kakong_ eut un maître, et son fils se courba en esclave sur les sillons de Santo-Domingo. On sépara le jeune lion de son vieux père pour les dompter plus aisément. — On enleva la jeune épouse à son époux pour en tirer plus de profit en les unissant à d'autres. — Les petits enfants cherchèrent la mère qui les avait nourris, le père qui les baignait dans les torrents ; ils ne trouvèrent que des tyrans barbares, et couchèrent parmi les chiens !

Il se tut ; ses lèvres remuaient sans qu'il parlât, son regard était fixe et égaré. Il me saisit enfin le bras brusquement.

— Frère, entends-tu ? j'ai été vendu à différents maîtres comme une pièce de bétail. — Tu te souviens du supplice d'Ogé ; ce jour-là, j'ai revu mon père. Écoute : — c'était sur la roue !

Je frémis. Il ajouta :

— Ma femme a été prostituée à des blancs. Écoute, frère : elle est morte et m'a demandé vengeance. Te le dirai-je ? continua-t-il en hésitant et en baissant les yeux, j'ai été coupable, j'en ai aimé une autre. — Mais passons !

Tous les miens me pressaient de les délivrer et de me venger. Rask m'apportait leurs messages.

Je ne pouvais les satisfaire, j'étais moi-même dans les prisons de ton oncle. Le jour où tu obtins ma grâce, je partis pour arracher mes enfants des mains d'un maître féroce ; j'arrivai. — Frère, le dernier des petits-fils du roi de Kakongo venait d'expirer sous les coups d'un blanc ! les autres l'avaient précédé.

Il s'interrompit et me demanda froidement :

— Frère, qu'aurais-tu fait ?

Ce déplorable récit m'avait glacé d'horreur. Je répondis à sa question par un geste menaçant. Il me comprit et se mit à sourire avec amertume. Il poursuivit :

— Les esclaves se révoltèrent contre leur maître, et le punirent du meurtre de mes enfants. Ils m'élurent pour leur chef. Tu sais les malheurs qu'entraîna cette rébellion. J'appris que ceux de ton oncle se préparaient à suivre le même exemple. J'arrivai dans l'Acul la nuit même de l'insurrection. — Tu étais absent. — Ton oncle venait d'être poignardé dans son lit. Les noirs incendiaient déjà les plantations. Ne pouvant ca'mer leur fureur, parce qu'ils croyaient me venger en brûlant les propriétés de ton oncle, je dus sauver ce qui restait de ta famille. Je pénétrai dans le fort par l'issue que j'y avais pratiquée. Je confiai la nourrice de ta femme à un noir fidèle. J'eus plus de peine à sauver ta *Maria*. Elle avait couru vers la partie embrasée du fort pour en tirer le plus jeune de ses frères, seul échappé au massacre. Des noirs l'entouraient ; ils allaient la tuer. Je me présentai et leur ordonnai de me laisser me venger moi-même. Ils se retirèrent. Je pris ta femme dans mes bras, je confiai l'enfant à Rask, et je les déposai tous deux dans cette caverne, dont je connais seul l'existence et l'accès. — Frère, voilà mon crime.

De plus en plus pénétré de remords et de reconnaissance, je voulus me jeter encore une fois aux pieds de Pierrot, il m'arrêta d'un air offensé.

— Allons, viens, dit-il un moment après en me prenant par la main, emmène ta femme et partons tous les cinq.

Je lui demandai avec surprise où il voulait nous conduire.

— Au camp des blancs, me répondit-il. Cette retraite n'est plus sûre. Demain, à la pointe du jour, les blancs doivent attaquer le camp de Biassou ; la forêt sera certainement incendiée. Et puis nous n'avons pas un moment à perdre ; dix têtes répondent de la mienne. Nous pouvons nous hâter, car tu es libre ; nous le devons, car je ne le suis pas.

Ces paroles accrurent ma surprise ; je lui en demandai l'explication.

— N'as-tu pas entendu raconter que Bug-Jargal était prisonnier ? dit-il avec impatience.

— Oui, mais qu'as-tu de commun avec ce Bug-Jargal ?

Il parut à son tour étonné, et répondit gravement :

— Je suis ce Bug-Jargal.

47

J'ÉTAIS habitué, pour ainsi dire, à la surprise avec cet homme. Ce n'était pas sans étonnement que je venais de voir un instant auparavant l'esclave Pierrot se transformer en roi africain. Mon admiration était au comble d'avoir maintenant à reconnaître en lui le redoutable et magnanime Bug-Jargal, chef des révoltés du Morne-Rouge. Je comprenais enfin d'où venaient les respects que rendaient tous les rebelles, et même Biassou, au chef Bug-Jargal, au roi de Kakongo.

Il ne parut pas s'apercevoir de l'impression qu'avaient produite sur moi ses dernières paroles.

— L'on m'avait dit, reprit-il, que tu étais de ton côté prisonnier au camp de Biassou ; j'étais venu pour te délivrer.

— Pourquoi me disais-tu donc tout à l'heure que tu n'étais pas libre ?

Il me regarda, comme cherchant à deviner ce qui amenait cette question toute naturelle.

— Écoute, me dit-il, ce matin j'étais prisonnier parmi les tiens. J'entendis annoncer dans le camp que Biassou avait déclaré son intention de faire mourir avant le coucher du soleil un jeune captif nommé Léopold d'Auverney. On renforça les gardes autour de moi. J'appris que mon exécution suivrait la tienne, et qu'en cas d'évasion dix de mes camarades répondraient de moi. — Tu vois que je suis pressé.

Je le retins encore.

— Tu t'es donc échappé ? lui dis-je.

— Et comment serais-je ici ? Ne fallait-il pas te sauver ? Ne te dois-je pas la vie ? Allons, suis-moi maintenant. Nous sommes à une heure de marche du camp des blancs comme du camp de Biassou. Vois, l'ombre de ces cocotiers s'allonge, et leur tête ronde paraît sur l'herbe comme l'œuf énorme du condor. Dans trois heures le soleil sera couché. Viens, frère, le temps presse.

Dans trois heures le soleil sera couché. Ces paroles si simples me glacèrent comme une apparition funèbre. Elles me rappelèrent la promesse fatale que j'avais faite à Biassou. Hélas ! en revoyant Marie, je n'avais plus pensé à notre séparation éternelle et prochaine ; je n'avais été que ravi et enivré ; tant d'émotions m'avaient enlevé la mémoire, et j'avais oublié ma mort dans mon bonheur. Le mot de mon ami me rejeta violemment dans mon infortune. *Dans trois heures le soleil sera couché !* Il fallait une heure pour me rendre au camp de Biassou. — Mon devoir était impérieusement prescrit ; le brigand avait ma parole, et il valait mieux encore mourir que de donner à ce barbare le droit de mépriser la seule chose à laquelle il parût se fier encore, l'honneur d'un Français. L'alternative était terrible ; je choisis ce que je devais choisir ; mais, je l'avouerai, messieurs, j'hésitai un moment. Étais-je coupable ?

48

Enfin, poussant un soupir, je pris d'une main la main de Bug-Jargal, de l'autre celle de ma pauvre Marie, qui observait avec anxiété le nuage sinistre répandu sur mes traits.

— Bug-Jargal, dis-je avec effort, je te confie le seul être au monde que j'aime plus que toi, Marie. — Retournez au camp sans moi, car je ne puis vous suivre.

— Mon Dieu, s'écria Marie respirant à peine, quelque nouveau malheur !

Bug-Jargal avait tressailli. Un étonnement douloureux se peignait dans ses yeux.

— Frère, que dis-tu ?

La terreur qui oppressait Marie à la seule idée d'un malheur que sa trop prévoyante tendresse semblait deviner me faisait une loi de lui en cacher la réalité et de lui épargner des adieux si déchirants ; je me penchai à l'oreille de Bug-Jargal, et lui dis à voix basse :

— Je suis captif. J'ai juré à Biassou de revenir me mettre en son pouvoir deux heures avant la fin du jour ; j'ai promis de mourir.

Il bondit de fureur ; sa voix devint éclatante.

— Le monstre ! Voilà, pourquoi il a voulu t'entretenir secrètement ; c'était pour t'arracher cette promesse. J'aurais dû me défier de ce misérable Biassou. Comment n'ai-je pas prévu quelque perfidie ? Ce n'est pas un noir, c'est un mulâtre.

— Qu'est-ce donc ? Quelle perfidie ? Quelle promesse ? dit Marie épouvantée ; qui est ce Biassou ?

— Tais-toi, tais-toi, répétai-je bas à Bug-Jargal, n'alarmons pas Marie.

— Bien, me dit-il d'un ton sombre. Mais comment as-tu pu consentir à cette promesse ? pourquoi l'as-tu donnée ?

— Je te croyais ingrat, je croyais Marie perdue pour moi. Que m'importait la vie ?

— Mais une promesse de bouche ne peut t'engager avec ce brigand ?

— J'ai donné ma parole d'honneur.

Il parut chercher à comprendre ce que je voulais dire.

— Ta parole d'honneur ! Qu'est-ce que cela ? Vous n'avez pas bu à la même coupe ? Vous n'avez pas rompu ensemble un anneau ou une branche d'érable à fleurs rouges ?

— Non.

184

— Eh bien ! que nous dis-tu donc ? Qu'est-ce qui peut t'engager ?

— Mon honneur, répondis-je.

— Je ne sais pas ce que cela signifie. Rien ne te lie avec Biassou. Viens avec nous.

— Je ne puis, frère, j'ai promis.

— Non ! tu n'as pas promis ! s'écria-t-il avec emportement, puis, élevant la voix : — Sœur, joignez-vous à moi ! empêchez votre mari de nous quitter ; il veut retourner au camp des nègres d'où je l'ai tiré, sous prétexte qu'il a promis sa mort à leur chef, à Biassou.

— Qu'as-tu fait ? m'écriai-je.

Il était trop tard pour prévenir l'effet de ce mouvement généreux qui lui faisait implorer pour la vie de son rival l'aide de celle qu'il aimait. Marie s'était jetée dans mes bras avec un cri de désespoir. Ses mains jointes autour de mon cou la suspendaient sur mon cœur, car elle était sans force et presque sans haleine.

— Oh ! murmurait-elle péniblement, que dit-il là, mon Léopold ? N'est-il pas vrai qu'il me trompe, et que ce n'est pas au moment qui vient de nous réunir que tu veux me quitter, et me quitter pour mourir ? Réponds-moi vite ou je meurs. Tu n'as pas le droit de donner ta vie, parce que tu ne dois pas donner la mienne. Tu ne voudrais pas te séparer de moi pour ne me revoir jamais.

— Marie, repris-je, ne le crois pas ; je vais te quitter en effet ; il le faut ; mais nous nous reverrons ailleurs.

— Ailleurs, reprit-elle avec effroi, ailleurs, où ?...

— Dans le ciel ! répondis-je, ne pouvant mentir à cet ange.

Elle s'évanouit encore une fois, mais alors c'était de douleur. L'heure pressait ; ma résolution était prise. Je la déposai entre les bras de Bug-Jargal, dont les yeux étaient pleins de larmes.

— Rien ne peut donc te retenir ? me dit-il. Je n'ajouterai rien à ce que tu vois. Comment peux-tu résister à Maria ? Pour une seule des paroles qu'elle t'a dites, je lui aurais sacrifié un monde, et toi tu ne veux pas lui sacrifier ta mort ?

— L'honneur ! répondis-je. Adieu, Bug-Jargal ; adieu, frère, je te la lègue.

Il me prit la main ; il était pensif, et semblait à peine m'entendre.

— Frère, il y a au camp des blancs un de tes parents ; je lui remettrai Maria ; quant à moi, je ne puis accepter ton legs.

Il me montra un pic dont le sommet dominait toute la contrée environnante.

— Vois ce rocher ; quand le signe de ta mort y apparaîtra, le bruit de la mienne ne tardera pas à se faire entendre. — Adieu.

Sans m'arrêter au sens inconnu de ces dernières paroles, je l'embrassai ; je déposai un baiser sur le front pâle de Marie, que les soins de sa nourrice commençaient à ranimer, et je m'enfuis précipitamment de peur que son premier regard, sa première plainte ne m'enlevassent toute ma force.

49

JE m'enfuis, je me plongeai dans la profonde forêt, en suivant la trace que nous y avions laissée, sans même oser jeter un coup d'œil derrière moi. Comme pour étourdir les pensées qui m'obsédaient, je courus sans relâche à travers les taillis, les savanes et les collines, jusqu'à ce qu'enfin, à la crête d'une roche, le camp de Biassou, avec ses lignes de cabrouets, ses rangées d'ajoupas et sa fourmilière de noirs, apparut sous mes yeux. Là, je m'arrêtai. Je touchais au terme de ma course et de mon existence. La fatigue et l'émotion rompirent mes forces ; je m'appuyai contre un arbre pour ne pas tomber, et je laissai errer mes yeux sur le tableau qui se développait à mes pieds dans la fatale savane.

Jusqu'à ce moment je croyais avoir goûté toutes les coupes d'amertume et de fiel. Je ne connaissais pas le plus cruel de tous les malheurs ; c'est d'être contraint par une force morale plus puissante que celle des événements à renoncer volontairement, heureux, au bonheur, vivant, à la vie. Quelques heures auparavant, que m'importait d'être au monde ? Je ne vivais pas ; l'extrême désespoir est une espèce de mort qui fait désirer la véritable. Mais j'avais été tiré de ce désespoir ; Marie m'avait été rendue ; ma félicité morte avait été pour ainsi dire ressuscitée ; mon passé était redevenu mon avenir, et tous mes rêves éclipsés avaient reparu plus éblouissants que jamais ; la vie enfin, une vie de jeunesse, d'amour et d'enchantement, s'était de nouveau déployée radieuse devant moi dans un immense horizon. Cette vie, je pouvais la recommencer ; tout m'y invitait en moi et hors de moi. Nul obstacle matériel, nulle entrave visible. J'étais libre, j'étais heureux, et pourtant il fallait mourir. Je n'avais fait qu'un pas dans cet éden, et je ne sais quel devoir, qui n'était pas même éclatant, me forçait à reculer vers un supplice. La mort est peu de chose pour une âme flétrie et déjà glacée par l'adversité ; mais que sa main est poignante, qu'elle semble froide, quand elle tombe sur un cœur épanoui et comme réchauffé par les joies de l'existence ! Je l'éprouvais ; j'étais sorti un moment du sépulcre, j'avais été enivré dans ce court moment de ce qu'il y a de plus céleste sur la terre, l'amour, le dévouement, la liberté ; et maintenant il fallait brusquement redescendre au tombeau !

50

QUAND l'affaissement du regret fut passé, une
sorte de rage s'empara de moi ; je m'enfonçai à
grands pas dans la vallée ; je sentais le besoin
d'abréger. Je me présentai aux avant-postes des
nègres. Ils parurent surpris et refusaient de m'ad-
mettre. Chose bizarre ! je fus contraint presque de
les prier. Deux d'entre eux enfin s'emparèrent de
moi, et se chargèrent de me conduire à Biassou.

J'entrai dans la grotte de ce chef. Il était occupé à
faire jouer les ressorts de quelques instruments de
torture dont il était entouré. Au bruit que firent ses
gardes en m'introduisant, il tourna la tête ; ma
présence ne parut pas l'étonner.

— Vois-tu ? dit-il en m'étalant l'appareil horrible
qui l'environnait.

Je demeurai calme ; je connaissais la cruauté du
« héros de l'humanité », et j'étais déterminé à tout
endurer sans pâlir.

— N'est-ce pas, reprit-il en ricanant, n'est-ce pas
que Léogri a été bien heureux de n'être que pendu ?

Je le regardai sans répondre, avec un froid dédain.

— Faites avertir monsieur le chapelain, dit-il
alors à un aide de camp.

Nous restâmes un moment tous deux silencieux,
nous regardant en face. Je l'observais ; il m'épiait.

En ce moment Rigaud entra ; il paraissait agité, et
parla bas au généralissime.

— Qu'on rassemble tous les chefs de mon armée,
dit tranquillement Biassou.

Un quart d'heure après, tous les chefs, avec leurs
costumes diversement bizarres, étaient réunis
devant la grotte. Biassou se leva.

— Écoutez, *amigos !* les blancs comptent nous

attaquer ici, demain au point du jour. La position est mauvaise ; il faut la quitter. Mettons-nous tous en marche au coucher du soleil, et gagnons la frontière espagnole. — Macaya, vous formerez l'avant-garde avec vos noirs marrons. — Padrejan, vous enclouerez les pièces prises à l'artillerie de Praloto ; elles ne pourraient nous suivre dans les mornes. Les braves de la Croix-des-Bouquets s'ébranleront après Macaya. — Toussaint suivra avec les noirs de Léogane et du Trou. — Si les griots et les griotes font le moindre bruit, j'en charge le bourreau de l'armée. — Le lieutenant-colonel Cloud distribuera les fusils anglais débarqués au cap Cabron, et conduira les sang-mêlés ci-devant libres par les sentiers de la Vista. — On égorgera les prisonniers, s'il en reste. On mâchera les balles ; on empoisonnera les flèches. Il faudra jeter trois tonnes d'arsenic dans la source où l'on puise l'eau du camp ; les coloniaux prendront cela pour du sucre, et boiront sans défiance. — Les troupes du Limbé, du Dondon et de l'Acul marcheront après Cloud et Toussaint. — Obstruez avec des rochers toutes les avenues de la savane ; carabinez tous les chemins ; incendiez les forêts. — Rigaud, vous resterez près de nous. — Candi, vous rassemblerez ma garde autour de moi. — Les noirs du Morne-Rouge formeront l'arrière-garde, et n'évacueront la savane qu'au soleil levant.

Il se pencha vers Rigaud, et dit à voix basse :

— Ce sont les noirs de Bug-Jargal ; s'ils pouvaient être écrasés ici ! *Muerta la tropa, muerto el gefe* (1) ! Allez, *hermanos*, reprit-il en se redressant. Candi vous portera le mot d'ordre.

Les chefs se retirèrent.

— Général, dit Rigaud, il faudrait expédier la dépêche de Jean-François. Nous sommes mal dans nos affaires ; elle pourrait arrêter les blancs.

Biassou la tira précipitamment de sa poche.

(1) Morte la bande, mort le chef !

189

— Vous m'y faites penser ; mais il y a tant de fautes de grammaire, comme ils disent, qu'ils en riront. — Il me présenta le papier. — Écoute, veux-tu sauver ta vie ? Ma bonté le demande encore une fois à ton obstination. Aide-moi à refaire cette lettre ; je te dicterai mes idées ; tu écriras cela en *style blanc.*

Je fis un signe de tête négatif. Il parut impatienté.

— Est-ce non ? me dit-il.

— Non ! répondis-je.

Il insista.

— Réfléchis bien.

Et son regard semblait appeler le mien sur l'attirail de bourreau avec lequel il jouait.

— C'est parce que j'ai réfléchi, repris-je, que je refuse. Tu me parais craindre pour toi et les tiens ; tu comptes sur ta lettre à l'assemblée pour retarder la marche et la vengeance des blancs. Je ne veux pas d'une vie qui servirait peut-être à sauver la tienne. Fais commencer mon supplice.

— Ah ! ah ! *muchacho !* répliqua Biassou en poussant du pied les instruments de torture, il me semble que tu te familiarises avec cela. J'en suis fâché, mais je n'ai pas le temps de t'en faire faire l'essai. Cette position est dangereuse ; il faut que j'en sorte au plus vite. Ah ! tu refuses de me servir de secrétaire ! aussi bien, tu as raison, car je ne t'en aurais pas moins fait mourir après. On ne saurait vivre avec un secret de Biassou ; et puis, mon cher, j'avais promis ta mort à monsieur le chapelain.

Il se tourna vers l'obi, qui venait d'entrer.

— *Bon per*, votre escouade est-elle prête ?

Celui-ci fit un signe affirmatif.

— Avez-vous pris pour la composer des noirs du Morne-Rouge ? Ce sont les seuls de l'armée qui ne soient point encore forcés de s'occuper des apprêts du départ.

L'obi répondit oui par un second signe.

Biassou alors me montra du doigt le grand dra-

peau noir que j'avais déjà rema...
dans un coin de la grotte.

— Voici qui doit avertir les tiens du mo...
ils pourront donner ton épaulette à ton lieutena...
— Tu sens que dans cet instant-là je dois déjà être en
marche. — A propos, tu viens de te promener,
comment as-tu trouvé les environs ?

— J'y ai remarqué, répondis-je froidement, assez
d'arbres pour y pendre toi et toute ta bande.

— Eh bien! répliqua-t-il avec un ricanement
forcé, il est un endroit que tu n'as sans doute pas vu,
et avec lequel le *bon per* te fera faire connaissance.
— Adieu, jeune capitaine, bonsoir à Léogri.

Il me salua avec ce rire qui me rappelait le bruit
du serpent à sonnettes, fit un geste, me tourna le
dos, et les nègres m'entraînèrent. L'obi voilé nous
accompagnait, son chapelet à la main.

51

JE marchais au milieu d'eux sans faire de résistance ; il est vrai qu'elle eût été inutile. Nous
montâmes sur la croupe d'un mont situé à l'ouest de
la savane, où nous nous reposâmes un instant ; là je
jetai un dernier regard sur ce soleil couchant qui ne
devait plus se lever pour moi. Mes guides se levèrent, je les suivis. Nous descendîmes dans une petite
vallée qui m'eût enchanté dans tout autre instant.
Un torrent la traversait dans sa largeur et communiquait au sol une humidité féconde ; ce torrent se
jetait à l'extrémité du vallon dans un de ces lacs
bleus dont abonde l'intérieur des mornes à Saint-
Domingue. Que de fois, dans des temps plus heureux, je m'étais assis pour rêver sur le bord de ces
beaux lacs à l'heure du crépuscule, quand leur azur

d'argent où le reflet des
          ir sème des paillettes d'or !
          bientôt venir, mais il fallait
         vallée me sembla belle ! on y
        es à fleurs d'érable d'une force et
       prodigieuses ; des bouquets touffus
     , sorte de palmier qui exclut toute autre
    sous son ombrage, des dattiers, des
   as avec leurs larges calices, de grands ca-
tal s montrant leurs feuilles polies et découpées
parmi les grappes d'or des faux ébéniers. L'odier du
Canada y mêlait ses fleurs d'un jaune pâle aux
auréoles bleues dont se charge cette espèce de
chèvrefeuille sauvage que les nègres nomment *coali*.
Des rideaux verdoyants de lianes dérobaient à la
vue les flancs bruns des rochers voisins. Il s'élevait
de tous les points de ce sol vierge un parfum primitif
comme celui que devait respirer le premier homme
sur les premières roses de l'Éden.

Nous marchions cependant le long d'un sentier
tracé sur le bord du torrent. Je fus surpris de voir ce
sentier aboutir brusquement au pied d'un roc à pic,
au bas duquel je remarquai une ouverture en forme
d'arche, d'où s'échappait le torrent. Un bruit sourd,
un vent impétueux sortaient de cette arche naturelle. Les nègres prirent à gauche, et nous gravîmes
le roc en suivant un chemin tortueux et inégal, qui
semblait y avoir été creusé par les eaux d'un torrent
desséché depuis longtemps. Une voûte se présenta, à
demi bouchée par les ronces, les houx et les épines
sauvages qui y croissaient. Un bruit pareil à celui de
l'arche de la vallée se faisait entendre sous cette
voûte. Les noirs m'y entraînèrent. Au moment où je
fis le premier pas dans ce souterrain, l'obi s'approcha de moi, et me dit d'une voix étrange : — Voici ce
que j'ai à te prédire maintenant ; un de nous deux
seulement sortira de cette voûte et repassera par ce
chemin. — Je dédaignai de répondre. Nous avançâ-
mes dans l'obscurité. Le bruit devenait de plus en
plus fort ; nous ne nous entendions plus marcher. Je

jugeai qu'il devait être produit par une chute d'eau ; je ne me trompais pas.

Après dix minutes de marche dans les ténèbres, nous arrivâmes sur une espèce de plate-forme intérieure, formée par la nature dans le centre de la montagne. La plus grande partie de cette plate-forme demi-circulaire était inondée par le torrent qui jaillissait des veines du mont avec un bruit épouvantable. Au-dessus de cette salle souterraine, la voûte formait une sorte de dôme tapissé de lierre d'une couleur jaunâtre. Cette voûte était traversée presque dans toute sa largeur par une crevasse à travers laquelle le jour pénétrait, et dont le bord était couronné d'arbustes verts, dorés en ce moment des rayons du soleil. A l'extrémité nord de la plate-forme, le torrent se perdait avec fracas dans un gouffre au fond duquel semblait flotter, sans pouvoir y pénétrer, la vague lueur qui descendait de la crevasse. Sur l'abîme se penchait un vieil arbre, dont les plus hautes branches se mêlaient à l'écume de la cascade, et dont la souche noueuse perçait le roc, un ou deux pieds au-dessous du bord. Cet arbre, baignant ainsi à la fois dans le torrent sa tête et sa racine, qui se projetait sur le gouffre comme un bras décharné, était si dépouillé de verdure qu'on n'en pouvait reconnaître l'espèce. Il offrait un phénomène singulier : l'humidité qui imprégnait ses racines l'empêchait seule de mourir, tandis que la violence de la cataracte lui arrachait successivement ses branches nouvelles, et le forçait de conserver éternellement les mêmes rameaux.

Les noirs s'arrêtèrent en cet endroit terrible, et je vis qu'il fallait mourir.

Alors, près de ce gouffre dans lequel je me précipitais en quelque sorte volontairement, l'image du bonheur auquel j'avais renoncé peu d'heures auparavant revint m'assaillir comme un regret, presque comme un remords. Toute prière était indigne de moi ; une plainte m'échappa pourtant.

— Amis, dis-je aux noirs qui m'entouraient, savez-vous que c'est une triste chose que de périr à vingt ans, quand on est plein de force et de vie, qu'on est aimé de ceux qu'on aime, et qu'on laisse derrière soi des yeux qui pleureront jusqu'à ce qu'ils se ferment ?

Un rire horrible accueillit ma plainte. C'était celui du petit obi. Cette espèce de malin esprit, cet être impénétrable s'approcha brusquement de moi.

— Ha ! ha ! ha ! Tu regrettes la vie. *Labado sea Dios !* Ma seule crainte, c'était que tu n'eusses pas peur de la mort !

C'était cette même voix, ce même rire, qui avaient déjà fatigué mes conjectures.

— Misérable, lui dis-je, qui es-tu donc ?

— Tu vas le savoir ! me répondit-il d'un accent terrible. Puis, écartant le soleil d'argent qui parait sa brune poitrine : — Regarde !

Je me penchai jusqu'à lui. Deux noms étaient gravés sur le sein velu de l'obi en lettres blanchâtres, traces hideuses et ineffaçables qu'imprimait un fer ardent sur la poitrine des esclaves. L'un de ces noms était *Effingham*, l'autre était celui de mon oncle, le mien, *d'Auverney* ! Je demeurai muet de surprise.

194

— Eh bien! Léopold d'Auverney, me demanda l'obi, ton nom te dit-il le mien?

— Non, répondis-je étonné de m'entendre nommer par cet homme, et cherchant à rallier mes souvenirs. Ces deux noms ne furent jamais réunis que sur la poitrine du bouffon... Mais il est mort, le pauvre nain, et d'ailleurs il nous était attaché, lui. Tu ne peux pas être Habibrah!

— Lui-même! s'écria-t-il d'une voix effrayante; et, soulevant la sanglante *gorra,* il détacha son voile. Le visage difforme du nain de la maison s'offrit à mes yeux; mais à l'air de folle gaieté que je lui connaissais avait succédé une expression menaçante et sinistre.

— Grand Dieu! m'écriai-je frappé de stupeur, tous les morts reviennent-ils? C'est Habibrah, le bouffon de mon oncle!

Le nain mit la main sur son poignard, et dit sourdement:

— Son bouffon, — et son meurtrier.

Je reculai avec horreur.

— Son meurtrier! Scélérat, est-ce donc ainsi que tu as reconnu ses bontés?

Il m'interrompit.

— Ses bontés! dis ses outrages!

— Comment! repris-je, c'est toi qui l'as frappé, misérable!

— Moi! répondit-il avec une expression horrible. Je lui ai enfoncé le couteau si profondément dans le cœur, qu'à peine a-t-il eu le temps de sortir du sommeil pour entrer dans la mort. Il a crié faiblement : A moi, Habibrah! — J'étais à lui.

Son atroce récit, son atroce sang-froid me révoltèrent.

— Malheureux! lâche assassin! tu avais donc oublié les faveurs qu'il n'accordait qu'à toi? tu mangeais près de sa table, tu dormais près de son lit...

— ...Comme un chien! interrompit brusquement Habibrah; *como un perro!* Va! je ne me suis que

195

trop souvenu de ces faveurs qui sont les affronts ! Je m'en suis vengé sur lui, je vais m'en venger sur toi ! Écoute. Crois-tu donc que pour être mulâtre, nain et difforme, je ne sois pas homme ? Ah ! j'ai une âme, et une âme plus profonde et plus forte que celle dont je vais délivrer ton corps de jeune fille ! J'ai été donné à ton oncle comme un sapajou. Je servais à ses plaisirs, j'amusais ses mépris. Il m'aimait, dis-tu ; j'avais une place dans son cœur ; oui, entre sa guenon et son perroquet. Je m'en suis choisi une autre avec mon poignard !

Je frémissais.

— Oui, continua le nain, c'est moi ! c'est bien moi ! regarde-moi en face, Léopold d'Auverney ! Tu as assez ri de moi, tu peux frémir maintenant. Ah ! tu me rappelles la honteuse prédilection de ton oncle pour celui qu'il nommait son bouffon ! Quelle prédilection, *bon Giu !* Si j'entrais dans vos salons, mille rires dédaigneux m'accueillaient ; ma taille, mes difformités, mes traits, mon costume dérisoire, jusqu'aux infirmités déplorables de ma nature, tout en moi prêtait aux railleries de ton exécrable oncle et de ses exécrables amis. Et moi, je ne pouvais pas même me taire ; il fallait, *o rabia !* il fallait mêler mon rire aux rires que j'excitais ! Réponds, crois-tu que de pareilles humiliations soient un titre à la reconnaissance d'une créature humaine ? Crois-tu qu'elles ne vaillent pas les misères des autres esclaves, les travaux sans relâche, les ardeurs du soleil, les carcans de fer et le fouet des commandeurs ? Crois-tu qu'elles ne suffisent pas pour faire germer dans un cœur d'homme une haine ardente, implacable, éternelle, comme le stigmate d'infamie qui flétrit ma poitrine ? Oh ! pour avoir souffert si longtemps, que ma vengeance a été courte ! Que n'ai-je pu faire endurer à mon odieux tyran tous les tourments qui renaissaient pour moi à tous les moments de tous les jours ! Que n'a-t-il pu avant de mourir connaître l'amertume de l'orgueil blessé et sentir quelles traces brûlantes laissent les larmes de

196

honte et de rage sur un visage condamné à un rire perpétuel ! Hélas ! il est bien dur d'avoir tant attendu l'heure de punir, et d'en finir d'un coup de poignard ! Encore s'il avait pu savoir quelle main le frappait ! Mais j'étais trop impatient d'entendre son dernier râle ; j'ai enfoncé trop vite le couteau ; il est mort sans m'avoir reconnu, et ma fureur a trompé ma vengeance ! Cette fois, du moins, elle sera plus complète. Tu me vois bien, n'est-ce pas ? Il est vrai que tu dois avoir peine à me reconnaître dans le nouveau jour qui me montre à toi ! Tu ne m'avais jamais vu que sous un air riant et joyeux ; maintenant que rien n'interdit à mon âme de paraître dans mes yeux, je ne dois plus me ressembler. Tu ne connaissais que mon masque ; voici mon visage !

Il était horrible.

— Monstre ! m'écriai-je, tu te trompes, il y a encore quelque chose du baladin dans l'atrocité de tes traits et de ton cœur.

— Ne parle pas d'atrocité ! interrompit Habibrah. Songe à la cruauté de ton oncle...

— Misérable ! repris-je indigné, s'il était cruel, c'était par toi ! Tu plains le sort des malheureux esclaves ; mais pourquoi alors tournais-tu contre tes frères le crédit que la faiblesse de ton maître t'accordait ? Pourquoi n'as-tu jamais essayé de le fléchir en leur faveur ?

— J'en aurais été bien fâché ! Moi, empêcher un blanc de se souiller d'une atrocité ! Non ! non ! Je l'engageais au contraire à redoubler de mauvais traitements envers ses esclaves, afin d'avancer l'heure de la révolte, afin que l'excès de l'oppression amenât enfin la vengeance ! En paraissant nuire à mes frères, je les servais !

Je restai confondu devant une si profonde combinaison de la haine.

— Eh bien ! continua le nain, trouves-tu que j'ai su méditer et exécuter ? Que dis-tu du bouffon Habibrah ? Que dis-tu du fou de ton oncle ?

— Achève ce que tu as si bien commencé, lui répondis-je. Fais-moi mourir, mais hâte-toi !

Il se mit à se promener de long en large sur la plate-forme, en se frottant les mains.

— Et s'il ne me plaît pas de me hâter, à moi ? si je veux jouir à mon aise de tes angoisses ? Vois-tu, Biassou me devait ma part dans le butin du dernier pillage. Quand je t'ai vu au camp des noirs, je ne lui ai demandé que ta vie. Il me l'a accordée volontiers ; et maintenant elle est à moi ! Je m'en amuse. Tu vas bientôt suivre cette cascade dans ce gouffre, sois tranquille ; mais je dois te dire auparavant qu'ayant découvert la retraite où ta femme avait été cachée, j'ai inspiré aujourd'hui à Biassou de faire incendier la forêt, cela doit être commencé à présent. Ainsi ta famille est anéantie. Ton oncle a péri par le fer ; tu vas périr par l'eau, ta Marie par le feu !

— Misérable ! misérable ! m'écriai-je ; et je fis un mouvement pour me jeter sur lui.

Il se retourna vers les nègres.

— Allons, attachez-le ! il avance son heure.

Alors les nègres commencèrent à me lier en silence avec des cordes qu'ils avaient apportées. Tout à coup je crus entendre les aboiements lointains d'un chien ; je pris ce bruit pour une illusion causée par le mugissement de la cascade. Les nègres achevèrent de m'attacher, et m'approchèrent du gouffre qui devait m'engloutir. Le nain, croisant les bras, me regardait avec une joie triomphante. Je levai les yeux vers la crevasse pour fuir son odieuse vue, et pour découvrir encore le ciel. En ce moment un aboiement plus fort et plus prononcé se fit entendre. La tête énorme de Rask passa par l'ouverture. Je tressaillis. Le nain s'écria : — Allons ! — Les noirs, qui n'avaient pas remarqué les aboiements, se préparèrent à me lancer au milieu de l'abîme.

— CAMARADES ! cria une voix tonnante.

Tous se retournèrent ; c'était Bug-Jargal. Il était debout sur le bord de la crevasse ; une plume rouge flottait sur sa tête.

— Camarades, répéta-t-il, arrêtez !

Les noirs se prosternèrent. Il continua :

— Je suis Bug-Jargal.

Les noirs frappèrent la terre de leurs fronts, en poussant des cris dont il était difficile de distinguer l'expression.

— Déliez le prisonnier, cria le chef.

Ici le nain parut se réveiller de la stupeur où l'avait plongé cette apparition inattendue. Il arrêta brusquement les bras des noirs prêts à couper mes liens. — Comment ! qu'est-ce ? s'écria-t-il. *Que quiere decir eso ?**

Puis, levant la tête vers Bug-Jargal :

— Chef du Morne-Rouge, que venez-vous faire ici ?

Bug-Jargal répondit :

— Je viens commander à mes frères !

— En effet, dit le nain avec une rage concentrée, ce sont des •noirs du Morne-Rouge ! Mais de quel droit, ajouta-t-il en haussant la voix, disposez-vous de mon prisonnier ?

Le chef répondit :

— Je suis Bug-Jargal.

Les noirs frappèrent la terre de leurs fronts.

— Bug-Jargal, reprit Habibrah, ne peut pas défaire ce qu'a fait Biassou. Ce blanc m'a été donné par Biassou. Je veux qu'il meure ; il mourra. —

* *Que veut dire ceci ?*

Vosotros, dit-il aux noirs, obéissez ! Jetez-le dans le gouffre.

A la voix puissante de l'obi, les noirs se relevèrent et firent un pas vers moi. Je crus que c'en était fait.

— Déliez le prisonnier ! cria Bug-Jargal.

En un clin d'œil je fus libre. Ma surprise égalait la rage de l'obi. Il voulut se jeter sur moi. Les noirs l'arrêtèrent. Alors il s'exhala en imprécations et en menaces.

— *Demonios ! rabia ! infierno de mi alma !** Comment ! misérables ! vous refusez de m'obéir ! vous méconnaissez *mi voz !* Pourquoi ai-je perdu *el tiempo* à écouter *este maldicho !*** J'aurais dû le faire jeter tout de suite aux poissons *del baratro !**** A force de vouloir une vengeance complète, je la perds ! *O rabia de Satan ! Escuchate, vosotros !***** Si vous ne m'obéissez pas, si vous ne précipitez pas cet exécrable blanc dans le torrent, je vous maudis ! Vos cheveux deviendront blancs ; les maringouins et les bigailles vous dévoreront tout vivants ; vos jambes et vos bras plieront comme des roseaux ; votre haleine brûlera votre gosier comme un sable ardent ; vous mourrez bientôt, et après votre mort vos esprits seront condamnés à tourner sans cesse une meule grosse comme une montagne, dans la lune où il fait froid !

Cette scène produisait sur moi un effet singulier. Seul de mon espèce dans cette caverne humide et noire, environné de ces nègres pareils à des démons, balancé en quelque sorte au penchant de cet abîme sans fond, tour à tour menacé par ce nain hideux, par ce sorcier difforme, dont un jour pâle laissait à peine entrevoir le vêtement bariolé et la mitre pointue, et protégé par le grand noir, qui m'apparaissait au seul point d'où l'on pût voir le ciel, il me

---

* *Démons ! rage ! enfer de mon âme !*
** *Ce maudit !*
*** *De l'enfer !*
**** *Ô rage de Satan ! Écoutez, vous autres.*

200

semblait être aux portes de l'enfer, attendre la perte ou le salut de mon âme, et assister à une lutte opiniâtre entre mon bon ange et mon mauvais génie.

Les noirs paraissaient terrifiés des malédictions de l'obi. Il voulut profiter de leur indécision, et s'écria :

— Je veux que le blanc meure. Vous obéirez ; il mourra.

Bug-Jargal répondit gravement :

— Il vivra ! Je suis Bug-Jargal. Mon père était roi au pays de Kakongo, et rendait la justice sur le seuil de sa porte.

Les noirs s'étaient prosternés de nouveau.

Le chef poursuivit :

— Frères ! allez dire à Biassou de ne pas déployer sur la montagne le drapeau noir qui doit annoncer aux blancs la mort de ce captif ; car ce captif a sauvé la vie à Bug-Jargal, et Bug-Jargal veut qu'il vive !

Ils se relevèrent. Bug-Jargal jeta sa plume rouge au milieu d'eux. Le chef du détachement croisa les bras sur sa poitrine, et ramassa le panache avec respect ; puis ils sortirent sans proférer une parole. L'obi disparut avec eux dans les ténèbres de l'avenue souterraine.

Je n'essayerai pas de vous peindre, messieurs, la situation où je me trouvais. Je fixai des yeux humides sur Pierrot, qui de son côté me contemplait avec une singulière expression de reconnaissance et de fierté.

— Dieu soit béni, dit-il enfin, tout est sauvé. Frère, retourne par où tu es venu. Tu me retrouveras dans la vallée.

Il me fit un signe de la main, et se retira.

PRESSÉ d'arriver à ce rendez-vous et de savoir
par quel merveilleux bonheur mon sauveur m'avait
été ramené si à propos, je me disposai à sortir de
l'effrayante caverne. Cependant de nouveaux dan-
gers m'y étaient réservés. A l'instant où je me
dirigeai vers la galerie souterraine, un obstacle
imprévu m'en barra tout à coup l'entrée. C'était
encore Habibrah. Le rancuneux obi n'avait pas suivi
les nègres comme je l'avais cru ; il s'était caché
derrière un pilier de roches, attendant un moment
plus propice pour sa vengeance. Ce moment était
venu. Le nain se montra subitement et rit. J'étais
seul, désarmé ; un poignard, le même qui lui tenait
lieu de crucifix, brillait dans sa main. A sa vue je
reculai involontairement.

— Ha ! ha ! *maldicho !* tu croyais donc m'échapper ! mais le fou est moins fou que toi. Je te tiens, et
cette fois je ne te ferai pas attendre. Ton ami Bug-
Jargal ne t'attendra pas non plus en vain. Tu iras au
rendez-vous dans la vallée, mais c'est le flot de ce
torrent qui se chargera de t'y conduire.

En parlant ainsi, il se précipita sur moi le poignard levé.

— Monstre ! lui dis-je en reculant sur la plate-
forme, tout à l'heure tu n'étais qu'un bourreau,
maintenant tu es un assassin !

— Je me venge ! répondit-il en grinçant des dents.

En ce moment j'étais sur le bord du précipice ; il
fondit brusquement sur moi, afin de m'y pousser
d'un coup de poignard. J'esquivai le choc. Le pied
lui manqua sur cette mousse glissante dont les
rochers humides sont en quelque sorte enduits ; il
roula sur la pente arrondie par les flots. — Mille

démons ! s'écria-t-il en rugissant. — Il était tombé dans l'abîme.

Je vous ai dit qu'une racine du vieil arbre sortait d'entre les fentes du granit, un peu au-dessous du bord. Le nain la rencontra dans sa chute, sa jupe chamarrée s'embarrassa dans les nœuds de la souche, et, saisissant ce dernier appui, il s'y cramponna avec une énergie extraordinaire. Son bonnet aigu se détacha de sa tête ; il fallut lâcher son poignard ; et cette arme d'assassin et la gorra sonnante du bouffon disparurent ensemble en se heurtant dans les profondeurs de la cataracte.

Habibrah, suspendu sur l'horrible gouffre, essaya d'abord de remonter sur la plate-forme ; mais ses petits bras ne pouvaient atteindre jusqu'à l'arête de l'escarpement, et ses ongles s'usaient en efforts impuissants pour entamer la surface visqueuse du roc qui surplombait dans le ténébreux abîme. Il hurlait de rage.

La moindre secousse de ma part eût suffi pour le précipiter ; mais c'eût été une lâcheté, et je n'y songeai pas un moment. Cette modération le frappa. Remerciant le ciel du salut qu'il m'envoyait d'une manière si inespérée, je me décidais à l'abandonner à son sort, et j'allais sortir de la salle souterraine, quand j'entendis tout à coup la voix du nain sortir de l'abîme, suppliante et douloureuse :

— Maître ! criait-il, maître ! ne vous en allez pas, de grâce ! au nom du *bon Giu*, ne laissez pas mourir, impénitente et coupable, une créature humaine que vous pouvez sauver. Hélas ! les forces me manquent, la branche glisse et plie dans mes mains, le poids de mon corps m'entraîne, je vais la lâcher ou elle va se rompre. — Hélas ! maître ! l'effroyable gouffre tourbillonne au-dessous de moi ! *Nombre santo de Dios !** n'aurez-vous aucune pitié pour votre pauvre bouffon ? Il est bien criminel ; mais ne lui prouverez-

* *Saint nom de Dieu !*

vous pas que les blancs valent mieux que les mulâtres, les maîtres que les esclaves ?

Je m'étais approché du précipice presque ému, et la terne lumière qui descendait de la crevasse me montrait sur le visage repoussant du nain une expression que je ne lui connaissais pas encore, celle de la prière et de la détresse.

— *Señor* Léopold, continua-t-il, encouragé par le mouvement de pitié qui m'était échappé, serait-il vrai qu'un être humain vît son semblable dans une position aussi horrible, pût le secourir, et ne le fît pas ? Hélas ! tendez-moi la main, maître. Il ne faudrait qu'un peu d'aide pour me sauver. Ce qui est tout pour moi est si peu de chose pour vous ! Tirez-moi à vous, de grâce ! Ma reconnaissance égalera mes crimes.

Je l'interrompis :

— Malheureux ! ne rappelle pas ce souvenir !

— C'est pour le détester, maître ! reprit-il. Ah ! soyez plus généreux que moi ! O ciel ! ô ciel ! je faiblis ! je tombe. — *Ay desdichado !** La main ! votre main ! tendez-moi la main ! au nom de la mère qui vous a porté !

Je ne saurais vous dire à quel point était lamentable cet accent de terreur et de souffrance ! J'oubliai tout. Ce n'était plus un ennemi, un traître, un assassin, c'était un malheureux qu'un léger effort de ma part pouvait arracher à une mort affreuse. Il m'implorait si pitoyablement ! Toute parole, tout reproche eût été inutile et ridicule ; le besoin d'aide paraissait urgent. Je me baissai, et, m'agenouillant le long du bord, l'une de mes mains appuyée sur le tronc de l'arbre dont la racine soutenait l'infortuné Habibrah, je lui tendis l'autre... — Dès qu'elle fut à sa portée, il la saisit de ses deux mains avec une force prodigieuse, et, loin de se prêter au mouvement d'ascension que je voulais lui donner, je le

* *Hélas, malheureux. On reconnaît le nom d'un des personnages de l'*Ivanhoé *de W. Scott.*

204

sentis qui cherchait à m'entraîner avec lui dans l'abîme. Si le tronc de l'arbre ne m'eût pas prêté un aussi solide appui, j'aurais été infaílliblement arraché du bord par la secousse violente et inattendue que me donna le misérable.

— Scélérat ! m'écriai-je, que fais-tu ?

— Je me venge ! répondit-il avec un rire éclatant et infernal. Ah ! je te tiens enfin ! Imbécile ! tu t'es livré toi-même ! je te tiens ! Tu étais sauvé, j'étais perdu ; et c'est toi qui rentres volontairement dans la gueule du caïman, parce qu'elle a gémi après avoir rugi ! Me voilà consolé, puisque ma mort est une vengeance ! Tu es pris au piège, *amigo* ! et j'aurai un compagnon humain chez les poissons du lac.

— Ah ! traître ! dis-je en me roidissant, voilà comme tu me récompenses d'avoir voulu te tirer du péril !

— Oui, reprenait-il, je sais que j'aurais pu me sauver avec toi, mais j'aime mieux que tu périsses avec moi. J'aime mieux ta mort que ma vie ! Viens !

En même temps, ses deux mains bronzées et calleuses se crispaient sur la mienne avec des efforts inouïs ; ses yeux flamboyaient, sa bouche écumait ; ses forces, dont il déplorait si douloureusement l'abandon un moment auparavant, lui étaient revenues, exaltées par la rage et la vengeance ; ses pieds s'appuyaient ainsi que deux leviers aux parois perpendiculaires du rocher, et il bondissait comme un tigre sur la racine, qui, mêlée à ses vêtements, le soutenait malgré lui ; car il eût voulu la briser afin de peser de tout son poids sur moi et de m'entraîner plus vite. Il interrompait quelquefois, pour la mordre avec fureur, le rire épouvantable que m'offrait son monstrueux visage. On eût dit l'horrible démon de cette caverne cherchant à attirer une proie dans son palais d'abîmes et de ténèbres.

Un de mes genoux s'était heureusement arrêté dans une anfractuosité du rocher ; mon bras s'était en quelque sorte noué à l'arbre qui m'appuyait ; et je luttais contre les efforts du nain avec toute l'énergie que le sentiment de la conservation peut donner dans un semblable moment. De temps en temps je soulevais péniblement ma poitrine, et j'appelais de toutes mes forces : Bug-Jargal ! Mais le fracas de la cascade et l'éloignement me laissaient bien peu d'espoir qu'il pût entendre ma voix.

Cependant le nain, qui ne s'était pas attendu à tant de résistance, redoublait ses furieuses secousses. Je commençais à perdre mes forces, bien que cette lutte eût duré bien moins de temps qu'il ne m'en faut pour vous la raconter. Un tiraillement insupportable paralysait presque mon bras ; ma vue se troublait ; des lueurs livides et confuses se croisaient devant mes yeux, des tintements remplissaient mes oreilles ; j'entendais crier la racine prête à rompre, rire le monstre prêt à tomber, et il me semblait que le gouffre hurlant se rapprochait de moi.

Avant de tout abandonner à l'épuisement et au désespoir, je tentai un dernier appel ; je rassemblai mes forces éteintes, et je criai encore une fois : Bug-Jargal ! Un aboiement me répondit. J'avais reconnu Rask, je tournais les yeux. Bug-Jargal et son chien étaient au bord de la crevasse. Je ne sais s'il avait entendu ma voix ou si quelque inquiétude l'avait ramené. Il vit mon danger.

— Tiens bon ! me cria-t-il.

Habibrah, craignant mon salut, me criait de son côté en écumant de fureur :

— Viens donc ! viens ! et il ramassait, pour en finir, le reste de sa vigueur surnaturelle.

En ce moment, mon bras fatigué se détacha de l'arbre. C'en était fait de moi ! quand je me sentis saisir par-derrière ; c'était Rask. A un signe de son maître il avait sauté de la crevasse sur la plate-forme, et sa gueule me retenait puissamment par les basques de mon habit. Ce secours inattendu me sauva. Habibrah avait consumé toute sa force dans son dernier effort ; je rappelai la mienne pour lui arracher ma main. Ses doigts engourdis et roides furent enfin contraints de me lâcher; la racine, si longtemps tourmentée, se brisa sous son poids; et, tandis que Rask me retirait violemment en arrière, le misérable nain s'engloutit dans l'écume de la sombre cascade, en me jetant une malédiction que je n'entendis pas, et qui retomba avec lui dans l'abîme.

Telle fut la fin du bouffon de mon oncle.

55

CETTE scène effrayante, cette lutte forcenée, son dénouement terrible, m'avaient accablé. J'étais presque sans force et sans connaissance. La voix de Bug-Jargal me ranima.

— Frère! me criait-il, hâte-toi de sortir d'ici! Le soleil sera couché dans une demi-heure. Je vais t'attendre là-bas. Suis Rask.

Cette parole amie me rendit tout à la fois espérance, vigueur et courage. Je me relevai. Le dogue s'enfonça rapidement dans l'avenue souterraine; je le suivis; son jappement me guidait dans l'ombre. Après quelques instants je revis le jour devant moi; enfin nous atteignîmes l'issue, et je respirai librement. En sortant de dessous la voûte humide et noire je me rappelai la prédiction du nain, au moment où nous y étions entrés :

« L'un de nous deux seulement repassera par ce chemin. »

Son attente avait été trompée, mais sa prophétie s'était réalisée.

56

PARVENU dans la vallée, je revis Bug-Jargal ; je me jetai dans ses bras, et j'y demeurai oppressé, ayant mille questions à lui faire et ne pouvant parler.

— Écoute, me dit-il, ta femme, ma sœur, est en sûreté. Je l'ai remise, au camp des blancs, à l'un de vos parents, qui commande les avant-postes ; je voulais me rendre prisonnier, de peur qu'on ne sacrifiât en ma place les dix têtes qui répondent de la mienne. Ton parent m'a dit de fuir et de tâcher de prévenir ton supplice, les dix noirs ne devant être exécutés que si tu l'étais, ce que Biassou devait faire annoncer en arborant un drapeau noir sur la plus haute de nos montagnes. Alors j'ai couru, Rask m'a conduit, et je suis arrivé à temps, grâce au ciel ! Tu vivras, et moi aussi.

Il me tendit la main et ajouta :

— Frère, es-tu content ?

Je le serrai de nouveau dans mes bras ; je le conjurai de ne plus me quitter, de rester avec moi parmi les blancs ; je lui promis un grade dans l'armée coloniale. Il m'interrompit d'un air farouche.

— Frère, est-ce que je te proposé de t'enrôler parmi les miens ?

Je gardai le silence, je sentais mon tort. Il ajouta avec gaieté :

— Allons, viens vite revoir et rassurer ta femme !

Cette proposition répondait à un besoin pressant de mon cœur ; je me levai ivre de bonheur ; nous partîmes. Le noir connaissait le chemin ; il marchait devant moi ; Rask nous suivait... —

Ici d'Auverney s'arrêta et jeta un sombre regard

autour de lui. La sueur coulait à grosses gouttes de son front. Il couvrit son visage avec sa main. Rask le regardait d'un air inquiet.

— Oui, c'est ainsi que tu me regardais ! murmura-t-il.

Un instant après, il se leva violemment agité, et sortit de la tente. Le sergent et le dogue l'accompagnèrent.

57

— Je gagerais, s'écria Henri, que nous approchons de la catastrophe ! Je serais vraiment fâché qu'il arrivât quelque chose à Bug-Jargal ; c'était un fameux homme !

Paschal ôta de ses lèvres le goulot de sa bouteille revêtue d'osier, et dit :

— J'aurais voulu, pour douze paniers de Porto, voir la noix de coco qu'il vida d'un trait.

Alfred, qui était en train de rêver à un air de guitare, s'interrompit, et pria le lieutenant Henri de lui rattacher ses aiguillettes ; il ajouta :

— Ce nègre m'intéresse beaucoup. Seulement je n'ai pas encore osé demander à d'Auverney s'il savait aussi l'air de *la hermosa Padilla*.

— Biassou est bien plus remarquable, reprit Paschal ; son vin goudronné ne devait pas valoir grand-chose, mais du moins cet homme-là savait ce que c'est qu'un Français. Si j'avais été son prisonnier, j'aurais laissé pousser ma moustache pour qu'il me prêtât quelques piastres dessus, comme la ville de Goa à ce capitaine portugais. Je vous déclare que mes créanciers sont plus impitoyables que Biassou.

— A propos, capitaine ! voilà quatre louis que je vous dois ! s'écria Henri en jetant sa bourse à Paschal.

Le capitaine regarda d'un œil étonné son généreux débiteur, qui aurait à plus juste titre pu se dire son créancier. Henri se hâta de poursuivre.

— Voyons, messieurs, que pensez-vous jusqu'ici de l'histoire que nous raconte le capitaine ?

— Ma foi, dit Alfred, je n'ai pas écouté fort attentivement, mais je vous avoue que j'aurais espéré quelque chose de plus intéressant de la bouche du rêveur d'Auverney. Et puis il y a une romance en prose, et je n'aime pas les romances en prose ; sur quel air chanter cela ? En somme, l'histoire de Bug-Jargal m'ennuie ; c'est trop long.

— Vous avez raison, dit l'aide de camp Paschal ; c'est trop long. Si je n'avais pas eu ma pipe et mon flacon, j'aurais passé une méchante nuit. Remarquez en outre qu'il y a beaucoup de choses absurdes. Comment croire, par exemple, que ce petit magot de sorcier... comment l'appelle-t-il déjà ? *Habit-bas ?* comment croire qu'il veuille, pour noyer son ennemi, se noyer lui-même ?

Henri l'interrompit en souriant :

— Dans de l'eau, surtout ! N'est-ce pas, capitaine Paschal ? Quant à moi, ce qui m'amusait le plus pendant le récit d'Auverney, c'était de voir son chien boiteux lever la tête chaque fois qu'il prononçait le nom de Bug-Jargal.

— Et en cela, interrompit Paschal, il faisait précisément le contraire de ce que j'ai vu faire aux vieilles bonnes femmes de Celadas quand le prédicateur prononçait le nom de Jésus ; j'entrais dans l'église avec une douzaine de cuirassiers...

Le bruit du fusil du factionnaire avertit que d'Auverney rentrait. Tout le monde se tut. Il se promena quelque temps les bras croisés et en silence. Le vieux Thadée, qui s'était rassis dans un coin, l'observait à la dérobée, et s'efforçait de paraître caresser Rask, pour que le capitaine ne s'aperçût pas de son inquiétude.

D'Auverney reprit enfin :

58

— Rask nous suivait. Le rocher le plus élevé de la vallée n'était plus éclairé par le soleil ; une lueur s'y peignit tout à coup, et passa. Le noir tressaillit ; il me serra fortement la main.

— Écoute, me dit-il.

Un bruit sourd, semblable à la décharge d'une pièce d'artillerie, se fit entendre alors dans les vallées, et se prolongea d'écho en écho.

— C'est le signal ! dit le nègre d'une voix sombre. Il reprit : — C'est un coup de canon, n'est-ce pas ?

Je fis un signe de tête affirmatif.

En deux bonds il fut sur une roche élevée ; je l'y suivis. Il croisa les bras, et se mit à sourire tristement.

— Vois-tu ? me dit-il.

Je regardai du côté qu'il m'indiquait, et je vis le pic qu'il m'avait montré lors de mon entrevue avec Marie, le seul que le soleil éclairât encore, surmonté d'un grand drapeau noir.

Ici, d'Auverney fit une pause.

— J'ai su depuis que Biassou, pressé de partir, et me croyant mort, avait fait arborer l'étendard avant le retour du détachement qui avait dû m'exécuter.

Bug-Jargal était toujours là, debout, les bras croisés, et contemplant le lugubre drapeau. Soudain il se retourna vivement et fit quelques pas, comme pour descendre du roc.

— Dieu ! Dieu ! mes malheureux compagnons !

Il revint à moi. — As-tu entendu le canon ? me demanda-t-il. — Je ne répondis point.

— Eh bien ! frère, c'était le signal. On les conduit maintenant.

Sa tête tomba sur sa poitrine. Il se rapprocha encore de moi.

— Va retrouver ta femme, frère ; Rask te conduira.

Il siffla un air africain, le chien se mit à remuer la queue, et parut vouloir se diriger vers un point de la vallée.

Bug-Jargal me prit la main et s'efforça de sourire ; mais ce sourire était convulsif.

— Adieu ! me cria-t-il d'une voix forte ; et il se perdit dans les touffes d'arbres qui nous entouraient.

J'étais pétrifié. Le peu que je comprenais à ce qui venait d'avoir lieu me faisait prévoir tous les malheurs.

Rask, voyant son maître disparaître, s'avança sur le bord du roc, et se mit à secouer la tête avec un hurlement plaintif. Il revint en baissant la queue ; ses grands yeux étaient humides ; il me regarda d'un air inquiet, puis il retourna vers l'endroit d'où son maître était parti, et aboya à plusieurs reprises. Je le compris ; je sentais les mêmes craintes que lui. Je fis quelques pas de son côté ; alors il partit comme un trait en suivant les traces de Bug-Jargal ; je l'aurais eu bientôt perdu de vue, quoique je courusse aussi de toutes mes forces, si, de temps en temps, il ne se fût arrêté, comme pour me donner le temps de le joindre. — Nous traversâmes ainsi plusieurs vallées, nous franchîmes des collines couvertes de bouquets de bois. Enfin...

La voix de d'Auverney s'éteignit. Un sombre désespoir se manifesta sur tous ses traits ; il put à peine articuler ces mots :

— Poursuis, Thadée, car je n'ai pas plus de force qu'une vieille femme.

Le vieux sergent n'était pas moins ému que le capitaine ; il se mit pourtant en devoir de lui obéir.

— Avec votre permission... — Puisque vous le désirez, mon capitaine... — Il faut vous dire, mes officiers, que, quoique Bug-Jargal, dit Pierrot, fût un grand nègre, bien doux, bien fort, bien courageux, et le premier brave de la terre, après vous, s'il vous plaît, mon capitaine, je n'en étais pas moins bien animé contre lui, ce que je ne me pardonnerai jamais, quoique mon capitaine me l'ait pardonné. Si bien, mon capitaine, qu'après avoir entendu annoncer votre mort pour le soir du second jour, j'entrai dans une furieuse colère contre ce pauvre homme, et ce fut avec un vrai plaisir infernal que je lui annonçai que ce serait lui ou, à son défaut, dix des siens, qui vous tiendraient compagnie, et qui seraient fusillés en manière de représailles, comme on dit. A cette nouvelle, il ne manifesta rien, sinon qu'une heure après il se sauva en pratiquant un grand trou...

D'Auverney fit un geste d'impatience. Thadée reprit :

— Soit ! — Quand on vit le grand drapeau noir sur la montagne, comme il n'était pas revenu, ce qui ne nous étonnait pas, avec votre permission, mes officiers, on tira le coup de canon de signal, et je fus chargé de conduire les dix nègres au lieu de l'exécution, appelé la Bouche-du-Grand-Diable, et éloigné du camp d'environ... Enfin, qu'importe ! Quand nous fûmes là, vous sentez bien, messieurs, que ce n'était pas pour leur donner la clef des champs, je les fis lier, comme cela se pratique, et je disposai mes pelotons. Voilà que je vois arriver de la forêt le grand nègre. Les bras m'en tombèrent. Il vint à moi tout essoufflé.

— J'arrive à temps ! dit-il. Bonjour, Thadée.

— Oui, messieurs, il ne dit que cela, et il alla délier ses compatriotes. J'étais là, moi, tout stupéfait. Alors, avec votre permission, mon capitaine, il s'engagea un grand combat de générosité entre les noirs et lui, lequel aurait bien dû durer un peu plus longtemps... N'importe ! oui, je m'en accuse, ce fut moi qui le fis cesser. Il prit la place des noirs. En ce moment son grand chien... Pauvre Rask ! il arriva et me sauta à la gorge. Il aurait bien dû, mon capitaine, s'y tenir quelques moments de plus ! Mais Pierrot fit un signe, et le pauvre dogue me lâcha ; Bug-Jargal ne put pourtant pas empêcher qu'il ne vînt se coucher à ses pieds. Alors, je vous croyais mort, mon capitaine. J'étais en colère... — Je criai...

Le sergent étendit la main, regarda le capitaine, mais ne put articuler le mot fatal.

— Bug-Jargal tomba. — Une balle avait cassé la patte de son chien. — Depuis ce temps-là, mes officiers (et le sergent secouait la tête tristement), depuis ce temps-là il est boiteux. J'entendis des gémissements dans le bois voisin ; j'y entrai ; c'était vous, mon capitaine, une balle vous avait atteint au moment où vous accouriez pour sauver le grand nègre. — Oui, mon capitaine, vous gémissiez ; mais c'était sur lui ! Bug-Jargal était mort ! — Vous, mon capitaine, on vous rapporta au camp. Vous étiez blessé moins dangereusement que lui, car vous guérîtes, grâce aux bons soins de madame Marie.

Le sergent s'arrêta. D'Auverney reprit d'une voix solennelle et douloureuse :

— Bug-Jargal était mort !

Thadée baissa la tête.

— Oui, dit-il ; et il m'avait laissé la vie ; et c'est moi qui l'ai tué !

NOTE *

Comme les lecteurs ont en général l'habitude d'exiger des éclaircissements définitifs sur le sort de chacun des personnages auxquels on a tenté de les intéresser, il a été fait des recherches, dans l'intention de satisfaire à cette habitude, sur la destinée ultérieure du capitaine Léopold d'Auverney, de son sergent et de son chien. Le lecteur se rappelle peut-être que la sombre mélancolie du capitaine provenait d'une double cause, la mort de Bug-Jargal, dit Pierrot, et la perte de sa chère Marie, laquelle n'avait été sauvée de l'incendie du fort Galifet que pour périr peu de temps après dans le premier incendie du Cap. Quant au capitaine lui-même, voilà ce qu'on a découvert sur son compte.

Le lendemain d'une grande bataille gagnée par les troupes de la république française sur l'armée de l'Europe, le général divisionnaire M...**, chargé du commandement en chef, était dans sa tente, seul, et rédigeant, d'après les notes de son chef d'état-major, le rapport qui devait être envoyé à la Convention nationale sur la victoire de la veille. Un aide de camp vint lui dire que le représentant du peuple en mission près de lui demandait à lui parler. Le général abhorrait ces espèces d'ambassadeurs à bonnet rouge que la Montagne députait

* *Cette note a été rajoutée en 1826.*
** *Sans doute s'agit-il du général Moreau.*

215

dans les camps pour les dégrader et les décimer, délateurs attitrés, chargés par des bourreaux d'espionner la gloire. Cependant il eût été dangereux de refuser la visite de l'un d'entre eux, surtout après une victoire. L'idole sanglante de ces temps-là aimait les victimes illustres ; et les sacrificateurs de la place de la Révolution étaient joyeux quand ils pouvaient, d'un même coup, faire tomber une tête et une couronne, ne fût-elle que d'épines, comme celle de Louis XVI, de fleurs, comme celle des jeunes filles de Verdun, ou de lauriers, comme celle de Custine et d'André Chénier. Le général ordonna donc qu'on introduisît le représentant.

Après quelques félicitations louches et restrictives sur le récent triomphe des armées républicaines, le représentant, se rapprochant du général, lui dit à demi-voix :

— Ce n'est pas tout, citoyen général ; il ne suffit pas de vaincre les ennemis du dehors, il faut encore exterminer les ennemis du dedans.

— Que voulez-vous dire, citoyen représentant ? répondit le général étonné.

— Il y a dans votre armée, reprit mystérieusement le commissaire de la Convention, un capitaine nommé Léopold d'Auverney ; il sert dans la 32ᵉ demi-brigade. Général, le connaissez-vous ?

— Oui, vraiment ! repartit le général. Je lisais précisément un rapport de l'adjudant-général, chef de la 32ᵉ demi-brigade, qui le concerne. La 32ᵉ avait en lui un excellent capitaine.

— Comment, citoyen général ! dit le représentant avec hauteur. Est-ce que vous lui auriez donné un autre grade ?

— Je ne vous cacherai pas, citoyen représentant, que telle était en effet mon intention...

Ici le commissaire interrompit impérieusement le général.

— La victoire vous aveugle, général M... ! Prenez garde à ce que vous faites et à ce que vous dites. Si vous réchauffez dans votre sein les serpents ennemis du peuple, tremblez que le peuple ne vous écrase en écrasant les serpents ! Ce Léopold d'Auverney est un aristocrate, un contre-révolutionnaire, un royaliste, un feuillant, un girondin. La justice publique le réclame. Il faut me le livrer sur l'heure !

Le général répondit froidement :

— Je ne puis.

— Comment ! vous ne pouvez ! reprit le commissaire dont l'emportement redoublait. Ignorez-vous, général M..., qu'il n'existe ici de pouvoir illimité que le mien ? La république vous ordonne, et vous ne pouvez ! Écoutez-moi. Je veux, par condescendance pour vos succès, vous lire la note qui m'a été donnée sur ce d'Auverney et que je dois envoyer avec sa personne à l'accusateur public. C'est l'extrait d'une liste de noms que vous ne voudrez pas me forcer de clore par le vôtre. Écoutez : — « LÉOPOLD AUVERNEY (ci-devant DE), capitaine dans la 32ᵉ demi-brigade, convaincu, *primo*, d'avoir raconté dans un concilia-bule de conspirateurs une prétendue histoire contre-révolutionnaire tendant à ridiculiser les principes de l'égalité et de la liberté, et à exalter les anciennes superstitions connues sous les noms de *royauté* et de *religion ;* convaincu, *secundo*, de s'être servi d'expressions réprouvées par tous les bons sans-culottes pour caractériser divers événements mémorables, notamment l'affranchissement des ci-devant noirs de Saint-Domingue ; convaincu, *tertio*, de s'être toujours servi du mot *monsieur* dans son récit, et jamais du mot *citoyen ;* enfin, *quarto*, d'avoir, par ledit récit, conspiré ouvertement le renversement de la république au profit de la faction des girondins et brissotistes. Il mérite la mort. » — Eh bien ! général, que dites-vous de cela ? Protégerez-vous encore ce traître ? Balancerez-vous à livrer au châtiment cet ennemi de la patrie ?

— Cet ennemi de la patrie, répliqua le général avec dignité, s'est sacrifié pour elle. A l'extrait de votre rapport je répondrai par un extrait du mien. Écoutez à votre tour : — « LÉOPOLD D'AUVERNEY, capitaine dans la 32e demi-brigade, a décidé la nouvelle victoire que nos armes ont obtenue. Une redoute formidable avait été établie par les coalisés ; elle était la clef de la bataille ; il fallait l'emporter. La mort du brave qui l'attaquerait le premier était certaine. Le capitaine d'Auverney s'est dévoué ; il a pris la redoute, s'y est fait tuer, et nous avons vaincu. Le sergent Thadée, de la 32e, et un chien, ont été trouvés morts près de lui. Nous proposons à la Convention nationale de décréter que le capitaine Léopold d'Auverney a bien mérité de la patrie. » — Vous voyez, représentant, continua le général avec tranquillité, la différence de nos missions ; nous envoyons tous deux, chacun de notre côté, une liste à la Convention. Le même nom se trouve dans les deux listes. Vous le dénoncez comme le nom d'un traître, moi comme celui d'un héros ; vous le vouez à l'ignominie, moi à la gloire ; vous faites dresser un échafaud, moi un trophée ; chacun son rôle. Il est heureux pourtant que ce brave ait pu échapper dans une bataille à vos supplices. Dieu merci ! celui que vous voulez faire mourir est mort. Il ne vous a pas attendu.

Le commissaire, furieux de voir s'évanouir sa conspiration avec son conspirateur, murmura entre ses dents :

— Il est mort ! c'est dommage !

Le général l'entendit et s'écria indigné :

— Il vous reste encore une ressource, citoyen représentant du peuple ! Allez chercher le corps du capitaine d'Auverney dans les décombres de la redoute. Qui sait ? les boulets ennemis auront peut-être laissé la tête du cadavre à la guillotine nationale !

UN PARI ENTRE LYCÉENS
ENGENDRE LA PREMIÈRE VERSION
DE BUG-JARGAL :

« La rentrée des classes n'interrompit pas le *Banquet littéraire*. Victor était libre de sortir quand il voulait et d'emmener Eugène, qui d'ailleurs, capricieux et bizarre par instants, refusait souvent d'y aller et s'enfermait à la pension.

Victor, lui, n'y manquait jamais.

Un jour, l'un des dîneurs eut une idée :

— Savez-vous ce que nous devrions faire ? demanda-t-il.

— Quoi ?

— Nous devrions faire un livre collectif. Nous nous réunissons dans un dîner, réunissons-nous dans un roman !

— Explique-toi.

— Rien de plus simple. Nous supposerons, par exemple, que des officiers, la veille d'une bataille, se racontent leurs histoires pour tuer le temps en attendant qu'ils tuent le monde et que le monde les tue : cela nous donnera l'unité, et nous aurons la variété par nos manières différentes. Nous publierons la chose sans nom d'auteur, et le public sera délicieusement surpris de trouver dans un seul livre toutes les espèces de talent.

— Bravo ! cria la table enthousiasmée.

Le plan fut adopté. On convint de la dimension que devait avoir chaque histoire, car il ne fallait pas que l'ouvrage entier dépassât deux volumes in-octavo pour n'être pas d'une vente trop lourde. Du reste, chacun fut libre de son sujet. Au moment de se séparer, Abel résuma ce qui avait été décidé.

— Et maintenant, ajouta-t-il, il ne va pas s'agir de se croiser les bras. Pour nous forcer au travail, il serait bon

219

de se fixer une époque où nous devrions avoir fini. Voyons, combien de temps nous donnons-nous ?

— Quinze jours, dit Victor.

Les autres le regardèrent pour voir s'il parlait sérieusement. Mais il était à l'âge où l'on ne doute de rien. Il répéta :

— Eh bien, oui, quinze jours.

— Quinze jours pour faire un roman ! dit Malitourne, pour le trouver et pour l'écrire ! c'est de l'enfantillage.

— J'aurai fini dans quinze jours, insista Victor.

— Allons donc !

— Je parie.

— Eh bien, un dîner pour tous.

— Un dîner pour tous, soit.

Le 15 au matin, tous les convives du *Banquet littéraire* reçurent un mot de Victor les avertissant qu'il avait terminé sa nouvelle qui, pour n'être pas chicanée sur la quantité, avait un volume, et que ceux qui voudraient l'entendre n'avaient qu'à se trouver le soir à huit heures chez Gilé.

Tous y coururent, et Victor lut *Bug-Jargal*. »

Victor Hugo raconté par un témoin de sa vie, chap. XXXI.

BUG-JARGAL

Première version

(Extrait d'un ouvrage inédit intitulé :
Les contes sous la tente)

Quand vint le tour du capitaine Delmar, il ouvrit de grands yeux, et avoua à ces Messieurs qu'il ne connaissait réellement aucun trait de sa vie qui méritât de fixer leur attention.
— Mais, capitaine, lui dit le lieutenant Henri, vous avez pourtant beaucoup vu le monde : les Colonies, l'Égypte, l'Allemagne, l'Italie, l'Espagne... — Ah ! capitaine, votre chien boiteux !

Delmar tressaillit, laissa tomber son cigare, et se retourna brusquement vers l'entrée de la tente, au moment où un chien énorme accourait en boitant vers lui.

Le chien écrasa en passant le cigare du capitaine, le capitaine n'y fit nulle attention.

Le chien lui lécha les pieds, le flatta avec sa queue, gambada de son mieux, puis vint se coucher devant lui. — Le capitaine, ému, oppressé, le caressait machinalement de la main gauche, en détachant de l'autre la mentonnière de son casque, et répétait de temps en temps : Te voilà, Rask ; te voilà ! — Enfin, il s'écria : Mais qui donc t'a ramené ?

— Avec votre permission, mon capitaine... Depuis quelques minutes, le sergent Thadée avait soulevé le rideau de la tente, et se tenait debout, le bras droit enveloppé dans sa redingote, les larmes aux yeux, et contemplait en silence le dénoûment de l'Odyssée. Il hasarda à la fin ces paroles : avec votre permission, mon capitaine... — Delmar leva les yeux.

— C'est toi, Thad, et comment diable as-tu pu ?... Pauvre chien ! je le croyais dans le camp anglais ; où donc l'as-tu trouvé ?...

— Dieu merci ! vous m'en voyez, mon capitaine, aussi

joyeux que Monsieur votre fils, quand vous lui faites décliner *cornu*, la corne...

— Mais où l'as-tu trouvé ?...

— Je ne l'ai pas trouvé, mon capitaine, j'ai bien été le chercher.

Le capitaine se leva, et tendit la main au sergent : mais la main du sergent resta enveloppée dans sa redingote. Le capitaine n'y prit point garde.

— C'est que... voyez-vous, mon capitaine, depuis que ce pauvre Rask s'est perdu, je me suis bien aperçu, avec votre permission, Monsieur, qu'il vous manquait quelque chose. — Pour tout vous dire, je crois que le soir où il ne vint pas, comme à l'ordinaire, partager mon pain de munition, peu s'en est fallu que... Mais non, Dieu merci ! je n'ai pleuré que deux fois dans ma vie ; la première, quand... le jour où... Et le sergent regardait son maître avec inquiétude. — La seconde, lorsqu'il prit l'idée à ce nigaud de Balthazar de me faire éplucher une botte d'oignons.

— Il me semble, Thadée, s'écria en riant Henri, que vous ne nous dites pas en quelle occasion vous pleurâtes pour la première fois.

— C'est sans doute, mon vieux, quand tu reçus cette croix ? demanda avec affection le capitaine continuant à caresser le chien.

— Oh ! mon capitaine, si le sergent Thadée a pu pleurer, ce n'a pu être, et vous en conviendrez, Monsieur, que le jour où il a crié *feu* sur Bug-Jargal, autrement dit Pierrot.

Un nuage se répandit sur tous les traits de Delmar. Il s'approcha vivement du sergent, et voulut lui serrer la main ; mais, malgré un tel excès d'honneur, le vieux Thadée la retint cachée sous sa capote.

— Oui, mon capitaine, continua Thadée, en reculant de quelques pas, tandis que Delmar fixait sur lui des regards pleins d'une expression pénible, oui, j'ai pleuré cette fois-là... Aussi, quel homme ! comme il était fort, comme il était nerveux, comme sa figure était belle pour un nègre ! Et, dites, Monsieur, quand il arriva tout essoufflé à l'instant même où ses dix camarades étaient là, vraiment, il avait bien fallu les lier. — C'était moi qui commandais. — Et quand il les détacha lui-même pour reprendre leur place, quoiqu'ils ne le voulussent pas. Mais il fut inflexible... — Oh ! quel homme ! c'était un vrai Gibraltar. — Et

222

puis, dites, mon capitaine, quand il se tenait là, droit comme Antoine lorsqu'il entre en danse, et son chien, — le même Rask qui est ici, — qui comprit ce qu'on allait lui faire, et qui me sauta à la gorge...

— Ordinairement Thad, interrompit le capitaine, tu ne laissais pas passer cet endroit de ton récit, sans faire quelques caresses à Rask ; vois comme il te regarde.

— Ah ! c'est que... voyez-vous, mon capitaine ? la vieille Malagrida m'a dit que caresser de la main gauche, porte malheur.

— Et pourquoi pas de la main droite ? demanda Delmar avec surprise, et remarquant pour la première fois la main enveloppée dans la redingote, et la pâleur répandue sur le visage du sergent.

— Avec votre permission, Monsieur, c'est que... vous avez déjà, un chien boiteux, je crains que vous ne finissiez par avoir un sergent manchot.

Le capitaine s'élança de son siège.

— Comment ? quoi ? que dis-tu mon vieux Thadée ? manchot !... Voyons ton bras. — Manchot, Grand Dieu !

Delmar tremblait : le sergent déroula lentement son manteau, et offrit aux yeux de son maître son bras enveloppé d'un mouchoir ensanglanté.

Où diantre !... murmura le capitaine en soulevant le linge avec précaution ; mais dis-moi donc, mon ancien...

— Oh ! Monsieur, la chose est toute simple. Je vous ai dit que j'avais remarqué votre chagrin depuis que ces maudits Anglais nous avaient enlevé votre beau chien, ce pauvre Rask, le dogue de Bug... — Enfin bref ! je résolus aujourd'hui, coûte que coûte, de le ramener afin de souper ce soir de bon appétit. C'est pourquoi, après avoir bien brossé votre grand uniforme, parce que c'est demain un jour de bataille, je me suis esquivé tout doucement du camp, armé seulement de mon sabre ; et j'ai pris à travers les haies pour être plus tôt au camp des Anglais. Je n'étais pas encore aux premiers retranchements, quand, avec votre permission, Monsieur, dans un petit bois sur la gauche, j'ai vu un grand attroupement de soldats rouges ; je me suis avancé pour voir ce que c'était, et comme ils ne prenaient pas garde à moi, j'ai aperçu au milieu Rask attaché à un arbre tandis que deux milords, nus jusqu'ici comme des païens, se donnaient sur les os de grands coups de poing, qui faisaient autant de bruit, Monsieur, que la grosse caisse du trente-septième. — C'étaient deux particuliers anglais, s'il vous plaît, qui se battaient en duel pour votre chien. — Mais voilà Rask qui me voit, et qui donne un tel coup de collier que la corde se casse, et que le drôle est, en un clin d'œil, sur mes trousses. — Vous pensez bien que toute l'autre bande ne reste pas en arrière ; je m'enfonce dans le bois ; — Rask me suit. — Plusieurs balles sifflent à mes oreilles. Rask aboyait : mais heureusement ils ne pouvaient l'entendre à cause de leurs cris de *French dog, French dog !* comme si votre chien n'était pas un bon et beau chien de Saint-Domingue. — N'importe ! je traverse le hallier, et j'étais près d'en sortir, quand deux rouges se présentent devant moi ; mon sabre me débarrassa de l'un, et m'aurait sans doute délivré de l'autre, si la balle du pistolet ne m'eût... vous voyez mon bras droit ? — N'importe ! *French dog* lui est sauté au cou, et je vous réponds qu'il ne l'a pas marchandé. — Aussi, pourquoi ce diable d'homme s'acharne-t-il après moi comme un pauvre après un séminariste ? — Enfin me voilà et Rask aussi ; mon seul regret, c'est que le bon Dieu n'ait pas voulu m'envoyer plutôt cela à la bataille de demain.

Les traits du vieux sergent se rembrunirent à cette idée.

— Thadée !... cria le capitaine d'un ton irrité, puis il ajouta plus doucement : comment as-tu pu, mon vieux, pour un chien ?...

— Ce n'était pas pour un chien, mon capitaine, c'était pour Rask.

Le visage de Delmar se radoucit entièrement. Le sergent continua : pour Rask, le dogue de Bug...

Assez ! Assez ! mon vieux Thadée, cria le capitaine, en mettant la main sur ses yeux. — Allons, ajouta-t-il après un court silence, appuie-toi sur moi et viens à l'ambulance.

Thadée obéit après une résistance respectueuse ; le chien qui, pendant cette scène, avait à moitié rongé de joie la belle peau d'ours du capitaine, se leva et les suivit tous deux.

Cet épisode avait vivement excité l'attention et la curiosité des joyeux conteurs.

Je parierais, s'écria le lieutenant Henri, en essuyant sa botte rouge, sur laquelle le chien avait laissé en passant une large tache de boue, je parierais que le capitaine ne donnerait pas la patte cassée de son chien pour ces douze paniers de Madère que nous entrevîmes l'autre jour dans le grand fourgon du maréch...

Chut ! chut ! dit gaîment Philibert, ce serait un mauvais marché. Les paniers sont à présent vides, j'en sais quelque chose. — Et, ajouta-t-il d'un air sérieux, trente bouteilles décachetées ne valent certainement pas, vous en conviendrez, lieutenant, la patte de ce pauvre chien, dont on pourrait, après tout, faire une poignée de sonnette.

L'assemblée se mit à rire du ton grave du capitaine, en prononçant ces dernières paroles. Alfred, seul, qui n'avait pas ri, prit un air mécontent.

Je ne vois pas, Messieurs, ce qui peut prêter à la raillerie dans ce qui vient de se passer. Ce chien et ce sergent, que j'ai toujours vus auprès de Delmar depuis que je le connais, me semblent plutôt susceptibles de faire naître quelque intérêt. Enfin cette scène...

Philibert, piqué et du mécontentement d'Alfred et de l'hilarité des autres, l'interrompit :

Cette scène est très sentimentale : comment donc ! un chien retrouvé et un bras cassé.

Capitaine, vous avez tort, dit Henri, en jetant hors de la tente la bouteille qu'il venait de vider, ce Bug-Jargal, autrement dit Pierrot, pique furieusement ma curiosité...

Philibert, prêt à se fâcher, s'apaisa en remarquant que son verre, qu'il croyait vide, était plein. — Delmar rentra. — Il alla se rasseoir à sa place sans prononcer une parole ; son air était pensif, mais son visage était plus calme. Il paraissait si préoccupé, qu'il n'entendait rien de ce qui se disait autour de lui. Rask, qui l'avait suivi, se coucha à ses pieds en le regardant d'un air inquiet.

— Votre verre, capitaine Delmar ? goûtez de celui-ci...

Comment va Thadée ? dit le capitaine, croyant répondre à la question de Philibert. — Oh ! grâce à Dieu, la blessure n'est pas dangereuse, le bras n'est pas cassé.

Le respect involontaire que le capitaine inspirait à tous ses compagnons d'armes contint seul l'éclat de rire prêt à éclore sur les lèvres de Henri.

Puisque vous n'êtes plus aussi inquiet de Thadée, dit-il, j'espère, mon cher Delmar, que vous voudrez bien remplir votre engagement en nous racontant l'histoire de votre chien boiteux et de Bug-Jargal, autrement dit Pierrot, ce vrai Gibraltar.

A cette question, faite d'un ton moitié sérieux, moitié

plaisant, Delmar n'aurait rien répondu, si toute la compagnie n'eût joint ses instances à celles du lieutenant.

— Je vais vous satisfaire, Messieurs, mais n'attendez que le récit d'une anecdote toute simple, dans laquelle je ne joue qu'un rôle très secondaire. Si l'attachement qui existe entre Thadée, Rask et moi, vous a fait espérer quelque chose d'extraordinaire, je vous préviens que vous vous trompez. — Je commence.

Alors il se fit un grand silence. — Philibert vida d'un trait sa gourde d'eau-de-vie, et Henri s'enveloppa de la peau d'ours à demi rongée, pour se garantir du frais de la nuit, tandis qu'Alfred achevait de fredonner l'air de *Mataperros*.

Delmar resta un moment rêveur, comme pour rappeler à son souvenir des événements passés depuis longtemps. Enfin il prit la parole.

Quoique né en France, j'ai été envoyé de bonne heure à Saint-Domingue, chez un de mes oncles, colon très riche, dont je devais épouser la fille.

Les habitations de mon oncle étaient voisines du fort Galifet, et ses plantations occupaient la majeure partie des plaines de l'Acul. Cette malheureuse position, dont le détail vous semble sans doute offrir peu d'intérêt, a été l'une des premières causes des désastres et de la ruine totale de ma famille.

Huit cents nègres cultivaient les immenses domaines de mon oncle. Je vous avouerai que la malheureuse condition de ces esclaves était encore aggravée par l'insensibilité de leur maître dont une longue habitude de despotisme absolu avait endurci le cœur. Accoutumé à se voir obéir au premier coup d'œil, la moindre hésitation de la part d'un esclave était punie des plus durs traitements, et souvent l'intercession de ses enfants ne servait qu'à accroître sa colère. Nous étions donc obligés de nous borner à soulager en secret des maux que nous ne pouvions prévenir...

— Comment ! mais voilà des phrases, capitaine ! Allons, continuez, vous ne laisserez pas passer le malheur des *ci-devant noirs*, sans quelques petits lieux communs sur l'humanité.

Je vous remercie, Henri, de m'épargner un ridicule, dit froidement Delmar.

Il continua :

Parmi cette foule de malheureux, au milieu desquels je

passais souvent des journées entières, j'avais remarqué un jeune nègre, pour qui ses compagnons semblaient avoir le plus profond respect. Bien qu'esclave comme eux, il lui suffisait d'un signe pour s'en faire obéir. Ce jeune homme était d'une taille presque gigantesque. Sa figure, où les signes caractéristiques de la race noire étaient moins apparents que sur celle des autres nègres, offrait un mélange de rudesse et de majesté dont on se ferait difficilement l'idée. Ses muscles fortement prononcés, la largeur de ses épaules et la vivacité de ses mouvements annonçaient une force extraordinaire jointe à la plus grande souplesse. Il lui arrivait souvent de faire en un jour l'ouvrage de huit ou dix de ses camarades, pour les soustraire aux châtiments réservés à la négligence ou à la fatigue. Aussi était-il adoré des esclaves, dont le respect, je dirais même l'espèce de culte pour lui, semblait pourtant provenir d'une autre cause. — Ce qui m'étonnait surtout, c'était de le voir aussi doux, aussi humble envers ceux qui se faisaient gloire de lui obéir, que fier et hautain vis-à-vis de nos commandeurs. Il est juste de dire que ces esclaves privilégiés, joignant à la bassesse de leur condition l'insolence de leur autorité, trouvaient un malin plaisir à l'accabler de travail et de vexations. Cependant aucun d'eux n'osa jamais lui infliger de punitions humiliantes. S'il leur arrivait de l'y condamner, vingt nègres se levaient pour les subir à sa place, et lui, immobile, assistait froidement à leur exécution, comme s'ils n'eussent fait que leur devoir. Cet homme singulier était connu dans les cases sous le nom de Pierrot.

Vous pensez bien, Messieurs, que je fus longtemps avant de comprendre ce caractère dont je viens de vous retracer quelques traits. Aujourd'hui même que quinze ans de souvenirs auraient dû effacer celui du nègre, je reconnais que rien d'aussi noble et d'aussi original ne s'est encore offert à moi parmi les hommes.

On m'avait défendu toute communication avec Pierrot. J'avais dix-sept ans, quand je lui parlai pour la première fois. Voici à quelle occasion.

Je me promenais un jour avec mon oncle dans ses vastes possessions. Les esclaves, tremblant en sa présence, redoublaient d'efforts et d'activité. Irascible par habitude, mon oncle était prêt à se fâcher de n'en avoir pas sujet, quand il aperçoit tout à coup un noir, qui, accablé de lassitude, s'était endormi sous un bosquet de dattiers.

227

Il court à ce malheureux, le réveille brusquement et lui ordonne de se remettre à l'ouvrage. Le nègre effrayé se lève, et découvre en se levant un jeune plant de *randia* sur lequel il s'était couché par mégarde et que mon oncle se plaisait à élever. — L'arbuste était perdu. — Le maître, déjà irrité de ce qu'il appelait la paresse de l'esclave, devient furieux à cette vue. Hors de lui, il s'élance sur la hache que le nègre avait laissée à terre, et lève le bras pour l'en frapper. — La hache ne retomba pas. Je n'oublierai jamais ce moment. Une main puissante arrêta la main du colon. Un noir d'une stature colossale lui cria en français : tue-moi, car je viens de t'offenser ; mais respecte la vie de mon frère qui n'a touché qu'à ton *randia*. — Ces paroles, loin de faire rougir mon oncle, augmentèrent sa rage. Je ne sais ce qu'il aurait pu faire, si je n'eusse, dès le premier moment, jeté la hache à travers les haies. — Je le suppliai inutilement. Le noir négligent fut puni de la bastonnade, et son défenseur, plongé dans les cachots du fort Galifet comme coupable d'avoir porté la main sur un blanc.

Ce nègre était Pierrot : la scène dont j'avais été témoin excita tellement ma curiosité et mon intérêt, que je résolus de le voir et de le servir. — Je rêvai aux moyens de lui parler.

Quoique fort jeune, comme neveu de l'un des plus riches colons du Cap, j'étais capitaine des milices de la paroisse de l'Acul. Le fort Galifet était confié à leur garde, et à un détachement des dragons-jaunes, dont le chef, qui était pour l'ordinaire un sous-officier de cette compagnie, avait le commandement du fort. Il se trouvait justement à cette époque que ce commandant était le fils d'un pauvre colon, auquel j'avais eu le bonheur de rendre de très grands services, et qui m'était entièrement dévoué...

— Et qui s'appelait Thadée ?

C'est cela même, mon cher lieutenant. Vous jugez sans peine qu'il ne me fut pas difficile d'obtenir de lui l'entrée du cachot du nègre. J'avais le droit de visiter le fort, comme capitaine des milices. Cependant, pour ne pas inspirer de soupçons à mon oncle, j'eus soin de ne m'y rendre qu'à l'heure où il faisait sa méridienne.

— Tous les soldats, excepté ceux de garde, étaient endormis. Guidé par Thadée, j'arrivai à la porte du cachot ; Thadée l'ouvrit et se retira. — J'entrai. — Le noir était assis, car il ne pouvait se tenir debout à cause de sa

haute taille. — Il n'était pas seul : un dogue énorme se
leva en grondant et s'avança vers moi. — Rask ! cria le
noir. — Le jeune dogue se tut et revint se coucher aux
pieds de son maître, où il acheva de dévorer quelques
misérables aliments.

J'étais en uniforme : la lumière que répandait le soupirail dans cet étroit cachot, était si faible, que Pierrot ne
me reconnut pas.

— Je suis prêt, me dit-il d'un ton calme.

En achevant ces paroles, il se leva à demi. — Je suis
prêt, répéta-t-il encore.

— Je croyais, lui dis-je surpris de la liberté de ses
mouvements, je croyais que vous aviez des fers.

Il poussa du pied quelques débris qui retentirent.

— Je les ai brisés.

Il y avait dans le ton dont il prononça ces dernières
paroles quelque chose qui semblait dire : Je ne suis pas
fait pour porter des fers. Je repris :

— L'on ne m'avait pas dit qu'on vous eût laissé un
chien.

— C'est moi qui l'ai fait entrer.

J'étais de plus en plus étonné. La porte du cachot était
fermée en dehors d'un triple verrou. Le soupirail avait à
peine six pouces de largeur, et était garni de deux beaux
barreaux de fer. Il paraît qu'il comprit le sens de mes
réflexions ; il se leva, détacha sans effort une pierre
énorme placée au-dessous du soupirail, enleva les deux
barreaux scellés en dehors de cette pierre, et pratiqua
ainsi une ouverture où deux hommes auraient facilement
pu passer. Cette ouverture donnait de plain-pied sur le
bois de dattiers et de cocotiers, qui couvre le morne
auquel le fort était adossé.

Le chien, voyant l'issue ouverte, crut que son maître
voulait qu'il sortît. Il se dressa prêt à partir ; un geste du
noir le renvoya à sa place.

La surprise me rendait muet. Le noir me reconnut au
grand jour ; mais il n'en fit rien paraître.

— Je puis encore vivre deux jours sans manger, dit-il...

Je fis un geste d'horreur. Je remarquai alors la maigreur de l'infortuné prisonnier. Il ajouta :

— Mon chien ne veut manger que de ma main ; si je
n'avais pu élargir ce trou, le pauvre Rask serait mort de
faim. Il vaut mieux que ce soit moi que lui, puisqu'il faut
toujours que je meure.

— Non, m'écriai-je, non : vous ne mourrez pas de faim. Il ne me comprit pas.

— Sans doute, reprit-il en souriant amèrement, j'aurais pu vivre encore deux jours sans manger : mais... — Je suis prêt, Monsieur l'officier ; aujourd'hui vaut encore mieux que demain. — Ne faites pas de mal à Rask.

Je sentis alors ce que voulait dire son : *Je suis prêt.* Accusé d'un crime capital, il croyait que je venais pour le mener à la mort ; et cet homme colossal, quand tous les moyens de fuir lui étaient ouverts, doux et tranquille, répétait à un enfant : *Je suis prêt.*

Henri ne put s'empêcher de murmurer : *des phrases !*

Delmar, qui s'était arrêté pour reprendre haleine, ne l'entendit point et continua.

— Ne faites pas de mal à Rask, répéta-t-il encore.

Je ne pus me contenir. — Quoi, lui dis-je ! non seulement vous me prenez pour votre bourreau, mais vous doutez encore de mon humanité envers un pauvre animal qui ne m'a rien fait !

Il s'attendrit ; sa voix s'altéra.

— Blanc, dit-il, en me tendant la main, blanc, pardonne ; j'aime mon chien. — Et, ajouta-t-il après un court silence, et les tiens m'ont fait bien du mal.

Je l'embrassai, je lui serrai la main, je le détrompai.

— Ne me connaissiez-vous pas ? lui dis-je.

— Je savais que tu étais un blanc, et, pour les blancs, quelque bons qu'ils soient, un noir est si peu de chose ! Je ne suis pourtant pas d'un rang inférieur au tien, ajouta-t-il.

Ma curiosité était vivement excitée : je le pressai de me dire qui il était et ce qu'il avait souffert. Il garda un sombre silence.

Ma démarche l'avait touché ; mes offres de service, mes prières vainquirent son indifférence pour la vie. Il sortit et rapporta quelques dattes et une énorme noix de coco. — Puis, il referma l'ouverture et se mit à manger. En conversant avec lui, je remarquai qu'il parlait avec facilité le français et l'espagnol, et ne paraissait pas dénué de connaissances. Cet homme était si étonnant sous tant d'autres rapports que jusqu'alors la pureté de son langage ne m'avait pas frappé. — J'essayai de nouveau d'en savoir la cause ; il se tut. Enfin je le quittai, ordonnant à mon fidèle Thadée d'avoir pour lui tous les égards et tous les soins possibles.

230

Je le voyais tous les jours à la même heure. Son affaire m'inquiétait ; malgré mes prières, mon oncle s'obstinait à le poursuivre. — Je ne cachai pas mes craintes à Pierrot ; il m'écoutait avec indifférence.

Souvent Rask arrivait tandis que nous étions ensemble, portant une large feuille de palmier autour de son cou. Le noir la détachait, lisait des caractères inconnus qui y étaient tracés, puis la déchirait. J'étais habitué à ne pas lui faire de questions.

Un jour j'entrai sans qu'il parût prendre garde à moi. Il tournait le dos à la porte de son cachot et chantait, d'un ton mélancolique, l'air espagnol : *Yo que soy contrabandista.* — Quand il eut fini, il se tourna brusquement vers moi et me cria :

Frère, promets, si jamais tu doutes de moi, d'écarter tous tes soupçons quand tu m'entendras chanter cet air.

Son regard était imposant : je lui promis ce qu'il désirait. — Il prit l'écorce profonde de la noix qu'il avait cueillie le jour de ma première visite et conservée depuis, la remplit de vin, m'engagea à y porter les lèvres et la vida d'un trait. A compter de ce jour, il ne m'appela plus que son frère.

Cependant, je commençais à concevoir quelque espérance. Mon oncle n'était plus aussi irrité. Je lui représentais chaque jour que Pierrot était le plus vigoureux de ses esclaves, qu'il faisait à lui seul l'ouvrage de dix autres, et qu'enfin il n'avait voulu qu'empêcher son maître de commettre un crime. Il m'écoutait, et me faisait entendre qu'il ne donnerait pas suite à l'accusation ; je ne disais rien au noir du changement de mon oncle, voulant jouir du plaisir de lui annoncer sa liberté tout entière, si je l'obtenais. Ce qui m'étonnait, c'était de voir que, se croyant dévoué à la mort, il ne profitait d'aucun des moyens de fuir qui étaient en son pouvoir. Je lui en parlai. « Je dois rester, me répondit-il froidement, on penserait que j'ai eu peur. »

Mon oncle retira sa plainte. Je courus au fort pour l'annoncer à Pierrot. Thadée, le sachant libre, entra avec moi dans la prison. Il n'y était plus ; Rask, qui s'y trouvait seul, vint à moi d'un air caressant ; à son cou était attachée une feuille de palmier ; je la pris et j'y lus ces mots : *Merci, tu m'as sauvé la vie ; n'oublie pas ta promesse.*

Thadée était encore plus étonné que moi ; il ignorait le

secret du soupirail, et s'imaginait que le nègre s'était changé en chien. Je lui laissai croire ce qu'il voulut, me contentant d'exiger de lui le silence sur ce qu'il avait vu.

Je voulais emmener Rask. En sortant du fort, il s'enfonça dans les haies voisines et disparut.

Mon oncle fut outré de l'évasion de l'esclave ; il ordonna des recherches que rendirent inutiles les événements que je vais raconter.

Trois jours après la singulière fuite de Pierrot, c'était dans la fameuse nuit du 21 au 22 août 1791, je me promenais en rêvant près des batteries de la baie de l'Acul, dont j'étais venu visiter le poste, quand j'aperçus à l'horizon une lueur rougeâtre s'élever et s'étendre du côté des plaines du Limbé. Les soldats et moi l'attribuâmes à quelque incendie accidentel, mais en un moment les flammes devinrent si apparentes, la fumée poussée par les vents grossit et s'épaissit à un tel point, que je repris promptement le chemin du fort pour donner l'alarme et envoyer des secours : en passant près des cases de nos noirs, je fus surpris de l'agitation extraordinaire qui y régnait ; la plupart étaient encore éveillés et parlaient avec la plus grande vivacité. Je traversai un bosquet de mangliers où se trouvait un amas de haches et de pioches. J'entendis des paroles, dont le sens me parut être que les esclaves des plaines du Limbé étaient en pleine révolte, et livraient aux flammes les habitations et les plantations situées de l'autre côté du Cap. Justement inquiet, je fis sur-le-champ mettre sous les armes les milices de l'Acul, et j'ordonnai de surveiller les esclaves. Tout rentra dans le calme.

Cependant les ravages semblaient croître à chaque instant dans le Limbé. On croyait même distinguer le bruit lointain de l'artillerie et des fusillades. Vers les deux heures du matin, ne pouvant me contenir, je laissai à Acul une partie des milices sous les ordres du lieutenant, et, malgré les défenses de mon oncle et les prières de sa famille, je pris avec le reste le chemin du Cap.

Je n'oublierai jamais l'aspect de cette ville, quand j'en approchai. Les flammes qui dévoraient les plantations du Limbé y répandaient une sombre lumière obscurcie par les torrents de fumée que le vent chassait dans les rues. Des tourbillons d'étincelles, formés par les menus débris embrasés des cannes à sucre, et emportés avec violence, comme une neige abondante, sur les toits des maisons et

sur les agrès des vaisseaux mouillés dans la rade, menaçaient à chaque instant la ville du Cap d'un incendie non
moins déplorable que celui dont ses environs étaient la
proie. C'était un spectacle affreux et imposant que de voir,
d'un côté, les pâles habitants exposant encore leur vie
pour disputer au fléau terrible l'unique toit qui allait leur
rester de tant de richesses ; tandis que, de l'autre, les
navires, redoutant le même sort, et favorisés du moins par
ce vent si funeste aux malheureux colons, s'éloignaient à
pleines voiles sur une mer teinte des feux sanglants de
l'incendie. Étourdi par le canon des forts, les clameurs des
fuyards, et le fracas des écroulements, je ne savais de quel
côté diriger mes soldats, quand je rencontrai sur la place
d'armes le capitaine des dragons-jaunes qui nous servit de
guide. Je ne m'arrêterai pas, Messieurs, à vous décrire le
tableau que nous offrit la plaine incendiée. Assez d'autres
ont dépeint les désastres du Cap, et le sourire de Henri
m'avertit de ne pas marcher sur leurs traces. Je me
contenterai de vous dire que nous trouvâmes les rebelles
maîtres du Dondon, du bourg d'Ouanaminte et des
malheureuses plantations du Limbé. Tout ce que nous
pûmes faire, aidés des milices du Quartier-Dauphin, de la
compagnie des dragons-jaunes et de celle des dragons-
rouges, se borna à les débusquer de la Petite-Anse, où ils
commençaient à s'établir. Ils y laissèrent en partant des
traces de leur cruauté ; tous les blancs furent massacrés
ou mutilés de la manière la plus barbare. — Nous jetâmes
dans le fort de la Petite-Anse une garnison assez nombreuse, et sur les six heures du matin, nous rentrâmes au
Cap, noircis par la fumée, accablés de chaleur et de
lassitude. — Je m'étais étendu sur mon manteau, au
milieu de la place d'armes, espérant y goûter quelque
repos, quand je vis un dragon-jaune, couvert de sueur et
de poussière, accourir vers moi à toutes brides. Je me
levai sur-le-champ, et au peu de paroles entrecoupées qui
lui échappèrent, j'appris avec une nouvelle consternation
que la révolte avait gagné les plaines de l'Acul et que les
noirs assiégeaient le fort Galifet, où s'étaient renfermés
les milices et les colons. — Il n'y avait pas un moment à
perdre. — Je fis donner des chevaux à ceux de mes soldats
qui voulurent me suivre ; et, guidé par le dragon, j'arrivai
en vue du fort sur les sept heures. — Les domaines de mon
oncle étaient dévastés par les flammes comme ceux du
Limbé ; le drapeau blanc flottait encore sur le donjon du

fort ; un moment après, cet édifice fut enveloppé tout entier d'un tourbillon de fumée, qui, en s'éclaircissant, nous le laissa voir surmonté du drapeau rouge. Tout était fini. — Nous redoublâmes de vitesse ; nous fûmes bientôt sur le champ du carnage. Les noirs fuyaient à notre approche ; mais nous les voyions distinctement à droite et à gauche, massacrant les blancs et incendiant les habitations. — Thadée, couvert de blessures, se présenta devant moi ; il me reconnut au milieu du tumulte. Mon capitaine, me dit-il, votre Pierrot est un sorcier ou au moins un diable ; il a pénétré dans le fort, je ne sais par où, et voyez !... Quant à Monsieur votre oncle et à sa famille... — En ce moment, un grand noir sortit de derrière une sucrerie enflammée, emportant un vieillard qui criait et se débattait dans ses bras. Le vieillard était mon oncle, le noir était Pierrot. Perfide, lui criai-je !... je dirigeai un pistolet vers lui ; un esclave se jeta au-devant de la balle, et tomba mort. Pierrot se retourna, et me parut proférer quelques paroles, puis il se perdit dans les touffes de cannes embrasées. Un instant après, un chien énorme passa à sa suite tenant dans sa gueule un berceau que je reconnus pour celui du dernier fils de mon oncle. Ce chien était Rask ; transporté de rage, je déchargeai sur lui mon second pistolet ; mais je le manquai.

Cependant l'incendie continuait ses ravages ; les noirs dont la fumée nous empêchait de distinguer le nombre, paraissaient s'être retirés : nous fûmes forcés de retourner au Cap.

Je fus agréablement surpris d'y retrouver la famille de mon oncle, qui devait son salut à l'escorte qu'un nègre lui avait donnée au milieu du carnage. Mon oncle seul, et son plus jeune fils, manquaient : je ne doutai pas que Pierrot ne les eût sacrifiés à sa vengeance. Je me ressouvins de mille circonstances dont le mystère me semblait expliqué, et j'oubliai totalement ma promesse.

On fortifia le Cap à la hâte. — L'insurrection faisait des progrès effrayants, les nègres de Port-au-Prince commençaient à s'agiter : Biassou commandait ceux du Limbé, du Dondon et de l'Acul ; Jean-François s'était fait proclamer généralissime des révoltés de la plaine de Maribarou ; Bouckmant, célèbre depuis par sa fin tragique, parcourait avec ses brigands les bords de la Limonade ; et enfin les bandes du Morne-Rouge avaient reconnu pour chef un nègre nommé Bug-Jargal.

234

Le caractère de ce dernier, si l'on en croyait les relations, contrastait d'une manière singulière avec la férocité des autres. Tandis que Bouckmant et Biassou inventaient mille genres de mort pour les prisonniers qui tombaient entre leurs mains, Bug-Jargal s'empressait de leur fournir les moyens de quitter l'île. Les premiers contractaient des marchés avec les lanches espagnoles qui croisaient autour des côtes pour les laisser s'enrichir des dépouilles des malheureux qu'ils forçaient à fuir ; Bug-Jargal coula à fond plusieurs de ces corsaires. M. Colas de Maigné et huit autres colons distingués furent détachés par ses ordres de la roue où Bouckmant les avait fait lier. — On citait de lui mille autres traits de générosité qu'il serait trop long de vous rapporter.

Je n'entendais plus parler de Pierrot. — Les rebelles, commandés par Biassou, continuaient d'inquiéter le Cap ; le gouverneur résolut de les repousser dans l'intérieur de l'île. Les milices de l'Acul, du Limbé, d'Ouanaminte, et de Maribarou, réunies au régiment du Cap et aux redoutables compagnies jaune et rouge, constituaient notre armée active. Les milices du Dondon et du Quartier-Dauphin, renforcées d'un corps de volontaires, sous les ordres du négociant Poncignon, formaient la garnison de la ville. Le général voulut d'abord se délivrer de Bug-Jargal, dont la diversion l'alarmait ; il envoya contre lui les milices d'Ouanaminte et un bataillon du Cap. Ce corps rentra deux jours après complètement battu. Le général s'obstina à vouloir vaincre Bug-Jargal ; il fit repartir le même corps avec un renfort de cinquante dragons jaunes et de quatre cents miliciens de Maribarou. Cette seconde armée fut encore plus maltraitée que la première. Thadée, qui était de cette expédition, en conçut un violent dépit, et me jura à son tour qu'il s'en vengerait sur Bug-Jargal.

Une larme roula dans les yeux de Delmar ; il croisa les bras sur sa poitrine et parut, durant quelques minutes, plongé dans une rêverie douloureuse ; enfin il reprit :

La nouvelle arriva que Bug-Jargal avait quitté le Morne-Rouge, et dirigeait sa troupe par les montagnes pour se joindre à Biassou. — Le général sauta de joie : Nous les tenons, dit-il en se frottant les mains ! — Le lendemain, l'armée coloniale était à une lieue en avant du Cap ; les insurgés, à notre approche, abandonnèrent précipitamment Port-Margot et le fort Galifet. Toutes les bandes se replièrent vers les montagnes. — Le général était triomphant. Nous poursuivîmes notre marche. Chacun de nous, en passant dans des plaines arides et désolées, cherchait à saluer encore d'un triste regard le lieu où étaient ses champs, ses habitations, ses richesses. Souvent il n'en pouvait reconnaître la place. — Je vous ferai grâce des réflexions. — Le soir du troisième jour, nous entrâmes dans les gorges de la Grande-Rivière. — L'on estimait que les noirs étaient à vingt lieues, dans les montagnes. Nous assîmes notre camp sur un mornet qui paraissait leur avoir servi au même usage, à la manière dont il était dépouillé. Cette position n'était pas heureuse : il est vrai que nous étions tranquilles. Le mornet était dominé de tous côtés par des rochers à pic, couverts d'épaisses forêts. La Grande-Rivière coulait derrière le camp ; resserrée entre deux côtes, elle était dans cet endroit étroite et profonde. Ses bords, brusquement inclinés, se hérissaient de touffes de buissons impénétrables à la vue. Souvent même son cours était caché par des guirlandes de lianes qui, s'accrochant aux branches des érables à fleurs rouges semés parmi les buissons, mariaient leurs jets d'une rive à l'autre, et se croisant de mille manières, formaient sur le fleuve de larges tentes de verdure. L'œil qui les contemplait du haut des roches voisines, croyait voir des prairies humides encore de rosée. Un bruit sourd ou quelquefois une sarcelle sauvage, perçant tout à coup ce rideau fleuri, décelaient seuls la présence de l'eau. — Le soleil cessa bientôt de dorer la cime aiguë des monts lointains de la Treille. — Peu à peu l'ombre s'étendit sur le camp, et le silence ne fut plus troublé que par les cris de la rue et les pas mesurés des sentinelles. — Tout à coup le redoutable chant d'*Oua-Nassé* se fit entendre sur nos têtes ; les palmiers et les cèdres qui couronnaient les rocs s'embrasèrent, et les clartés livides de l'incendie nous montrèrent sur les sommets voisins de nombreuses bandes de mulâtres dont le teint cuivré paraissait rouge à la lueur des flammes. — C'étaient ceux de Biassou. — Le danger était imminent. Les chefs s'éveillant en sursaut, coururent rassembler leurs soldats, la trompette sonna l'alarme, nos lignes se formèrent en tumulte, et les noirs, au lieu de profiter du désordre où nous étions, immobiles, nous regardaient, en chantant *Oua-Nassé*. — Un noir gigantesque parut seul sur le pic le plus élevé au-dessus de la Grande-Rivière ; une plume couleur de feu flottait sur son front ; une hache

236

était dans sa main droite, un drapeau rouge dans sa gauche. — Je reconnus Pierrot : si une carabine se fût trouvée à ma portée, la rage m'aurait peut-être fait commettre une lâcheté. — Le noir répéta le refrain d'*Oua-Nassé*, planta son drapeau sur le pic, lança sa hache au milieu de nous, et s'engloutit dans les flots du fleuve. — Un regret s'éleva en moi ; car je crus qu'il ne mourrait plus de ma main. — Alors les noirs commençaient à rouler sur nos colonnes d'énormes quartiers de rochers ; une grêle de balles et de flèches tomba sur le mornet. Nos soldats furieux de ne pouvoir atteindre les assaillants, expiraient en désespérés, écrasés par les rochers ou percés de flèches. Une horrible confusion régnait dans l'armée. Soudain un bruit affreux parut sortir du milieu de la Grande-Rivière ; une scène extraordinaire s'y passait. — Les dragons-jaunes, extrêmement maltraités par les masses que les mulâtres poussaient du haut des montagnes, avaient conçu l'idée de se réfugier, pour y échapper, sous les voûtes flexibles de lianes dont le fleuve était couvert. Thadée avait le premier mis en avant ce moyen d'ailleurs ingénieux...

— Vous êtes bien bon, mon capitaine...

Il y avait plus d'un quart d'heure que le sergent Thadée, le bras droit en écharpe, s'était glissé, sans être vu de personne, dans un coin de la tente, où ses gestes avaient seuls exprimé la part qu'il prenait aux récits de son maître, jusqu'au moment où, ne croyant pas que le respect lui permît de laisser passer un éloge aussi direct sans en remercier le capitaine, il balbutia d'un ton confus : *Vous êtes bien bon, mon capitaine.*

Un éclat de rire général s'éleva. — Delmar se retourna et lui cria d'un ton sévère :

Comment ! vous ici, Thadée !... Et votre bras ?...

A ce langage si nouveau pour lui, les traits du vieux soldat se rembrunirent ; il chancela et leva la tête en arrière, comme pour arrêter les larmes qui roulaient dans ses yeux.

Je ne croyais pas, dit-il enfin à voix basse, je n'aurais jamais cru que mon capitaine manquât de respect à son vieux sergent jusqu'à lui dire *vous*.

Delmar se leva précipitamment.

Pardonne, mon vieil ami, pardonne, cria-t-il. Je ne sais ce que j'ai dit. — Tiens, Thad., me pardonnes-tu ?

Les larmes jaillirent des yeux du sergent, malgré lui.

Voilà la troisième fois, balbutia-t-il, mais celles-ci sont de joie.

La paix était faite. — Un court silence s'ensuivit.

Mais, dis-moi, Thadée, demanda le capitaine doucement, pourquoi as-tu quitté l'ambulance pour venir ici ?

— C'est que, avec votre permission, Monsieur... j'étais venu pour vous demander, mon capitaine, s'il faudrait mettre demain la housse galonnée à votre cheval de bataille.

Henri se mit à rire. — Vous auriez mieux fait, Thadée, de demander au chirurgien-major s'il faudrait mettre demain deux onces de charpie sur votre bras malade.

Ou de vous informer, reprit Philibert, si vous pourriez boire un peu de vin pour vous rafraîchir. — En attendant, voici de l'eau-de-vie qui ne peut que vous faire du bien : goûtez-en, mon brave sergent.

Thadée s'avança, fit une révérence respectueuse, s'excusa de prendre le verre de la main gauche, et le vida à la santé de la compagnie. Il s'anima.

— Vous en étiez, mon capitaine, au moment, au moment où... Eh bien, oui ! Ce fut moi qui proposai d'entrer sous les lianes pour empêcher des chrétiens d'être tués par des pierres. Notre officier, qui, ne sachant pas nager, craignait de se noyer, et cela était bien naturel, s'y opposait de toutes ses forces, jusqu'à ce qu'il vît, avec votre permission, Monsieur, un gros caillou, qui manqua de l'écraser, tomber sur la rivière, sans pouvoir s'y enfoncer, à cause des herbes. — On me proposa donc de se rendre à mon avis, à condition que j'essaierais le premier de l'exécuter. Je vais ; je descends le long du bord, je saute sous le berceau en me tenant aux branches d'en haut, et, dites, mon capitaine, je me sens tirer par la jambe : je me débats. — Je crie au secours. — Je reçois plusieurs coups de sabre. — Et voilà tous les dragons, qui étaient des diables, qui se précipitent pêle-mêle sous les lianes. — C'étaient les noirs du Morne-Rouge, qui s'étaient cachés là, sans qu'on s'en doutât, probablement pour nous tomber sur le dos, comme un sac trop chargé, le moment d'après. — Cela n'aurait pas été un bon moment pour pêcher. — On se battait, on jurait, on criait. — Étant tout nus, ils étaient plus alertes que nous ; mais nos coups portaient mieux que les leurs. — Nous nagions d'un bras, et nous nous battions de l'autre, comme cela se pratique toujours dans ce cas-là. — Ceux qui ne savaient pas nager, dites, mon capitaine, se suspendaient d'une main aux lianes, et les noirs les tiraient par les jambes. — Au milieu du tumulte, je vis un grand nègre qui se défendait comme un Belzébuth contre huit ou dix de mes camarades ; je nageai là, et je reconnus Pierrot, autrement dit Bug... Mais cela ne doit se découvrir qu'après, n'est-ce pas, Monsieur ? Je reconnus Pierrot. — Depuis la prise du fort, nous étions brouillés ensemble ; je le saisis à la gorge ; il allait se délivrer de moi d'un coup de poignard, quand il me regarda, et se rendit au lieu de me tuer. — Ce qui fut très malheureux, mon capitaine, car s'il ne s'était pas rendu... Enfin, bref ! sitôt que les nègres le virent pris, ils sautèrent sur nous pour le délivrer. — Si bien que les milices allaient aussi entrer dans l'eau pour nous secourir, quand Pierrot, voyant sans doute que les nègres allaient tous être massacrés, dit quelques mots d'un vrai grimoire, puisqu'il les mit tous en fuite. Ils plongèrent et disparurent en un clin d'œil. — Cette bataille sous l'eau aurait eu quelque chose d'agréable, si je n'y avais pas perdu un doigt et mouillé dix cartouches, et si... pauvre homme ! mais cela était écrit, mon capitaine. — Et le sergent, après avoir respectueusement appuyé le revers de sa main gauche sur la grenade de son bonnet de police, l'éleva vers le ciel d'un air inspiré.

Delmar paraissait violemment agité.

Oui, dit-il, oui, tu as raison, mon vieux Thadée, cette nuit-là fut une nuit fatale.

Il serait tombé dans une profonde rêverie, si l'assemblée ne l'eût vivement pressé de continuer. Il poursuivit :

Tandis que la scène que Thadée vient de décrire...

Thadée triomphant vint se placer derrière le capitaine.

...Tandis que la scène que Thadée vient de décrire se passait derrière le mornet, j'étais parvenu, avec quelques-uns des miens, à grimper, de broussaille en broussaille, sur un pic nommé le *Pic du Paon*, de niveau avec les positions des noirs. Le chemin une fois frayé, le sommet fut bientôt couvert de milices ; nous commençâmes une vive fusillade. — Les nègres, moins bien armés que nous, ne purent nous riposter aussi chaudement : ils se mirent à se décourager : nous redoublâmes d'acharnement, et bientôt les rocs les plus voisins furent évacués par les rebelles, qui cependant eurent d'abord soin de faire rouler les cadavres de leurs morts sur le reste de l'armée, encore rangé sur le mornet. A l'aide de plusieurs troncs de palmiers que nous abattîmes et liâmes ensemble, nous passâmes sur les pics abandonnés, et une partie de l'armée se trouva ainsi avantageusement postée. Cet aspect ébranla le courage des insurgés. — Notre feu se soutenait. — Des clameurs lamentables, auxquelles se mêlait le nom de Bug-Jargal, retentirent soudain dans l'armée de Biassou. Une grande épouvante s'y manifesta. — Plusieurs noirs du Morne-Rouge parurent sur le roc où flottait le drapeau écarlate ; ils se prosternèrent, enlevèrent l'étendard, et se précipitèrent avec lui dans les gouffres de la Grande-Rivière. — Cela signifiait clairement que leur chef était mort ou pris. — Notre audace s'en accrut à un tel point, que je résolus de chasser à l'arme blanche les rebelles des rochers qu'ils couvraient encore. Je fis jeter un pont de troncs d'arbres entre notre pic et le roc le plus voisin. — Je m'élançai le premier au milieu des nègres. — Les miens allaient me suivre, quand l'un des rebelles, d'un coup de hache, fit voler le pont en éclats. Les débris tombèrent dans l'abîme en battant les rocs avec un bruit épouvantable. — Je tournai la tête : en ce moment, je me sentis saisir par six ou sept noirs qui me désarmèrent. — Je me débattais comme un lion ; ils me lièrent avec des cordes d'écorce, sans s'inquiéter des balles que mes gens faisaient pleuvoir autour d'eux. — Mon désespoir ne fut adouci que par les cris de victoire, que j'entendis pousser autour de moi un moment après ; je vis bientôt les noirs et les mulâtres gravir pêle-mêle les sommets les plus escarpés, en jetant des clameurs de détresse. Mes gardiens les imitèrent ; le plus vigoureux d'entre eux me chargea sur ses épaules, et m'emporta vers les forêts, en sautant de roche en roche avec l'agilité d'un chamois. La lueur des flammes cessa bientôt de le guider ; la faible lumière de la lune lui suffit. Il se mit seulement à marcher avec moins de rapidité.

Après avoir traversé des halliers et franchi des torrents, nous arrivâmes dans une vallée située au milieu des montagnes ; ce lieu m'était absolument inconnu. — Une grande partie des rebelles s'y était déjà rassemblée ; c'est là qu'était leur camp. — Le noir qui m'avait apporté me délia les pieds et me remit à la garde de quelques-uns de ses camarades qui m'entourèrent. — Le jour commença bientôt à paraître. Le noir revint avec des soldats nègres, assez bien armés, qui s'emparèrent de moi. — Je crus qu'ils me menaient à la mort, et je me préparai à la subir avec courage. Ils me conduisirent vers une grotte éclairée des premiers feux du soleil levant. — Nous entrâmes. — Entre deux haies de soldats mulâtres, j'aperçus un noir assis sur un tronc de baobab, couvert d'un tapis de plumes de perroquet. Son costume était bizarre. Une ceinture magnifique, à laquelle pendait une croix de Saint-Louis, servait à retenir un caleçon rayé, de toile grossière, qui formait son seul vêtement. Il portait des bottes grises, un chapeau rond et des épaulettes, dont l'une était d'or et l'autre de laine bleue. Un sabre et des pistolets d'une grande richesse étaient auprès de lui. — Cet homme était d'une taille moyenne ; sa figure ignoble offrait un singulier mélange de finesse et de cruauté. — Il me fit approcher, et me considéra quelque temps en silence. Enfin il se mit à ricaner.

— Je suis Biassou, me dit-il.

A ce nom, je frémis intérieurement ; mais mon visage resta calme et fier. Je ne répondis rien ; il prit un air moqueur.

— Tu me parais un homme de cœur, dit-il en mauvais français ; eh bien ! écoute ce que je vais te dire : Es-tu créole ?

— Non, je suis Français.

Mon assurance lui fit froncer le sourcil. Il reprit en ricanant :

— Tant mieux, je vois à ton uniforme que tu es officier. Quel âge as-tu ?

— Dix-sept ans.

— Quand les as-tu atteints ?

— Le jour où ton compagnon Léogri fut pendu.

La colère contracta ses traits : il se contint.

— Il y a vingt jours que Léogri fut pendu, me dit-il : Français, tu lui diras ce soir, de ma part, que tu as vécu vingt et un jours de plus que lui. En attendant, choisis, ou d'être gardé à vue, ou de me donner ta parole que tu te trouveras ce soir, ici, deux heures avant le coucher du soleil, pour porter mon message à Léogri. — Tu es Français, n'est-ce pas ?

Je fus presque reconnaissant de la liberté qu'il ne me laissait que quelques heures encore que par un raffinement de cruauté, pour mieux me faire regretter la vie. Je lui donnai ma parole de faire ce qu'il demandait. Il ordonna de me délier, et de me laisser entièrement libre.

J'errai d'abord dans le camp. — Quoique mes réflexions

ne fussent pas gaies, je ne pus m'empêcher de rire de la sotte vanité des noirs, qui étaient presque tous chargés d'ornements militaires et sacerdotaux, dépouilles de leurs victimes. — Il n'était pas rare de voir un hausse-col sous un rabat ou une épaulette sur une chasuble. — Ils étaient dans une inaction inconnue à nos soldats, même retirés sous leurs tentes : la plupart dormaient au grand soleil, la tête près d'un feu ardent ; d'autres encore pleins de leurs anciennes superstitions, appliquaient, sur leurs plaies récentes, des pierres fétiches enveloppées dans des compresses. Leurs cabronets, chargés de butin et de provisions, étaient leurs seuls retranchements en cas d'attaque. — Tous me regardaient d'un air menaçant.

Dévoué à une mort certaine, je conçus l'idée de monter sur quelque roche élevée, pour essayer de revoir encore les cimes bleuâtres des mornes voisins des lieux où j'avais passé mon enfance. — Je sortis du vallon, et je gravis la première montagne qui s'offrit à moi ; bientôt des massifs de verdure me dérobèrent entièrement la vue du camp. Je m'assis, et mille idées pénibles se succédèrent tumultueusement dans mon esprit. Je ressemblais au voyageur qui, entraîné par une pente irrésistible vers le précipice qui doit l'engloutir, jette encore un dernier regard sur les champs qu'il a parcourus et ceux qu'il espérait parcourir.

Henri sourit, mais n'osa interrompre Delmar par son épiphonème ordinaire.

Une mort, sans doute cruelle, m'attendait, je n'avais plus d'espoir ; l'horizon de cette vie que, dans mes rêves, je m'étais tant plu à reculer, se bornait aujourd'hui à quelques heures. Il n'était plus pour moi de présent ni d'avenir ; je cherchai une distraction dans les souvenirs d'un temps plus heureux. Je songeai à Pierrot, à ces jours de jeunesse et d'innocence, où mon cœur s'ouvrait à la douce chaleur de l'amitié ; mais l'idée de la trahison de l'esclave fit saigner ce cœur flétri ; aigri par le malheur, je maudis l'ingrat que j'accusais d'en être la cause : la certitude même qu'il était mort ne me calmait pas.

En ce moment, un air connu vint frapper mes oreilles ; je tressaillis en entendant une voix mâle chanter : *yo que soy contrabandista*. Cette voix, c'était celle de Pierrot. Un dogue vint se rouler à mes pieds, c'était Rask. Je croyais rêver. L'ardeur de la vengeance me transporta : la surprise me rendit immobile. — Un taillis épais s'entr'ouvrit, Pierrot parut : son visage était joyeux, il me tendit les bras. — Je me détournai avec horreur. — A cette vue, sa tête tomba sur sa poitrine.

— Frère, murmura-t-il à voix basse, frère, dis, as-tu oublié ta promesse ?

La colère me rendit la parole.

— Monstre ! m'écriai-je, bourreau, assassin de mon oncle, oses-tu m'appeler ton frère ? tiens, ne m'approche pas.

Je portai involontairement la main à mon côté pour y chercher mon épée. — Ce mouvement le frappa. — Il prit un air ému, mais doux :

— Non, dit-il, non, je ne m'approcherai pas. — Tu es malheureux, je te plains ; toi, tu ne me plains pas, quoique je le sois plus que toi.

Un geste de ma main lui indiqua le lieu où étaient nos propriétés, nos plantations incendiées. — Il comprit ce reproche muet. Il me regarda d'un air rêveur.

— Oui, tu as beaucoup perdu ; mais, crois-moi, j'ai perdu plus que toi.

Je repris avec indignation :

— Oui, j'ai beaucoup perdu ; mais, dis-moi, qui me l'a fait perdre ? Qui a saccagé nos maisons, qui a brûlé nos récoltes, qui a massacré nos amis, nos compatriotes... ?

— Ce n'est pas moi, ce sont les miens. — Écoute, je t'ai dit un jour que les tiens m'avaient fait bien du mal, tu m'as dit que ce n'était pas toi ; qu'ai-je fait alors ?

Son visage s'éclaircit ; il s'attendait à me voir tomber dans ses bras. Je me taisais : puis-je t'appeler *frère ?* demanda-t-il d'un ton ému.

Ma colère reprit toute sa violence.

— Ingrat ! m'écriai-je. Oses-tu bien rappeler ce temps... ?

De grosses larmes roulèrent dans ses yeux ; il m'interrompit :

— Ce n'est pas moi qui suis ingrat.

— Eh bien ! parle, repris-je avec fureur, qu'as-tu fait de mon oncle ? Où est son fils ?

Il garda un moment le silence.

— Oui, tu doutes de moi, dit-il enfin en secouant la tête. — J'avais peine à le croire. — Tu me prends pour un brigand, pour un assassin, pour un ingrat. — Ton oncle est vivant, son enfant aussi. — Tu ne sais pas pourquoi je venais.

— Adieu ; viens Rask.

Rask se leva : le noir, avant de me quitter, s'arrêta, et jeta sur moi un regard de douleur et de regret. Cet homme extraordinaire venait, par ses dernières paroles, d'opérer en moi une révolution : je tremblai de l'avoir jugé trop légèrement ; je ne le comprenais pas encore, tout en lui m'étonnait : je l'avais cru mort, et il était devant moi, brillant de vigueur et de santé. Si mon oncle et son fils étaient vivants, je sentais la force de ces mots : *ce n'est pas moi qui suis ingrat.* — Je levai les yeux, il était encore là ; son chien nous regardait tous deux d'un air inquiet. — Pierrot poussa un long soupir, et fit enfin quelques pas vers le taillis.

— Reste, lui criai-je avec effort, reste.

Il s'arrêta, en me regardant d'un air indécis.

— Reverrai-je mon oncle ? lui demandai-je d'une voix faible.

Sa physionomie devint sombre.

— Tu doutes de moi, dit-il, en faisant un mouvement pour se retirer.

— Non, m'écriai-je alors, subjugué par l'ascendant de cet homme bizarre, non, tu es toujours mon frère, mon ami. — Jeune homme, je ne doute pas de toi, je te remercie d'avoir laissé vivre mon oncle.

Sa figure conserva une expression de rudesse qui me surprit : il paraissait éprouver de violents combats : il avança d'un pas vers moi et recula ; il ouvrit la bouche et se tut. — Ce moment fut de courte durée, il se jeta dans mes bras.

— Frère, je me fie à toi.

Il ajouta après une légère pause :

— Tu es bon ; mais le malheur t'avait rendu injuste.

— J'ai retrouvé mon ami, lui dis-je, je ne suis plus malheureux.

— Frère, tu l'es encore, bientôt, peut-être, tu ne le seras plus, je te dois la vie. — Moi, je le serai toujours.

La joie que les premiers transports de l'amitié avaient fait briller sur son visage s'évanouit. — Ses traits prirent une expression de tristesse singulière et énergique.

— Écoute, me dit-il d'un ton froid, mon père était roi au pays de Gamboa : des Européens vinrent, qui me donnèrent ces connaissances futiles qui t'ont frappé. Leur chef était un capitaine espagnol : il promit à mon père des États plus vastes que les siens, et des femmes blanches ;

244

mon père le suivit avec sa famille ; Frère, ils nous vendirent.

La poitrine du noir se gonfla, ses yeux étincelaient ; il brisa machinalement un jeune papayer qui se trouvait près de lui, puis il continua sans paraître s'adresser à moi.

— Le maître du pays de Gamboa eut un maître, et son fils se courba en esclave sur les sillons de Santo-Domingo. — On sépara le jeune lion de son vieux père pour les dompter plus aisément. — On enleva la jeune épouse à son époux pour en tirer plus de profit, en les unissant à d'autres. — Les petits enfants cherchèrent la mère qui les avait nourris, le père qui les baignait dans les torrents ; ils ne trouvèrent que des tyrans barbares, et couchèrent parmi les chiens.

Il se tut : ses lèvres remuaient sans qu'il parlât, son regard était fixe et égaré. — Il me saisit enfin le bras brusquement.

— Frère, entends-tu ? J'ai été vendu à différents maîtres comme une pièce de bétail. — Tu te souviens du supplice d'Ogé ; ce jour-là j'ai revu mon père ; écoute. — C'était sur la roue.

Je frémis ; il ajouta :

— Ma femme a été prostituée à des blancs ; écoute, frère : elle est morte, et m'a demandé vengeance.

Tous les miens me pressaient de les délivrer et de me venger. Rask m'apportait leurs messages. Je ne pouvais les satisfaire, j'étais moi-même dans les prisons de ton oncle. — Le jour où tu obtins ma grâce, je partis pour arracher mes enfants des mains d'un être féroce : j'arrivai. — Frère, le dernier des petits-fils du roi de Gamboa venait d'expirer sous les coups d'un blanc. Les autres l'avaient précédé.

Il s'interrompit, et me demanda froidement : Frère, qu'aurais-tu fait ?

Ce déplorable récit m'avait glacé d'horreur : je répondis à sa question par un geste menaçant. Il me comprit, et se mit à sourire tristement ; il poursuivit :

— Les esclaves se révoltèrent contre leur maître, et le punirent du meurtre de mes enfants. — Ils m'élurent pour chef. Tu sais les malheurs qu'entraîna cette rébellion. — J'appris que ceux de ton oncle se préparaient à suivre le même exemple. J'arrivai dans l'Acul la nuit même de l'insurrection. — Tu étais absent. — Les noirs incendiaient déjà les plantations. Ne pouvant calmer leur fureur, parce qu'ils croyaient me venger en brûlant les propriétés de ton oncle, je dus sauver ta famille. — Je pénétrai dans le fort par l'issue que j'y avais pratiquée, et je confiai tes parents à quelques nègres fidèles, chargés de les escorter jusqu'au Cap. — Ton oncle ne put les suivre ; il avait couru vers sa maison embrasée pour en tirer le plus jeune de ses fils. — Des noirs l'entouraient ; ils allaient le tuer ; je me présentai et leur ordonnai de me laisser me venger moi-même : ils se retirèrent ; je pris ton oncle dans mes bras, je confiai l'enfant à Rask, et je les déposai tous deux dans une caverne isolée et connue de moi seul. — Frère, voilà mon crime.

Pénétré de remords et de reconnaissance, je voulus me jeter aux pieds de Pierrot ; il m'arrêta d'un air offensé.

— Allons, viens, dit-il un moment après, en me prenant par la main.

Je lui demandai avec surprise où il voulait me conduire.

— Au camp des blancs, me répondit-il. Nous n'avons pas un moment à perdre : dix têtes répondent de la mienne. Nous pouvons nous hâter, car tu es libre ; nous le devons, car je ne le suis pas.

Ces paroles accrurent mon étonnement ; je lui en demandai l'explication.

— N'as-tu pas entendu dire que Bug-Jargal était prisonnier, demanda-t-il avec impatience.

— Oui, mais qu'as-tu de commun avec Bug-Jargal ? Il parut à son tour étonné.

— Je suis Bug-Jargal, dit-il gravement.

J'étais habitué, pour ainsi dire, à la surprise avec cet homme. Ce n'était pas sans étonnement que je venais de voir un instant auparavant l'esclave Pierrot se transformer en fils du roi de Gamboa ; mon admiration était au comble d'avoir maintenant à reconnaître en lui le redoutable et généreux Bug-Jargal, chef des révoltés du Morne-Rouge.

Il parut ne pas s'apercevoir de l'impression qu'avaient produite sur moi ses dernières paroles.

— L'on m'avait dit, reprit-il, que tu étais prisonnier au camp de Biassou ; j'étais venu pour te délivrer.

— Pourquoi me disais-tu tout à l'heure que tu n'étais pas libre ?

Il me regarda comme cherchant à deviner ce qui amenait cette question toute naturelle.

— Écoute, me dit-il. Ce matin j'étais prisonnier parmi

les tiens. J'entendis annoncer dans le camp que Biassou avait déclaré son intention de faire mourir, avant le coucher du soleil, un jeune captif nommé Delmar. On renforça les gardes autour de moi. J'appris que mon exécution suivrait la tienne, et qu'en cas d'évasion, dix de mes camarades répondraient de moi. — Tu vois que je suis pressé.

Je le retins encore. — Tu t'es donc échappé ? lui dis-je.

— Et comment serais-je ici ? Ne fallait-il pas te sauver ? Ne te dois-je pas la vie ?

— As-tu parlé à Biassou ? lui demandai-je.

Il me montra son chien couché à ses pieds.

— Non. Rask m'a conduit ici. J'ai vu avec joie que tu n'étais pas prisonnier : suis-moi, maintenant. — Biassou est perfide ; si je lui avais parlé, il t'aurait fait saisir et m'aurait contraint de rester. Ce n'est pas un noir, c'est un mulâtre. — Frère, le temps presse.

— Bug-Jargal, lui dis-je en étendant la main vers lui, retourne seul au camp, car je ne puis te suivre.

Il s'arrêta : un étonnement douloureux se peignit sur ses traits.

— Frère, que dis-tu ?

— Je suis captif. J'ai juré à Biassou de ne pas fuir : j'ai promis de mourir.

— Tu as promis, dit-il, d'un ton sombre. — Tu as promis, répéta-t-il en hochant la tête d'un air de doute.

Je le lui assurai de nouveau. Il était pensif, et ne semblait pas m'entendre ; il me montra un pic dont le sommet dominait sur toute la contrée environnante.

— Frère, vois ce rocher. Quand le signe de ta mort y apparaîtra, le bruit de la mienne ne tardera pas à se faire entendre. — Adieu.

Il s'enfonça dans le taillis et disparut avec son chien. — Je restai seul. Le sens de ses dernières paroles me semblait inexplicable : cette entrevue m'avait profondément attendri. — Mes sensations étaient singulières comme l'homme qui venait de me quitter pour toujours. — La vie m'était à présent aussi indifférente qu'à lui-même ; et l'idée que ma mort entraînerait la sienne m'était insupportable. — J'avais un sujet de désespoir de plus, et pourtant je me sentais en quelque sorte consolé. — Je demeurai longtemps assis au même endroit, abîmé dans mes réflexions, et confondu de l'originale générosité de l'esclave.

Cependant le soleil descendait lentement vers l'Occident ; l'ombre allongée des palmiers m'avertit qu'il était temps de retourner vers Biassou. — J'entrai dans la grotte de ce chef : il était occupé à faire jouer les ressorts de quelques instruments de torture, dont il était entouré. — Au bruit que firent ses gardes en m'introduisant, il se retourna. Ma présence ne parut pas l'étonner.

— Vois-tu, dit-il, en me montrant l'appareil horrible qui l'environnait.

Je demeurai calme. — Je connaissais la cruauté de ce chef, et j'étais déterminé à tout endurer sans pâlir.

— N'est-ce pas, reprit-il en ricanant ; n'est-ce pas que Léogri a été bien heureux de n'être que pendu ?

Je le regardai sans répondre, avec un froid dédain.

— Ah ! ah ! dit-il, en poussant du pied les instruments de torture ; il me semble que tu te familiarises avec cela. — J'en suis fâché ; mais je te préviens que je n'ai pas le temps de les essayer sur toi. Cette position est dangereuse ; il faut que je la quitte.

Il recommença à ricaner et me montra du doigt un grand drapeau noir placé dans un coin de la grotte.

Voici qui doit avertir les tiens du moment où ils pourront donner ton épaulette à ton lieutenant. — Tu sens que, dans cet instant-là, je dois être déjà en marche. — Comment as-tu trouvé les environs ?

— J'y ai remarqué, répondis-je froidement, j'y ai remarqué assez d'arbres pour y pendre toi et toute ta troupe.

— Hé bien, répliqua-t-il avec un ricanement forcé, il est un endroit que tu n'as sans doute pas vu, et avec lequel je veux te faire faire connaissance. Adieu, jeune capitaine, bonsoir à Léogri.

Il fit un geste, me tourna le dos ; et ses gardes m'entraînèrent.

Je marchais au milieu d'eux sans faire de résistance ; il est vrai qu'elle eût été inutile. Nous montâmes sur la croupe d'un mont situé à l'ouest de la vallée, où nous nous reposâmes un instant ; je jetai un dernier regard sur la mer que l'on apercevait au loin, déjà rouge des feux du couchant, et sur ce soleil que je ne devais plus voir. — Mes guides se levèrent ; je les suivis. — Nous descendîmes dans une petite vallée dont l'aspect m'eût enchanté dans tout autre instant ; un torrent la traversait dans sa largeur, et communiquait au sol une humidité féconde.

On y voyait surtout des platanes à fleurs d'érable, d'une force et d'une hauteur extraordinaires ; l'odier du Canada y mêlait ses fleurs d'un jaune pâle aux auréoles bleu azur dont se charge cette sorte de chèvrefeuille sauvage, que les nègres nomment *coali ;* des nappes verdoyantes de lianes dérobaient à la vue les flancs bruns des rochers voisins. — Nous marchions le long d'un sentier tracé sur le bord du torrent ; je fus surpris de voir ce sentier aboutir brusquement au pied d'un roc à pic, au bas duquel je remarquai une ouverture en forme d'arche, d'où s'échappait le torrent. — Un bruit sourd, un vent impétueux sortaient de cette ouverture. — Les nègres prirent sur la gauche et nous gravîmes le roc en suivant un chemin tortueux et inégal, qui semblait y avoir été creusé par les eaux d'un torrent desséché depuis longtemps. Une voûte se présenta, à demi bouchée par les ronces et les lianes sauvages qui y croissaient. Un bruit, pareil au premier, se faisait entendre sous cette voûte. — Les noirs m'y entraînèrent. — Nous avancions dans l'obscurité, le bruit devenait de plus en plus fort, nous ne nous entendions plus marcher. — Je jugeai qu'il devait être produit par une chute d'eau, je ne me trompais pas. — Après dix minutes de marche dans les ténèbres, nous arrivâmes sur une espèce de plate-forme, formée par la nature, dans le centre même de la montagne ; la plus grande partie de cette plate-forme demi-circulaire était couverte par le torrent qui jaillissait des veines du mont avec un bruit épouvantable. Sur cette salle souterraine, la voûte formait une sorte de dôme tapissé de lierre d'une couleur jaunâtre. Au milieu du dôme, on apercevait une crevasse à travers laquelle le jour pénétrait, et dont le bord était couronné d'arbustes verts, dorés en ce moment des rayons du soleil. A l'extrémité nord de la plate-forme, le torrent se perdait avec fracas dans un gouffre, au fond duquel semblait flotter, sans pouvoir y pénétrer, la vague lueur qui descendait de la crevasse. Le seul objet que l'on pût distinguer dans l'abîme était un vieil arbre, enraciné dans le roc quelques pieds au-dessous du bord, et si dépouillé de verdure, qu'on n'en pouvait reconnaître l'espèce. — Ce végétal offrait un phénomène singulier : l'humidité qui imprégnait ses racines l'empêchait seule de mourir, tandis que la violence de la cataracte le dépouillait successivement de ses branches nouvelles, et le forçait de conserver éternellement les mêmes rameaux. — Les noirs

s'arrêtèrent en cet endroit terrible ; et je vis qu'il fallait
mourir. — Ils commençaient à me lier en silence, avec des
cordes qu'ils avaient apportées, quand je crus entendre
les aboiements lointains d'un chien ; je pris ce bruit pour
une illusion causée par le mugissement de la cascade. —
Les nègres achevèrent de m'attacher, et m'approchèrent
du gouffre qui devait m'engloutir. — Je levai les yeux vers
la crevasse pour découvrir encore le ciel. — En ce
moment, un aboiement plus fort et plus prononcé se fit
entendre, la tête énorme de Rask passa par l'ouverture. —
Je tressaillis. — Les noirs, que les aboiements n'avaient
pas frappés, se préparèrent à me lancer au milieu de
l'abîme...

— Camarades ! cria une voix tonnante.

Tous se retournèrent. — C'était Bug-Jargal. — Il était
debout sur le bord de la crevasse, une plume rouge flottait
sur sa tête.

— Camarades, répéta-t-il, arrêtez !

Les noirs se prosternèrent. Il continua :

— Je suis Bug-Jargal.

Les noirs frappèrent la terre de leurs fronts, en poussant
des cris dont il était difficile de distinguer l'expression.

— Déliez le prisonnier, cria le chef.

En un clin d'œil je fus libre. — Le nègre reprit :

— Frères, allez dire à Biassou qu'il ne déploie pas le
drapeau noir sur son captif ; car il a sauvé la vie à Bug-
Jargal, et Bug-Jargal veut qu'il vive.

Il jeta sa plume rouge au milieu d'eux. Le chef du
détachement s'en empara, et ils sortirent sans proférer
une parole.

Je ne vous décrirai pas, Messieurs, la situation où je me
trouvais. Je fixai des yeux humides sur Pierrot, qui, de son
côté, me contemplait avec une singulière expression de
reconnaissance et de fierté. — Il fit un signe : Rask sauta à
mes pieds.

— Suis-le, me cria-t-il. — Il disparut.

Le jappement du dogue qui marchait devant moi me
guida à travers les ténèbres ; nous sortîmes du mont. —
En entrant dans la vallée, Bug-Jargal vint au-devant de
moi ; son visage était serein. — Je lui sautai au cou. —
Nous restâmes un moment muets et oppressés ; enfin, il
reprit la parole.

— Écoute, frère : mon exécution ou celle de mes dix
camarades devait suivre la tienne. — Mais j'ai fait dire à

Biassou de ne pas déployer le drapeau noir. — Tu vivras, et moi aussi.

La surprise, la joie, m'empêchèrent de lui répondre. — Il me tendit la main.

— Frère, es-tu content ?

Je recouvrai la parole, je l'embrassai, je le conjurai de vivre désormais auprès de moi, je lui promis de lui faire obtenir un grade dans l'armée coloniale. — Il m'interrompit d'un air farouche.

— Frère, je ne te propose pas de t'enrôler parmi les miens.

Il ajouta d'un ton gai :

— Allons, veux-tu voir ton oncle ?

Je lui témoignai combien était grand mon désir de consoler ce pauvre vieillard ; il me prit la main et me conduisit. — Rask nous suivait...

Ici, Delmar s'arrêta, et jeta un sombre regard autour de lui : la sueur coulait à grosses gouttes de son front ; il couvrit son visage avec sa main. — Rask le regardait d'un air inquiet. — Oui, c'est ainsi que tu me regardais, murmura-t-il. — Un instant après, il se leva violemment agité, et sortit de la tente. — Le sergent et le dogue le suivirent.

— Je gagerais, s'écria Germon, que nous approchons de la catastrophe.

Philibert ôta de ses lèvres le goulot de sa bouteille.

— Je serai vraiment fâché qu'il arrivât malheur à Bug-Jargal. — C'était un fameux homme. — J'aurais voulu, pour douze paniers de porto, voir la noix de coco qu'il vida d'un trait.

Alfred, qui était en train de rêver à un air de guitare, s'interrompit, et pria le major Berval de lui faire raison. — Il ajouta :

— Ce nègre m'intéresse beaucoup. — Seulement je n'ai pas osé demandé à Delmar s'il savait aussi l'air de *la Hermosa Padilla*.

— Biassou est bien plus remarquable, reprit le major. — A la bonne heure, cet homme-là savait ce que c'est qu'un Français. Si j'avais été son prisonnier, j'aurais laissé pousser ma moustache, pour qu'il me prêtât quelques piastres dessus, comme la ville de Goa à ce capitaine portugais. — Je déclare que mes créanciers sont plus impitoyables que Biassou.

— Major, voilà quatre Louis que je vous dois, s'écria Henri, en jetant sa bourse à Berval.

Le major regarda d'un œil attendri son généreux débiteur, qui aurait, à plus juste titre, pu se dire son créancier.

— Henri se hâta de poursuivre :

— Quant à moi, ce qui m'amusait le plus pendant le récit de Delmar... — C'était de voir son chien boiteux lever la tête chaque fois qu'il prononçait le nom de Bug-Jargal.

— Et en cela, interrompit Philibert, il faisait précisément le contraire de ce que j'ai vu faire aux vieilles dévotes de Celadas, quand le prédicateur prononçait le nom de Jésus.

— J'entrais dans l'église avec une douzaine de cuirassiers...

Le bruit du fusil du factionnaire avertit que Delmar rentrait. — Tout le monde se tut ; il se promena quelque temps les bras croisés, et en silence. — Le vieux Thadée, qui s'était rassis dans un coin, l'observait à la dérobée, et s'efforçait de paraître caresser Rask, pour que le capitaine ne s'aperçût pas de son inquiétude.

Delmar reprit enfin :

— Rask nous suivait. — Le rocher le plus élevé de la vallée n'était plus éclairé par le soleil. Une lueur s'y peignit tout à coup, et passa. — Le noir tressaillit : il me serra fortement la main.

— Écoute, me dit-il.

Un bruit sourd, semblable à la décharge d'une pièce d'artillerie, se fit entendre alors dans les vallées, et se prolongea d'échos en échos.

— C'est le signal, dit le nègre d'une voix sombre. Il reprit : c'est un coup de canon, n'est-ce pas ?

Je fis un signe de tête affirmatif.

En deux sauts, il fut sur une roche élevée. — Je l'y suivis. — Il croisa les bras, et se mit à sourire tristement.

— Vois-tu ? me dit-il.

Je regardai du côté qu'il m'indiquait, et je vis le pic qu'il m'avait montré le matin, le seul que le soleil éclairât encore, surmonté d'un grand drapeau noir.

Ici, Delmar fit une pause.

— J'ai su depuis que Biassou, pressé de partir, et me croyant mort, avait fait arborer l'étendard avant le retour du détachement qui avait dû m'exécuter.

Bug-Jargal était toujours là, — debout, les bras croisés, — et contemplant le lugubre pavillon. — Soudain, il se retourna vivement, et fit quelques pas, comme pour

252

descendre du roc. — Dieu ! Dieu ! mes malheureux compagnons ! — Il revint à moi : as-tu entendu le canon ? me demanda-t-il. — Je ne répondis point.

— Eh bien ! frère, c'était le signal : on les conduit maintenant.

— Sa tête tomba sur sa poitrine. Il fit quelques pas, et se rapprocha de moi.

— Va voir ton oncle, frère, Rask te conduira. — Il siffla un air indien, le chien se mit à remuer la queue, et parut vouloir se diriger vers un point de la vallée.

Bug-Jargal me prit la main, et s'efforça de sourire ; mais ce sourire était convulsif.

— Adieu ! me cria-t-il d'une voix forte, et il se perdit dans les touffes d'arbres qui nous entouraient.

J'étais pétrifié. — Le peu que je comprenais à ce qui venait d'avoir lieu me faisait prévoir tous les malheurs.

Rask, voyant son maître disparaître, s'avança sur le bord du roc, et se mit à secouer la tête avec un hurlement plaintif. Il revint en baissant la queue, ses grands yeux humides, il me regarda d'un air inquiet, puis il retourna vers l'endroit d'où son maître était parti, et aboya à plusieurs reprises. — Je le compris, je sentais les mêmes craintes que lui, je fis quelques pas de son côté. — Alors il partit comme un trait, en suivant les traces de Bug-Jargal ; je l'aurais eu bientôt perdu de vue, quoique je courusse aussi de toutes mes forces, si, de temps en temps, il ne se fût arrêté comme pour me donner le temps de le joindre. — Nous traversâmes ainsi plusieurs vallées ; nous franchîmes des collines et des montagnes couvertes d'épaisses forêts. — Enfin...

La voix du capitaine s'éteignit ; un sombre désespoir se manifesta sur tous ses traits ; il put à peine articuler ces mots :

Poursuis, Thad, car je n'ai pas plus de force qu'une vieille femme.

Le vieux sergent n'était pas moins ému que le capitaine ; il se mit pourtant en devoir de lui obéir.

— Avec votre permission... — Puisque vous le désirez, mon capitaine. — Il faut vous dire, Messieurs, que quoique Bug-Jargal, dit Pierrot, fût un grand nègre, bien doux, bien fort, bien courageux, et le premier brave de la terre, après vous, s'il vous plaît, mon capitaine, je n'en étais pas moins bien animé contre lui, ce que je ne me pardonnerai jamais, quoique mon capitaine me l'ait

pardonné. Si bien que, quand le matin j'entendis annoncer votre mort pour le soir, Monsieur, j'entrai dans une
furieuse colère contre ce pauvre homme, et ce fut avec un
vrai plaisir infernal que je lui annonçai, mon capitaine,
que ce serait lui, ou dix des siens, qui vous tiendraient
compagnie. — De quoi il ne manifesta rien, sinon qu'une
heure après, il se sauva en faisant un grand trou...

Delmar fit un geste d'impatience. — Thadée reprit :

— Soit ! Quand on vit le grand drapeau noir, comme il
n'était pas revenu, ce qui ne nous étonnait pas, avec votre
permission, Monsieur, — on tira le coup de canon, et je fus
chargé de conduire les dix nègres au pied du Pilier du
Grand-Diable, éloigné du camp d'environ... — Enfin,
bref ! quand nous fûmes là, vous sentez bien, Messieurs,
que ce n'était pas pour leur donner la clef des champs, je
les fis lier, comme cela se pratique, et je disposai mes
pelotons. — Voilà que je vois arriver de la forêt le grand
nègre : les bras m'en tombèrent ; il vint à moi tout
essoufflé.

— J'arrive à temps, dit-il, bonjour, Thadée.

Non, Messieurs, il ne dit que cela, — et il alla délier ses
compatriotes. J'étais là, moi, tout stupéfait, comme on
dit. — Alors, avec votre permission, mon capitaine, — il se
pratiqua un grand combat de générosité entre les noirs et
lui, — qui aurait bien dû durer un peu plus longtemps. —
N'importe ! oui, je m'en accuse, ce fut moi qui le fis cesser.
— Il prit la place des noirs. — En ce moment, son grand
chien, pauvre Rask ! il arriva, et me sauta à la gorge. — Il
aurait bien dû, mon capitaine, s'y tenir un peu plus
longtemps ; mais Pierrot fit un signe, et le pauvre dogue
me lâcha. — Il ne put pourtant pas empêcher qu'il ne vînt
se coucher à ses pieds. — Alors, je vous croyais mort, mon
capitaine... J'étais en colère... — Je criai...

Le sergent étendit la main, regarda le capitaine ; mais
ne put articuler le mot fatal.

... Bug-Jargal tomba. — Une balle avait cassé la patte de
son chien... ; depuis ce temps-là, Messieurs, et le sergent
secouait la tête tristement, depuis ce temps-là, il est
boiteux. — J'entendis des gémissements dans le bois
voisin. — J'y entrai. C'était vous, mon capitaine, une balle
vous avait atteint, au moment où vous accouriez pour
sauver le grand nègre. — Oui, mon capitaine, vous
gémissiez ; mais c'était sur lui. Cependant, Messieurs,
Bug-Jargal n'était point mort. — On le rapporta au camp.

254

— Mais il était blessé plus dangereusement que vous, mon capitaine ; car vous guérîtes, et lui, — il vécut...

Le sergent s'arrêta. — Delmar reprit d'une voix sourde et lente :

— Il vécut jusqu'au lendemain.

Thadée baissa la tête.

— Oui. — Et il m'avait laissé la vie. — Et c'est moi qui l'ai tué.

Le sergent se tut.

M. [Victor Hugo].

DOSSIER COMPLÉMENTAIRE

Victor Hugo : repères biographiques

1802 : naissance à Besançon (26 février) de Victor Marie Hugo.

1804 : installation à Paris de Sophie Hugo, sa mère, et de ses trois enfants (Abel, Eugène et Victor). Ils y resteront jusqu'en 1811, après s'être installés aux Feuillantines en 1809.

1811 : départ à Madrid pour retrouver Léopold Hugo, devenu général en 1809. Retour à Paris l'année suivante.

1818 : séparation des époux Hugo. **Première version de Bug-Jargal** (Cf. p. 221).

1819 : fondation par les frères Hugo du *Conservateur littéraire.*

1821 : mort de Sophie Hugo.

1822 : *Odes et Poésies diverses.* Mariage avec Adèle Foucher.

1823 : *Han d'Islande.*

1824 : *Nouvelles Odes.* Naissance de Léopoldine Hugo.

1826 : Bug-Jargal (2ᵉ version) publié le 2 novembre, sans nom d'auteur. *Odes et Ballades.*

1827 : *Cromwell* (et sa *Préface*).

1828 : mort du général Hugo ; naissance de François-Victor Hugo.

1829 : *Les Orientales. Le Dernier Jour d'un condamné. Marion Delorme* (pièce interdite par la censure).

1830 : *Hernani.* Naissance d'Adèle Hugo.

1831 : *Notre-Dame de Paris. Les Feuilles d'automne.* Première de *Marion Delorme.*

1832 : *Le roi s'amuse* (pièce interdite). *Lucrèce Borgia* (drame).

1833 : début de la liaison avec Juliette Drouet (elle durera cinquante ans). *Marie Tudor* (drame).

1834 : *Claude Gueux.*

1835 : *Angélo tyran de Padoue* (drame). *Les Chants du crépuscule.*

1837 : *Les Voix intérieures.* Mort d'Eugène Hugo.

1838 : *Ruy Blas* (drame).

1840 : *Les Rayons et les Ombres.*

1841 : Hugo est élu à l'Académie française (après des échecs en 1836 et 1840).

1842 : *Le Rhin. Les Burgraves* (drame).

1843 : Léopoldine qui vient d'épouser Charles Vacquerie périt noyée avec lui le 4 septembre. Début de la liaison avec Mme Biard.

1848 : élection comme député de Paris (liste de droite).

1849 : rupture avec la droite après des discours à l'Assemblée sur l'enseignement (loi Falloux), la liberté de la presse et la misère.

1851 : discours contre Louis Bonaparte. Exil après le coup d'État en Belgique. *Histoire d'un crime.*

1852 : *Napoléon-le-Petit* (pamphlet). Installation à Jersey, à Marine-Terrace.

1853 : *Les Châtiments.* Première séance de spiritisme.

1854 : intense création poétique.

1855 : départ pour Guernesey.

1856 : *Les Contemplations.* Installation à Hauteville House.

1858 : *La Pitié suprême.* Grave maladie de V. Hugo.

1859 : refus de l'amnistie de Napoléon III. *La Légende des siècles. Première série. Les Chansons des rues et des bois.*

1860 : *L'Ange Liberté.*

1861 : *Les Misérables* (publié en 1862). Voyages en Belgique et en Grande-Bretagne.

1863 : *Victor Hugo raconté par un témoin de sa vie* (par Adèle Hugo, sa femme). *William Shakespeare* (publié en 1864).

1865 : *Les Travailleurs de la mer* (publié en 1866). *Chansons des rues et des bois.*

1866 : *Mille francs de récompense* (théâtre).

1868 : *L'Homme qui rit* (publié en 1869). Mort d'Adèle, son épouse.

1869 : *Torquemada* (drame), ne sera joué qu'en 1882.

1870 : retour d'exil après Sedan (2 septembre).

1871 : élu député de Paris, V. Hugo démissionne après l'annulation de l'élection de Garibaldi. Mort subite de Charles Hugo (13 mars), enterré à Paris au milieu d'un vaste rassemblement populaire. Expulsion de Belgique de V. Hugo qui avait offert asile aux proscrits de la Commune. *L'Année terrible* (publié en 1872).

1872 : échec à une élection partielle. Folie et internement d'Adèle Hugo, sa fille.

1873 : *Quatrevingt-Treize* (publié en 1874). Mort de François-Victor Hugo.

1875 : *Actes et Paroles, I. Avant l'exil ; II. Pendant l'exil.*

1876 : élu sénateur de la Seine. *Actes et Paroles, III. Après l'exil.*

1877 : *La légende des siècles. Nouvelle série. L'Art d'être grand-père. Histoire d'un crime. I.*

1878 : *Histoire d'un crime. II. Le Pape.* Congestion cérébrale.

1879 : *La Pitié suprême.*

1880 : *L'Âne.*

1881 : *Les Quatre Vents de l'esprit.* Manifestation populaire sous ses fenêtres (27 février).

1882 : réélu sénateur.

1883 : *La Légende des siècles. Dernière série.* Mort de Juliette Drouet.

1885 : mort de V. Hugo (22 mai) atteint d'une congestion pulmonaire. Funérailles nationales.

1886 : *La Fin de Satan* (posthume).

1888 : *Toute la lyre* (posthume ; une autre partie sera publiée en 1893).

1891 : *Dieu* (posthume).

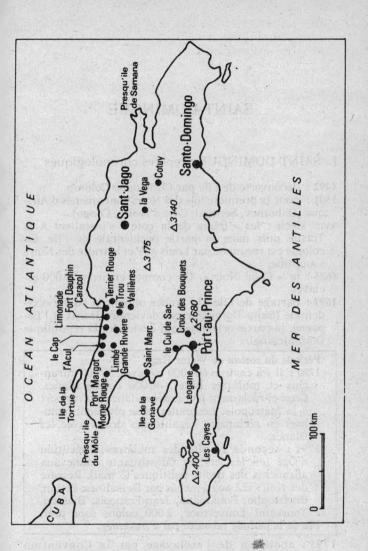

SAINT-DOMINGUE

I. SAINT-DOMINGUE : repères chronologiques

1492 : découverte de l'île par Christophe Colomb.
1501 : pour la première fois des Noirs sont amenés d'Afrique (Dahomey, Sénégal, Côte d'Ivoire, Congo).
XVIIe siècle : les « frères de la côte » s'installent à la Tortue puis dans la partie occidentale de l'île. La colonie est reconnue par Louis XIV et la traite des Noirs s'amplifie.
1685 : le « Code Noir ». On compte environ 20 000 esclaves.
1697 : partage de l'île : la France obtient la partie occidentale (Saint-Domingue qui deviendra Haïti) et l'Espagne, la partie orientale (qui deviendra la république Dominicaine).

Période du roman de Victor Hugo
1790 : il y a environ 600 000 esclaves, 30 000 affranchis et mulâtres libres, 40 000 colons blancs. Ceux-ci réclament leur indépendance par rapport à la Métropole. Les mulâtres se révoltent (octobre) en réclamant l'égalité des droits avec les Blancs.
1791 : seconde révolte des mulâtres ; exécution d'Ogé (en février) ; la Constituante donne aux affranchis des droits politiques (5 mai). Révolte des Noirs (22 août) menés par Dessalines, Pétion, Christophe, Boukmann, Jean-François, Biassou, Toussaint Louverture ; 2 000 colons sont tués.
Fin de la période racontée par d'Auverney.

1793 : abolition de l'esclavage par la Convention (4 février). Des Noirs sont enrôlés pour lutter contre les

262

mulâtres, les Espagnols et les Anglais. Nomination de Toussaint Louverture comme gouverneur.

1794 : mort du capitaine d'Auverney (note au roman ajoutée dans l'édition de 1832).

1801 : envoi d'un corps expéditionnaire par Bonaparte ; il est commandé par Leclerc et Rochambeau.

1802 : capture et captivité en France de Toussaint Louverture. Il meurt le 7 avril de l'année suivante.

1803 : les troupes françaises sont vaincues et les colons massacrés.

1804 : Saint-Domingue, devenue Haïti, devient indépendante.

1806 : le premier empereur, Dessalines, est assassiné.

1807 : Christophe (Nord) et Pétion (Sud) se partagent le pouvoir.

1822 : réunification des deux parties. Pouvoir mulâtre sur les Noirs.

1916 : après des luttes entre Noirs et mulâtres, intervention américaine (jusqu'en 1934) qui confirme le pouvoir de ces derniers.

1957 : « Papa Doc » Duvalier est nommé président à vie. Les Noirs (90 %) de la population reprennent le pouvoir.

1971 : à la mort de Duvalier, son fils lui succède.

II. A SAINT-DOMINGUE, SEULE COMPTE LA COULEUR DE LA PEAU

« Comme il faut toujours qu'un certain nombre de préjugés bizarres impriment le sceau de la folie sur tout ce qui a rapport à l'espèce humaine, c'est ici la couleur de la peau qui, dans toutes les nuances du blanc au noir, tient lieu des distinctions du rang, du mérite, de la naissance, des honneurs, et même de la fortune, de sorte qu'un nègre, dût-il prouver sa descendance directe du roi nègre qui veut adorer Jésus-Christ dans la crèche, dût-il joindre au génie d'une intelligence céleste tout l'or que renferment les entrailles de la terre, ne sera jamais aux yeux du plus sot, du dernier des blancs, que le dernier des hommes, un vil esclave, un noir.

Il a des parents à la côte, telle est l'expression par laquelle on manifeste son mépris, pour peu que l'on soupçonne qu'une seule goutte de sang africain ait filtré dans les veines d'un blanc, et la force du préjugé est telle qu'il faut un effort de raison et de courage pour oser contracter avec lui l'espèce de société familière qui suppose l'égalité. Vous voyez donc que le chaos de prétentions qu'embrouille ailleurs la diversité des rangs est aisément débrouillé ici. En Europe, la connaissance des différents degrés d'égards, de considération, d'estime plus ou moins sentie, de respect plus ou moins profond, est une science qui exige une étude particulière, et comme l'extérieur ne répond pas toujours au titre, il faut un tact bien exercé, bien sûr, un grand usage du monde pour savoir distinguer, à point nommé, le patricien du prolétaire, le noble du vilain, etc. Ici, au contraire, il ne faut que des yeux pour savoir ranger chaque individu dans l'ordre auquel il appartient. Ainsi vous savez, sans que personne vous le dise, que, depuis le gouverneur investi du pouvoir et décoré des ordres du roi jusqu'au fripon qui, des galères de Marseille, apporte ici l'empreinte flétrissante que la main du bourreau imprima sur son omoplate, tous les blancs y sont pairs. »

F. de Wimpffen, *o.c.*, février 1789.

III. PORT-AU-PRINCE : DEUX DESCRIPTIONS DIFFÉRENTES :

« Le Port-au-Prince !... Quand on a connu en France des colons, et surtout des colons créoles, on n'approche pas de Port-au-Prince, devenu la résidence de tous les pouvoirs, la capitale du pays de la terre le plus riche, le plus fertile en délices, le trône du luxe et de la volupté, sans éprouver le secret frémissement, la douce et vague anxiété qui précède l'admiration et prépare à l'enthousiasme... Enfin, j'arrive entre deux rangs de cabanes, roulant sur une voie poudreuse que l'on nomme rue, et cherchant en vain Persépolis dans un amas de baraques de planches. Stupéfait, je demande à mon compagnon où nous sommes. « Au Port-au-Prince. — Sans doute comme on est à Paris dans le faubourg Saint-Marceau ? — Vous verrez cela demain. » Le lendemain, malgré mon empressement à précéder le soleil, dix heures du matin me surprirent cherchant encore, dans le véritable Port-au-Prince, le *Port-au-Prince* des Américains sans pouvoir le rencontrer. Je trouvai bien, de temps en temps, quelques cases plus vastes, plus ornées que les autres. Un édifice en pierre, isolé et assez régulier, m'annonça bien la résidence du gouverneur. Je vis bien une place de marché que l'intendant actuel, M. Barbé de Marbois, vient de décorer de deux fontaines d'un bon goût d'architecture, mais inabordables par les ordures dont les nègres qui viennent y puiser de l'eau ne cessent de souiller les avenues. A la suite de cette place, sur un tertre qui la domine, je vis encore une petite esplanade plantée de quelques allées de jeunes arbres, avec un bassin à jet d'eau au milieu, et destinée à servir de terrasse à la nouvelle intendance que l'on projette de bâtir. Mais tout cela, en supposant des rues plus régulières, constituerait à peine une de nos villes de troisième ordre, tout cela est l'ouvrage de M. de Marbois, et de deux ou trois années, et prouve que les Américains ont vu et voient encore le Port-au-Prince actuel, comme les Hébreux voyaient la Jérusalem céleste dans la vieille Jérusalem. Que la présence du Gouvernement, la résidence des corps administrateurs, un spectacle, une garnison, un port, un entrepôt de commerce, entretiennent au Port-au-Prince le centre de toutes les affaires, le rendez-vous de tous les intrigants, de tous les chercheurs de fortune, une activité, un mouvement que l'on ne trouve pas dans toutes les villes de la colonie, cela est tout simple ; mais il n'en sera pas moins vrai qu'à quelques différences, aux mœurs, au costume près, la comparaison qui se présente le plus naturellement à la vue de cette ville, est celle d'un camp tartare, tel que les voyageurs le décrivent, et qu'avec la meilleure volonté de se prêter à l'illusion, avec toute l'indulgence que réclame la prévention patriotique, tout homme raisonnable me saura gré de mettre un terme aux mensonges, aux exagérations avec lesquelles la bêtise et la mauvaise foi en imposent à l'inexpérience. »

F. de Wimpffen, o.c., mars 1790.

« Le tremblement de terre de 1751, qui renversa les trois quarts des maisons, inspira l'idée de ne la rebâtir qu'en bois. La ville avait acquis un grand accroissement, lorsque le tremblement de terre du 3 juin 1770 la renversa de fond en comble, et en ce moment elle est encore plus considérable qu'elle ne l'était alors. Le Port-au-Prince, où l'on ne voyait en 1751 qu'environ cent maisons, en compte aujourd'hui 895, dont les loyers sont évalués à 3 106 639 livres 11 sols 8 deniers. Toutes ces maisons sont de bois ou maçonnées entre poteaux, d'après l'ordonnance des administrateurs du 8 août 1770, qui défend de les construire autrement. Il en est un très petit nombre, élevées depuis quelques années, qui ont un premier étage, mais elles font, par cela même, une exception très remarquable, puisque toutes les autres sont avec un simple rez-de-chaussée. Vues du dehors, les maisons ont beaucoup moins d'apparence ; la plupart d'entre elles ont sur la rue une galerie que couvre leur toit, prolongé en appentis, mais ces galeries qui sont pavées ou carrelées abritent contre un soleil ardent et elles dispensent de la nécessité de passer dans les rues qui sont des champs couverts d'une poussière épaisse lorsqu'il a plu et des bourbiers à la moindre pluie, car il n'y a plus de vestiges du pavement de ces rues, fait en vertu d'ordonnances du 29 novembre et du 22 décembre 1757. »

Moreau de Saint-Méry, *Description topographique, physique, civile, politique et historique de la partie française de l'île Saint-Domingue*, II, 318-320.

IV. COMMENT L'ON DEVIENT COLON

« Je n'ai à peu près rien dit de la manière dont se forment les établissements nouveaux. En conséquence de l'inévitable inégalité avec laquelle les biens de ce monde sont répartis, il faut supposer le nouveau colon entre les deux extrêmes de la richesse et de la pauvreté, c'est-à-dire avec assez de fortune pour commencer par lui-même son établissement. Son premier déboursé, que j'estime de 3 à 4 000 livres, aura pour objet les frais de concession et d'arpentage, et sa première démarche de reconnaître par lui-même, accompagné de son arpenteur, le terrain concédé, après s'être assuré qu'il ne l'a pas déjà été à d'autres, ce qui arrive quelquefois, ou que, dans ce cas, il a du moins été légalement réuni au Domaine. Il en fera ensuite distinctement poser les bornes et dresser un plan exact afin d'éviter toute discussion avec ses voisins.

Il était d'usage autrefois que ces mêmes voisins prêtassent au nouveau venu quelques nègres, tant pour abattre les bois de l'emplacement qu'il destinait à porter son habitation qu'afin de défricher une étendue de terre suffisante pour y planter les vivres avec lesquels il nourrissait ses premiers nègres, mais je ne lui conseille pas de fonder aujourd'hui de grandes espérances sur cette ressource. Elle n'était que le produit d'une vertu de circonstance. Si ses moyens le lui permettent, ce que le nouvel habitant peut faire de mieux sera, soit d'acheter quelques nègres déjà rompus aux travaux des défrichements que l'on nomme nègres de hache et qui serviront d'instructeurs aux autres, soit de louer un atelier vacant, c'est-à-dire des esclaves que leur maître, après avoir vendu sa possession immobilière, afferme pour un temps limité, au défaut de quoi il se rendra dans quelqu'un des ports, afin d'acquérir du premier négrier venu le nombre de travailleurs qu'il jugera nécessaire et que j'estime à dix au moins, ce qui, avec les frais accessoires de sa dépense personnelle, de l'acquisition des instruments de travail, de la nourriture, du transport, etc., exigera de lui un premier déboursé de 8 à 10 000 livres, en supposant qu'il achète des nègres de choix et qu'il ne paie, selon un usage assez général, qu'un tiers comptant. La nécessité réduit quelquefois des colons mal à leur aise à acquérir, à un prix beaucoup plus bas, ce que l'on nomme des queues de cargaison ou nègres de rebut, mais de tous les marchés désavantageux que la pénurie d'argent fait contracter, celui-ci est un des plus mauvais.

Dans tous les cas, le nouveau colon ne peut rien faire de mieux que de donner ses premiers soins à se loger lui et ses nègres, à défricher incessamment le terrain qu'il destine à porter des bananes, du manioc, des patates, des ignames, etc., à se monter une basse-cour, à acquérir des bestiaux, et en attendant qu'il puisse subsister du produit de ces différents objets, à se pourvoir de salaisons, de biscuits, etc. Je ne crois pas que cette première dépense puisse être fort au-dessous de 3 à 4 000 livres.

L'esprit d'ordre est plus rare que l'on ne pense. Il est cependant très nécessaire de ne pas en manquer dans le début d'un établissement, car sans compter la perte de temps qu'entraînent les faux travaux, je regarde comme une précaution indispensable, celle d'établir, autant qu'il est possible, son manoir à portée de l'eau, dans une position aérée et au centre de sa possession. C'est de là que doivent partir les travaux afin de pouvoir les étendre à la circonférence à mesure que les moyens de culture se multiplient et surtout afin d'économiser le temps qu'absorbent les longs trajets. Mais ce mode et ces moyens d'établissement ne sauraient convenir à celui d'une sucrerie qui demande des mesures bien différentes, des fonds bien plus considérables, et dont l'entreprise ne peut être faite que par le riche qui veut encore s'enrichir.

Presque tous les nouveaux habitants découvrent plus de terrain qu'ils ne peuvent en cultiver d'abord et cela entraîne le double inconvénient de priver la terre d'une partie des principes de sa fécondité et d'absorber un temps qui pourrait être mieux employé. J'ai déjà souvent regretté que ce pays-ci n'ait pas encore produit un seul cultivateur assez instruit, pour écrire un traité d'agriculture dont l'usage serait d'une utilité inappréciable pour le nouveau colon. Si je n'ai pas une fausse idée des devoirs que le bien public impose au Gouvernement, il me semble que ce serait à lui à ordonner et à payer cet ouvrage élémentaire. »

F. de Wimpffen, *o.c.*, juillet 1790.

V. LES NÈGRES DE SAINT-DOMINGUE : UN PORTRAIT NUANCÉ

« Le nègre est beaucoup plus difficile à définir que l'on ne pense. Pour le faire avec succès, il faudrait l'avoir étudié dans les différentes périodes de sa vie, savoir s'il était en Afrique libre ou serf, riche ou pauvre, chasseur, agriculteur, artisan, pêcheur, pasteur, prêtre, artiste ou guerrier. Il faudrait l'avoir vu dans sa patrie, dans ses propres foyers, l'avoir suivi dans les habitudes de sa vie privée, au sein de sa famille, sous l'action du gouvernement, des lois, des usages, de la religion, des préjugés de son pays, savoir quels étaient ses relations, ses goûts, son régime, ses travaux, ses plaisirs et ses peines. Il faudrait alors comparer son état présent à son existence passée, observer l'influence de sa transplantation sur son tempérament, sur ses idées, sur son humeur, sur le degré de sensibilité dont il est susceptible. Il faudrait encore distinguer ce qui appartient à l'espèce en général du caractère particulier de l'individu, savoir s'il a laissé dans son pays un père, une mère, une compagne, des enfants, des amis. Il faut étudier, connaître, approfondir l'impression que fait sur lui la certitude d'être arraché pour toujours aux lieux qui l'ont vu naître, à tout ce qu'il aimait. Enfin, si on veut le juger sur les règles les plus fautives, il faut, ce me semble, absolument séparer l'homme des circonstances, de la nature et de l'éducation. Je crois cette tâche très difficile à remplir. Je doute qu'elle l'ait jamais été et je suis très sûr qu'elle ne le sera point par moi qui pense déjà entreprendre un ouvrage au-dessus de mes forces, en ne hasardant qu'une simple esquisse. Ce qui prouverait que le nègre n'est pas mieux connu de ses panégyristes que de ses détracteurs, c'est l'extrême disparate de leurs jugements. Il est toujours chez l'un tout ce qu'il n'est pas chez l'autre. Il suffit que l'un lui refuse une faculté, une vertu, pour que l'autre la lui accorde. Ce n'est pas le moyen de s'entendre. Les *habitants*, qui vivent avec eux, sans s'embarrasser de les connaître, les connaissent mieux que celui qui se charge de les définir, par la raison qu'ils ne jugent pas, comme lui, du tout sur quelques expressions. Ne craignez pas qu'ils achètent un *mondongue* pour un *Sénégalais*, un *ibbo* pour un *Arrada* (1).

Le nègre est à peu près comme nous, bon ou méchant, avec toutes les modifications qui nuancent ces deux extrêmes. Ses passions sont celles de la nature brute. Il est luxurieux sans amour et gourmand sans délicatesse. La femme n'est pour lui qu'un instrument de plaisir. Quand il a faim, il lui est assez indifférent de manger un morceau de charogne ou un poulet, un crapaud ou une pintade. Il est paresseux parce qu'il a peu de l'espèce de besoins que le travail satisfait et qu'il ne conçoit ou ne veut concevoir ni la nécessité de travailler pour nous, ni la justice de le faire sans autre rétribution que des coups de fouet. Il aime le repos, non pour en jouir à notre manière, non pour retrouver dans le calme les jouissances morales qu'inter-rompt l'activité physique, mais pour ne rien faire, car ne rien faire a toujours été la première passion de tous les peuples de la zone torride. Il ne sait ni former ni rompre, sans savoir pourquoi, ces liaisons insignifiantes qui n'ont pour objet et pour garants de leur durée que l'intérêt ou la convenance du moment. Il n'aime ni ne hait habituelle-ment, mais lorsqu'il fait l'un ou l'autre, c'est avec frénésie. Quelques-uns ont le caractère tour à tour bas et

---

(1) Ce sont des races opposées de nègres que les habitants distinguaient très bien d'emblée. « Leur peau, dit Ducœurjoly des Aradas, est d'un noir rougeâtre. Le nez est écrasé. Ils ont les dents très blanches et le tour du visage assez beau. Ils se font des incisions sur la peau qui laissent des marques ineffaçables, au

vain, souple et dur, féroce et timide du despote ou de l'esclave. Ils couvent la vengeance ou l'exhalent en menaces. Mais voulez-vous voir ces lanceurs de foudre à vos pieds ? Montrez-leur la pointe d'une aiguille.

Les nègres ne sont généralement ni dissimulés, ni faux, ni perfides. On trouve quelquefois parmi eux un fripon qui aura été en Afrique ou médecin, ou prêtre, ou sorcier, et c'est alors un homme très dangereux.

Il faut, dans la manière de les conduire, leur imposer des devoirs très simples, des lois très claires, et les y assujettir avec beaucoup d'exactitude, mais avec une extrême justice, car l'indulgence n'est pour eux que de la faiblesse, l'injustice un défaut de jugement qui provoque leur haine ou leur mépris. J'ai voulu faire, par moi-même, plusieurs expériences qui m'ont parfaitement convaincu de la justesse de cette observation. Soit qu'ils n'aient que des idées fausses ou confuses sur le tien et le mien, soit que le défaut de propriété leur en fasse méconnaître le droit, soit qu'ils supposent que l'état d'esclavage les fait rentrer dans l'état de nature où tous les biens sont communs, la plupart des nègres sont voleurs. Comme tous les hommes, dont la religion se réduit à quelques pratiques superstitieuses, ils n'ont nulle idée d'une morale conventionnelle. Ce qu'un nègre a de bon appartient tout à la nature. La coupable négligence des *habitants* à l'instruire des principes simples et fondamentaux du christianisme le laisse vivre, vieillir et mourir dans son ignorance natale. Quand on en a rassemblé un certain

moyen desquelles ils se distinguent entre eux... Ces nègres sont estimés les meilleurs pour le travail des habitations. Plusieurs connaissent parfaitement les propriétés bonnes ou mauvaises de plusieurs plantes inconnues en Europe. » (*Manuel des habitants de Saint-Domingue*, I, 33.) « Les moins estimés de tous les nègres, dit-il ailleurs, sont les Bambaras. Leur malpropreté, ainsi que plusieurs grandes balafres qu'ils se font transversalement sur les joues, depuis le nez jusqu'aux oreilles, les rendent hideux. Ils sont paresseux, ivrognes, gourmands et grands voleurs. On fait peu de cas des nègres mandingues, congos et mondongues. Ceux-ci ont les dents levées en pointe et passent pour anthropophages chez les autres peuples. » (*Op. cit.*, II, 24-25.) Les Sénégalais passent pour difficiles à mener, mais excellents pour le travail si l'on parvient à les discipliner. Doux, mais peu intelligents, les Congos sont de bons domestiques. (*Archives des Colonies*, F 61. *Mémoire de 1790.*)

nombre, on les mène à l'église, sans qu'ils sachent où ils vont. Un prêtre les baptise sans qu'ils sachent ce qu'on leur fait, et les voilà chrétiens. Le résultat le plus clair de cette cérémonie est pour eux le changement de nom. On dit au nègre Mazimbo qu'il s'appellera désormais Eustache. Ses organes, accoutumés à chanter une langue harmonieuse et douce, se refusent à l'expression de ce mot barbare. Il l'oublie à mesure qu'on le lui répète et l'infortuné s'afflige de ne plus s'entendre nommer du nom dont l'appelait sa mère. J'observe que toutes les fois que les nègres sont entre eux, ils ne se servent jamais de leur nom de baptême. Malgré l'espèce d'orgueil que leur inspire, dit-on, l'honneur d'être chrétiens, j'ai cru m'apercevoir que ceux qui affectent d'y attacher un certain prix, le font plus dans l'intention de plaire à leur maître que par aucun autre motif. »

F. de Wimpffen, *o.c.*, août 1789.

L'ESCLAVAGE

La dénonciation de l'esclavage et de la traite des Noirs devint, à l'aube du XIXe siècle, un combat politique. En 1822, l'Académie française propose pour son prix de poésie comme sujet : « L'abolition de la traite des Noirs. »

Certes des ordonnances (1823 et 1826) avaient tenté de limiter le commerce du « bois d'ébène ». Mais en vain. Pourtant les protestations se multipliaient : *Cris des Africains contre les Européens leurs oppresseurs ou coup d'œil sur le commerce homicide appelé traite des Noirs* (T. Clarkson, 1821) ; fondation, la même année, de la « Société de la Morale chrétienne ». L'affaire de *la Vigilante*, ce navire négrier capturé en 1823, avec 347 esclaves à son bord, en fit un thème d'actualité. Discours (voir documents ci-dessous) et œuvres littéraires (cf. documents ci-dessous et bibliographie) ne cessèrent de dénoncer ce honteux trafic qui ne devait finir qu'au milieu du siècle.

Document 1 : *La réalité de la traite*

« La traite se fait ; elle se fait impunément : on sait la date des départs, des achats, des arrivées ; on publie des prospectus pour inviter à prendre des actions dans cette traite ; seulement on déguise l'achat des esclaves en supposant des achats de mulets sur la côte d'Afrique, où jamais on n'acheta de mulets. La traite se fait plus cruellement que jamais, parce que les capitaines négriers, pour se dérober à la surveillance accourent à des expédients atroces pour faire disparaître les captifs. Voyez les rapports officiels relatifs à la *Jeanne Estelle* ; quatorze nègres y étaient à bord : le vaisseau est surpris ; aucun

272

nègre ne se trouve; on cherche vainement, enfin un gémissement sort d'une caisse, on ouvre; deux jeunes filles de douze et quatorze ans y étouffaient, et, plusieurs caisses de la même forme, de la même dimension, venaient d'être jetées à la mer. »

Benjamin Constant, *Discours à la Chambre des députés*, 27 juin 1821.

Document 2 : *L'arrivée*

« Lorsqu'un navire négrier est arrivé en Amérique et après avoir mouillé dans le port qui lui est assigné par ses armateurs, le capitaine fait part de sa mission aux officiers de l'Amirauté qui se transportent, accompagnés d'officiers de santé, à son bord, pour y faire la visite, et s'assurer s'il n'existe, parmi ces nouveaux venus, aucune maladie contagieuse, et d'après cette visite, ils indiquent le jour auquel la vente des nègres doit se faire. L'ouverture de cette vente s'annonce par la décharge de plusieurs coups de canon pour avertir les habitants et les inviter à se transporter à bord, afin d'y faire le choix des nègres dont ils ont besoin. L'esclave des deux sexes est alors exposé nu aux regards des personnes qui veulent en acheter, afin qu'elles puissent juger si le sujet est bien conformé et n'a point de maux cachés. Ces précautions n'empêchent pas que l'habitant ne soit quelquefois trompé, car les chirurgiens des navires négriers dissimulent ou masquent les défauts d'un nègre, à peu près comme le maquignon fait en France à l'égard d'un cheval qu'il veut vendre. »

Ducœurjoly, *Manuel des habitants de Saint-Domingue*, I, p. 12.

Document 3 : *Les dames font leurs emplettes*

« On a vu ici plusieurs dames *assez connaisseuses* pour aller faire elles-mêmes leurs emplettes à bord des bâtiments négriers. Elles inspectaient et maniaient avec attention certaines parties, prétendant y trouver des signes, moins équivoques que dans toute autre, de la bonne ou mauvaise santé des nègres. »

Girod-Chantrans, *Voyage d'un Suisse*, p. 200.

Document 4 : *Petites annonces de la* Gazette de Saint-Domingue : *esclaves en fuite*

Avis de fuite

— *Du 7 mars 1764 :* Cupidon, étampé G.L., au sieur de Ronceray, habitant au Cap-Dame-Marie, marron depuis quelque temps, a été rencontré à l'Artibonite, monté sur un cheval, poil rouge, qu'il a enlevé à son maître, porte ordinairement des bottes, a deux vestes, l'une bleue et l'autre écarlate. Bon cuisinier.

— *Du 28 mars 1764 :* Françoise, créole, vingt ans, portant un enfant à la mamelle et un collier de fer, à renvoyer au sieur Reynaud, directeur de la poste au Petit-Goâve.

— *Du 4 avril 1764 :* Alexandre, Congo, cordonnier, étampé S.D.-L.B.D., et Paquet, vingt-cinq ans, cinq pieds, petits yeux, lèvres un peu grosses, le corps fort mince, affectant de bien parler français, parlant un peu l'espagnol ; se disant libre, marron depuis le 28 février, au sieur Paquet au Fort-Dauphin.

— *Du 23 mai 1764 :* Un mulâtre, Louis, trente-cinq ans, de grande taille, ayant la jambe pleine, les cheveux épars, les yeux roux (?), une grande cicatrice au menton, le visage marqué de ce qu'on appelle *lota* (taches), marron depuis juin 1762 ; se donne pour libre ; au sieur Belin du Verger, colon à Mangon, quartier d'Aquin. Cent vingt livres de récompense.

— *Du 6 juin 1764 :* Alexandre, créole, vingt-cinq ou vingt-six ans, grand, une cicatrice au front, étampé, perruquier ; marron depuis le 28 mai ; à arrêter sans égard au billet dont il se trouverait muni, attendu qu'il sait écrire, il aurait pu le faire lui-même ; au sieur Jacquemain, tailleur d'habits au Cap.

Avis de reprise

— *Saint-Marc, 23 mai 1764 :* Deux nouveaux, Congos, ont une marque en forme d'O.

— *Avis de prise du 30 mai 1764 :* Jean-Baptiste, mulâtre, est rempli de crabes (pian), de sèches (ulcères), est sans ongles aux orteils.

— *Fort-Dauphin, 27 juin 1764 :* Un nouveau, sans étampe, a seulement une marque de son pays, assez semblable à une chaîne qui s'étend depuis l'épaule gauche jusqu'au ventre.

— *Fort-Dauphin, 13 juin 1764 :* Joseph, Congo, étampé I.H.S. avec une croix sur H. aux Jésuites.

Document 5 : *Un plaidoyer anti-esclavagiste*

« Le préjugé contre la couleur des noirs se lie intimement au fait de la domination et de l'oppression physiques que l'homme blanc exerce sur le noir. Un préjugé analogue est inhérent à toute supériorité d'un homme sur un autre. Parmi les Européens, il existe quelque chose de cela entre nous et nos serviteurs à gages, comme autrefois entre les catholiques et les juifs, comme encore aujourd'hui entre les seigneurs russes ou polonais et leurs serfs ; mais le préjugé contre les noirs tient surtout à l'incapacité cérébrale qu'on leur a toujours prêtée ; or, cette incapacité est devenue une certitude pour ceux qui l'admettent, uniquement parce que les uns se sont contentés de regarder les nègres dans l'esclavage, et que les autres ont cru les maîtres sur parole. Nous ne contestons pas que l'état moral des esclaves dans les colonies ne puisse justifier cette opinion fatale à toute leur race ; nous les avons approchés, nous les connaissons, et nous savons jusqu'à quel point de dégradation ils sont descendus ; mais c'est ici qu'il faut bien distinguer l'effet de la cause.

Les noirs ne sont pas stupides parce qu'ils sont noirs, mais parce qu'ils sont esclaves. »

V. Schoelcher, *l'Abolition de l'esclavage*, 1840.

Document 6 : *Voici le fameux texte de* l'Esprit des Lois *(1748) où Montesquieu s'élève contre l'esclavage*

« Si j'avais à soutenir le droit que nous avons eu de rendre les nègres esclaves, voici ce que je dirais :

Les peuples d'Europe ayant exterminé ceux de l'Amérique, ils ont dû mettre en esclavage ceux de l'Afrique, pour s'en servir à défricher tant de terres.

Le sucre serait trop cher, si l'on ne faisait travailler la plante qui le produit par des esclaves.

Ceux dont il s'agit sont noirs depuis les pieds jusqu'à la tête ; et ils ont le nez si écrasé, qu'il est presque impossible de les plaindre.

On ne peut se mettre dans l'esprit que Dieu, qui est un être très sage, ait mis une âme, surtout une âme bonne, dans un corps tout noir...

On peut juger de la couleur de la peau par celle des cheveux, qui, chez les Égyptiens, les meilleurs philosophes du monde, était d'une si grande conséquence, qu'ils faisaient mourir tous les hommes roux qui leur tombaient entre les mains.

Une preuve que les nègres n'ont pas le sens commun, c'est qu'ils font plus de cas d'un collier de verre que de l'or, qui, chez des nations policées, est d'une si grande conséquence.

Il est impossible que nous supposions que ces gens-là soient des hommes, parce que, si nous les supposions des hommes, on commencerait à croire que nous ne sommes pas nous-mêmes chrétiens.

De petits esprits exagèrent trop l'injustice que l'on fait aux Africains : car, si elle était telle qu'ils le disent, ne serait-il pas venu dans la tête des princes d'Europe, qui font entre eux tant de conventions inutiles, d'en faire une générale en faveur de la miséricorde et de la pitié ? »

Document 7 : *Dans* Tamango, *P. Mérimée use d'une ironie glacée qui rend les faits exposés encore plus horribles :*

1. L'humanité d'un négrier :

« Quand la traite des Noirs fut défendue, et que, pour s'y livrer, il fallut non seulement tromper la vigilance des douaniers français, ce qui n'était pas très difficile, mais encore, et c'était le plus hasardeux, échapper aux croiseurs anglais, le capitaine Ledoux devint un homme précieux pour les trafiquants de bois d'ébène.

Bien différent de la plupart des marins qui ont langui longtemps comme lui dans les postes subalternes, il n'avait point cette horreur profonde des innovations, et cet esprit de routine qu'ils apportent trop souvent dans les grades supérieurs. Le capitaine Ledoux, au contraire, avait été le premier à recommander à son armateur l'usage des caisses en fer, destinées à contenir et conserver l'eau. A son bord, les menottes et les chaînes dont les bâtiments négriers ont provision, étaient fabriquées d'après un système nouveau, et soigneusement vernies pour les préserver de la rouille. Mais ce qui fit le plus d'honneur parmi les marchands d'esclaves, ce fut la construction, qu'il dirigea lui-même, d'un brick destiné à la traite, fin voilier, étroit, long comme un bâtiment de guerre, et cependant capable de contenir un très grand nombre de Noirs. Il le nomma *L'Espérance.* Il voulut que les entreponts, étroits et rentrés, n'eussent que trois pieds quatre pouces de haut, prétendant que cette dimension permettait aux esclaves de taille raisonnable d'être commodément assis ; et quel besoin ont-ils de se lever ? « Arrivés aux colonies, disait Ledoux, ils ne resteront que trop sur leurs pieds. » Les Noirs, le dos appuyé aux bordages du navire, et disposés sur deux lignes parallèles, laissaient entre leurs pieds un espace vide, qui, dans tous les autres négriers, ne sert qu'à la circulation. Ledoux imagina de placer dans cet intervalle d'autres nègres, couchés perpendiculairement aux premiers. De la sorte, son navire contenait une dizaine de nègres de plus qu'un autre du même tonnage. A la rigueur, on aurait pu en placer davantage ; mais il faut avoir de l'humanité, et laisser à un nègre au moins cinq pieds en longueur et deux en largeur pour s'ébattre pendant la traversée de six semaines et plus : « Car enfin, disait Ledoux à son armateur pour justifier cette mesure libérale, les nègres, après tout, sont des hommes comme les Blancs. »

2. Une vente d'esclaves :

« A chaque esclave mâle ou femelle qui passait devant lui, le capitaine haussait les épaules, trouvait les hommes chétifs, les femmes trop vieilles ou trop jeunes et se plaignait de l'abâtardissement de la race noire.

« Tout dégénère, disait-il ; autrefois c'était bien différent. Les femmes avaient cinq pieds six pouces de haut, et quatre hommes auraient tourné seuls le cabestan d'une frégate, pour lever sa maîtresse ancre. »

Cependant, tout en critiquant, il faisait un premier choix des Noirs les plus robustes et les plus beaux. Ceux-là, il pouvait les payer au prix ordinaire ; mais, pour le reste, il demandait une forte diminution. Tamango, de son côté, défendait ses intérêts, vantait sa marchandise, parlait de la rareté des hommes, et des périls de la traite. Il conclut en demandant un prix, je ne sais lequel, pour les esclaves que le capitaine voulait charger à son bord.

Aussitôt que l'interprète eut traduit en français la proposition de Tamango, Ledoux manqua tomber à la renverse de surprise et d'indignation ; puis, murmurant quelques juremens affreux, il se leva comme pour rompre tout marché avec un homme aussi déraisonnable. Alors Tamango le retint ; il parvint avec peine à le faire rasseoir. Une nouvelle bouteille fut débouchée, et la discussion recommença. Ce fut le tour du Noir à trouver folles et extravagantes les propositions du Blanc. On cria, on disputa longtemps, on but prodigieusement d'eau-de-vie ; mais l'eau-de-vie produisait un effet bien différent sur les deux parties contractantes. Plus le Français buvait, plus il réduisait ses offres ; plus l'Africain buvait, plus il cédait à ses prétentions. De la sorte, à la fin du panier, on tomba d'accord. De mauvaises cotonnades, de la poudre, des pierres à feu, trois barriques d'eau-de-vie, cinquante fusils mal raccommodés furent donnés en échange de cent soixante esclaves. Le capitaine, pour ratifier le traité, frappa dans la main du Noir plus qu'à moitié ivre, et aussitôt les esclaves furent remis aux matelots français, qui se hâtèrent de leur ôter leurs fourches de bois pour leur donner des carcans et des menottes en fer ; ce qui montre bien la supériorité de la civilisation européenne.

Restait encore une trentaine d'esclaves : c'étaient des enfants, des vieillards, des femmes infirmes. Le navire était plein.

Tamango, qui ne savait que faire de ce rebut, offrit au capitaine de les lui vendre pour une bouteille d'eau-de-vie la pièce. L'offre était séduisante. Ledoux se souvint qu'à la représentation des *Vêpres siciliennes*, à Nantes, il avait vu bon nombre de gens gros et gras entrer dans un parterre déjà plein, et parvenir cependant à s'y asseoir, en vertu de la compressibilité des corps humains. Il prit les vingt plus sveltes des trente esclaves.

Alors Tamango ne demanda plus qu'un verre d'eau-de-vie pour chacun des dix restants. Ledoux réfléchit que les enfants ne paient et n'occupent que demi-place dans des voitures publiques. Il prit donc trois enfants ; mais il déclara qu'il ne voulait plus se charger d'un seul Noir. Tamango, voyant qu'il lui restait encore sept esclaves sur les bras, saisit son fusil et coucha en joue une femme qui venait la première : c'était la mère des trois enfants.

« Achète, dit-il au Blanc, ou je la tue ; un petit verre d'eau-de-vie ou je tire.

— Et que diable veux-tu que j'en fasse ? » répondit Ledoux.

Tamango fit feu, et l'esclave tomba morte à terre. »

LE VAUDOU

1. Le Vaudou, prélude à la Révolution

« Le 22 août 1791, une grande cérémonie vaudou réunit au Bois Caïman des milliers de nègres sous la présidence d'un *papaloi* réputé, l'esclave Boukman. La scène fut grandiose : au milieu des bois épais, dans la ténèbre sillonnée d'éclairs et parmi le rugissement du tonnerre, les dieux d'Afrique furent invoqués... La cérémonie terminée, les nègres, Boukman en tête, s'ébranlèrent. Dans la matinée du 23, l'insurrection était générale. Huit jours après, le bilan : deux cents sucreries et six cents caféières détruites, des centaines de blancs massacrés, la plaine du Nord, la plus riche partie de l'île, réduite à l'état de désert jonché de ruines fumantes. Il ne restait plus aux colons que le Cap, hâtivement transformé en camp retranché... »

A. Césaire, *Toussaint Louverture, o.c.*

2. Le Vaudou haïtien : essai de définition

« Le vaudou haïtien fait donc penser à une poupée russe, féconde comme Mère Gigogne. Cette dame, on le sait, abrite sous ses vastes jupes une foule d'enfants. De même, les micro-vaudous forment le grand Vaudou, extrêmement divers. Cette variété, nous l'avons dit, provient d'une ossature essentiellement familiale et rurale.

Il est temps maintenant de proposer une définition du vaudou ainsi reconnu, restitué à sa véritable identité paysanne. Il a ses cousins aux Antilles et dans les Amériques noires du continent. Mais il se rencontre d'abord en Haïti, qui en est La Mecque. Il descend, en partie, du polythéisme du Dahomey côtier, mais ne se confond pas avec lui. On s'étonne dès lors que, par abus de langage, un cinéaste ait pu, récemment, intituler *Vaudou* un film documentaire — au reste fort discuté — sur le rituel animiste du Dahomey. Le vaudou appartient en propre à la république noire d'Haïti, limitrophe de la République dominicaine, blanche ou métissée — toutes deux parties de l'île d'Haïti, sur le pourtour de la mer des Caraïbes. [...]

C'est là, sous le régime colonial de l'esclavage, que se forme le vaudou, dans le contact entre la culture des planteurs français, catholiques dans l'ensemble, et celle des esclaves, païens, à l'origine. Une fusion se fait, un mélange. Principalement un mélange au niveau religieux entre les esprits dahoméens — les *vadoun* — et africains, d'une part, et les saints catholiques, de l'autre. Les esclaves et les Haïtiens, leurs descendants, ont adopté la religion catholique. Mal évangélisés, ils la professent cependant de bonne foi.

« Je suis un catholique franc, un catholique rouge », proteste tout un chacun.

En définitive, le vaudou est, en Haïti, le culte des esprits africains ancestraux, mêlé à un catholicisme très extérieur. Il se présente avant tout comme une religion de la famille.

Il est possible de qualifier ce culte de religion, surtout dans la pratique des campagnes. L'Haïtien y prie Dieu et ses dieux. Incompatibilité ? Peut-être. Mais l'Haïtien n'a pas l'esprit géométrique. De plus, contrairement au Français, il préfère s'adresser aux saints plutôt qu'à Dieu lui-même, le Grand Maître. Ceux-ci lui semblent plus proches de lui, plus familiers, plus accessibles aussi. [...] »

J. Kerboull, *Le Vaudou, pratiques magiques*, pp. 14-15. Ed. P. Belfond.

3. Origines du Vaudou haïtien : le folklore... français.

« Les Haïtiens ont pris des colons français des XVIIe et XVIIIe siècles ce qu'ils avaient de mal, aux yeux sévères de la morale du moins : leur magie. Bien sûr, je ne prétendrai pas que les Français ont, seuls, initié les Haïtiens à la magie. Cependant, ils les y ont initiés, c'est certain, comme on le verra, et, du moins, ils ont réactivé ce qui somnolait de tendance magique au cœur des Haïtiens. Un legs colonial, un cadeau empoisonné que les maîtres blancs ont fait à leurs esclaves et à leurs fils.

On serait bien naïf, en effet, de croire que les colons français de Saint-Domingue, devenue depuis Haïti, étaient la fine fleur de la France. Il se trouve parmi eux sans doute des gentilshommes de bonne naissance ou d'honnêtes émigrants. Mais la lie ne fait pas non plus défaut : pauvres hères, extraits de quelque cour des Miracles, déserteurs de régiments, contrebandiers, faux sauniers, galériens évadés ou déportés dans l'île — comme déjà les criminels espagnols sous Christophe Colomb et plus tard les *convicts* d'Amérique du Nord ou de l'Australie. Et encore, catins de la Salpêtrière, gourgandines, nymphes et gaupes, sans oublier les flibustiers, boucaniers et aventuriers de tous poils, basés à la Tortue ou sur les rivages de la Grande-Terre. En somme, un peuplement de style guyanais plutôt que canadien.

En particulier, une institution, la Compagnie des îles de l'Amérique, créée en 1626, remplacée en 1664 par celle des Indes occidentales, racole, par centaines, sur les quais et les ponts de Paris, chômeurs et vagabonds, qui signent un contrat de servitude de trois ans en échange de leur passage gratuit à Saint-Domingue. Ces « engagés », ou « trente-six-mois », forment le premier carré d'esclaves blancs. En 1685, on en trouve cinq cents dans le seul quartier de Limonade. Un navire en débarque parfois jusqu'à deux cents. [...]

Aujourd'hui, nous pouvons penser que la magie haïtienne, la magie vaudou, est de souche française. Sur l'arbre haïtien, la greffe magique a pris. Quand on regarde de près les caractéristiques du rejeton, on éprouve une impression de familiarité et d'affinité. [...]

Par ses traits latino-américains, dus en particulier à la culture française, le vaudou peut ainsi nous servir de machine à remonter le temps, notre propre temps du Moyen Âge, de l'Ancien Régime, de la France des rois. Ce n'est pas que la magie vaudou soit identique en tout point à l'ancienne magie française, mais elle s'en inspire largement. En l'on va souvent chercher bien loin dans des livres poussiéreux ce qui se vit aujourd'hui en Haïti. »

J. Kerboull, *o.c.* pp. 17-20.

LA RÉVOLUTION DE 1791 :
VIE ET MORT
DE TOUSSAINT LOUVERTURE
(1743-1803)

Au moment où Toussaint Louverture se décide à rejoindre la révolution, il est âgé de 45 ans (ce qui est beaucoup pour l'époque), d'où son surnom de « Vieux Toussaint ».

Intendant, il avait l'expérience de l'administration et des rapports humains. Comme il savait un peu lire, il avait pu connaître quelques ouvrages qui traitaient de la question coloniale mais c'est, peut-être, la lecture des *Commentaires* de César qui lui avait donné des idées politiques et, surtout, militaires.

Enfant délicat et fragile, il s'était fortifié, dès son plus jeune âge, par des exercices physiques. Il était, en particulier, excellent cavalier. Refusant de vivre en concubinage, il épouse une femme, déjà mère d'un garçon, qui lui donne un fils et avec laquelle il vivait paisiblement en cultivant le petit terrain qu'on laissait parfois aux esclaves.

Taciturne, petit, laid et mal bâti, il avait un immense prestige parmi les esclaves bien avant la révolution.

Conseiller de Biassou, il donne une dimension politique à ce qui n'était, au départ, qu'une insurrection. Devant le refus de la Législative de voter la liberté des esclaves, Toussaint, devenu chef des révolutionnaires, combat les armées envoyées par le gouvernement français. En février 1794, la Convention abolit l'esclavage. Toussaint et ses troupes se rangent du côté des Français contre les Anglais qui avaient tenté de s'emparer de Saint-Domingue. Dès lors, il seconde le gouverneur français. Puis, il devient le véritable maître de l'île. Luttant contre les Anglais, tentant de faire alliance avec les Américains, il va se heurter à Bonaparte qui décide de rétablir le pouvoir de la France dans l'île.

L'expédition du général Leclerc entreprend bientôt la reconquête de Saint-Domingue, en n'hésitant pas à dresser contre leur père les deux fils de Toussaint, Isaac et Placide. En 1802, Toussaint est capturé et envoyé en France. Le 24 août, il est emprisonné au Fort-de-Joux, dans le Jura. Soumis à un régime très sévère, privé de tout soin médical, littéralement affamé et sans chauffage, il meurt le 7 avril 1803.

L'expédition du général Leclerc entreprend bientôt la reconquête de Saint-Domingue, en n'hésitant pas à s'en prendre leur père les deux fils de Toussaint, l'isant et sa contre leur père les deux fils de Toussaint, l'isant et envoyés en France. En 1802, Toussaint est capturé et envoyé en dans le Jura. Soumis à un régime très sévère, privé de tout soin médical, littéralement affamé et sans chauffage, il meurt le 7 avril 1803.

BIBLIOGRAPHIE SUCCINCTE

I. Sur Victor Hugo

(Il faut se résigner à ne citer — dans une bibliographie pléthorique — que l'essentiel des ouvrages d'initiation.)

Biographies

J. B. Barrère, *Victor Hugo*, Hatier, Connaissances des Lettres, n° 35, 1967.

H. Guillemin, *Hugo*, Le Seuil, Écrivains de toujours, n° 1, 1951.

L. Perche, *Victor Hugo*, Seghers, Poètes d'aujourd'hui, n° 27, 1952. Ces trois études, souvent mises à jour, ne dispensent pas de consulter les sommes de :

A. Decaux, *Victor Hugo*, Librairie Académique Perrin, 1984.

H. Juin, *Victor Hugo. 1802-1843*, Flammarion, 1980 ; *Victor Hugo. 1844-1870, ibid.*, 1984.

J. F. Kahn, *l'Extraordinaire Métamorphose ou cinq ans de la vie de Victor Hugo*, Le Seuil, 1984.

Études sur le romancier

J. B. Barrière, *la Fantaisie de Victor Hugo*, Corti, 1949, 1951.

G. Piroué, *Hugo romancier*, Denoël, 1964, rééd. 1984.

H. Meschonnic, *Écrire Hugo*, Gallimard, 1977.

Sur Bug-Jargal

E. Servais, *Les Sources de « Bug-Jargal »*, Bruxelles, 1923. On trouvera dans l'excellente étude d'A. Laster, *Pleins feux sur Victor Hugo*, Comédie française, 1981, des renseignements sur l'adaptation théâtrale de *Bug-Jargal* (pp. 315-316) qui eut lieu en 1880 au théâtre de la République.

Éditions complètes

La meilleure et la plus complète des éditions est celle de Jean Massin, *Œuvres complètes*, Le Club Français du Livre, 1967.

Dictionnaire

On pourra consulter le petit dictionnaire consacré à *Victor Hugo*, Larousse, 1968.

Enfin, le n° 214 (janvier 1985) du « Magazine littéraire » : *Victor Hugo : l'image et l'histoire* fait le point sur manifestations, éditions et rééditions qui accompagneront « l'année Hugo ». Manifestations détaillées dans une brochure du ministère de la Culture : *1985 : année Victor Hugo.*

II. SUR SAINT-DOMINGUE ET LA RÉVOLTE DE TOUSSAINT LOUVERTURE

Saint-Domingue

F. GIROD, *la Vie quotidienne de la société créole à Saint-Domingue au XVIIIe siècle*, Hachette, La Vie quotidienne, 1972.

BARON F. DE WIMPFFEN, *Saint-Domingue à la veille de la Révolution*, édition présentée et annotée par A. Savine, éd. L. Michaud, 1911.

Sur Toussaint Louverture et la révolution de 1791

AIMÉ CÉSAIRE, *Toussaint Louverture* (essai), Présence africaine, 1962.

P. I. R. JAMES, *les Jacobins noirs : Toussaint Louverture et la révolution de Saint-Domingue*, 1936, trad. franç. 1949, Gallimard, La suite des temps.

A. NEMOURS, *Histoire de la Captivité et de la mort de Toussaint Louverture*, Paris, 1929.

Sur l'esclavage

M. LENGELLÉ, *l'Esclavage*, PUF, Que sais-je ?, n° 667.

Sur le Vaudou

W. APOLLON *le Vaudou*, Galilée, 1976.

J. KERBOULL, *Une enquête sociologique sur le vaudou domestique en Haïti*, Nice, 1972 (thèse de sociologie); *Le Vaudou, magie ou religion*, Laffont, Les énigmes de l'univers, 1973 ; *Le Vaudou, pratiques magiques*, Belfond, 1977, rééd. Presses Pocket, n° 1776.

A. MÉTRAUX, *le Vaudou haïtien*, Gallimard, 1958.

Sur la littérature engendrée par le thème (ordre chronologique)

B. DE SAINT-PIERRE, *Paul et Virginie*, 1787.
BARON ROGER, *Kélédor*, 1828.
P. MÉRIMÉE, *Tamango*, 1829.
E. SUE, *Atar-Gull*, 1831.
A. DUMAS, *Georges*, 1843.
H. BEECHER STOWE, *la Case de l'oncle Tom*, 1851.
A. CÉSAIRE, *La Tragédie du Roi Christophe* (théâtre), Présence africaine, 1963.

TABLE

Achevé d'imprimer en mars 1985
sur les presses de l'Imprimerie Bussière
à Saint-Amand (Cher)

PRESSES POCKET – 8, rue Garancière – 75006 Paris.
Tél. : 634-12-80.

— Nº d'édit. 2087. — Nº d'imp. 489. —
Dépôt légal : avril 1985.
Imprimé en France